可持续性经济科学系列丛书|刘思华⊙主编

生态旅游经济关系和谐发展论

A Study of Ecotourism Economy Relations

唐 静⊙著

中国环境科学出版社·北京

图书在版编目（CIP）数据

生态旅游经济关系和谐发展论/唐静著. —北京：中国环境科学出版社，2011
（可持续性经济科学系列丛书/刘思华主编）
ISBN 978-7-5111-0109-9

Ⅰ. ①生… Ⅱ. ①唐… Ⅲ. ①生态型－旅游经济学－研究 Ⅳ. ①F590.7

中国版本图书馆 CIP 数据核字（2011）第 017830 号

责任编辑 陈金华
责任校对 扣志红
封面设计 玄石至上

出版发行 中国环境科学出版社
（100062 北京东城区广渠门内大街 16 号）
网　址：http://www.cesp.com.cn
联系电话：010-67112765（编辑管理部）
发行热线：010-67125803，010-67113405（传真）
印　刷 北京东海印刷有限公司
经　销 各地新华书店
版　次 2011 年 10 月第 1 版
印　次 2011 年 10 月第 1 次印刷
开　本 787×960 1/16
印　张 12.5
字　数 210 千字
定　价 35.00 元

序　言

重视我国可持续性经济科学的深入研究

2008年5月，在世界政治经济学学会第3届论坛上，我提交了《关于发展可持续性经济科学的若干理论思考》一文，并在论坛第一次全体大会上就这个新问题作了会议主题演讲。我的论文和演讲在国际国内率先提出了“可持续性经济科学”的新观念，引起与会的15个国家的学者关注。会后，我同中国环境科学出版社的陈金华女士商议，将原来计划出版的一套有关可持续发展经济学方面的丛书，拟定为《可持续性经济科学系列丛书》。现在，第一批书就要付梓了。这是在2002年该社出版的《经济可持续发展论丛》基础上又一新的发展，为繁花似锦的现代经济科学园地增添了一朵新花。

一

自1980年代《我们共同的未来》正式提出了可持续发展的概念与理论之后，全世界各国学者从理论形态上，如何精确地表述可持续发展，如何准确地把握它的本质内涵及其价值取向，似乎成为世界性的难题。但这并不影响可持续发展已经成为21世纪世界现代文明发展的战略纲领。因此，2001年4月，由23个世界著名学者在美国《科学》杂志上发表了《可持续性科学》一文，将可持续发展思想提升到一门科学——“可持续性科学”，希望综合现有各学科及领域可持续发展的研究成果，促进可持续性科学建设与发展。在20世纪末期，可持续发展经济学在国际国内产生与兴起，这是可持续性经济科学的典型理论形态。可持续性经济科学是个经济学科群体，从我国情况来看，至少要包括生态经济学、可持续发展经济学、绿色经济学、循环经济学、低碳经济学及它们的马克思主义形态的生态马克思主义经济学。它是现代经济学“绿化”的最高形态。

近20年来，笔者从3个视角来研究可持续发展问题：

（1）从人类文明发展的创新转型的角度研究可持续发展观。1992年联合国环境与发展大会确认了《我们共同的未来》著名报告中提出的可持续发展的新观念、新思想、新发展战略，标志着当代人类最终理智地选择了可持续发展观，是人类文明历史发展进入可持续发展新时代的开始。这是人类文明发展观从传统发展观向可持续发展观的划时代大转变。这个转变的本质，是人类文明发展观由传统的工业文明发展观向现代的生态文明发展观的历史性飞跃。这是人类文明发展观的创新转型，是一种划时代的全新的人类文明发展观。

（2）从马克思主义的自然—历史观来考察可持续发展文明观。可持续发展文明观实现了人类中心主义和生态中心文明的辩证整合，而又在相当程度上向生态中心主义倾斜，是一种人、社会与自然复合生态系统的生态整体主义世界观。或者说，它是一种生态经济社会整体和谐协调发展文明观，“在本质上是生态文明发展观。然而，可持续发展概念与理论自从提出后20多年间，‘它更多地被人们视作走出经济发展的误区，克服工业文明弊端的一种新的发展战略和发展模式。’换言之，‘可持续发展所推动的变革仅仅被理解为工业文明自身的变革，而不是要超越工业文明的文明变迁’。因此，停留在这个层次去定位和实践可持续发展，它就被功利化了，使其仅具有一种表层或工具意义。这样，可持续发展文明观的本质是生态文明发展观的深层内涵被遮蔽，指导人类实践活动的根本观念不能转变，因而，无论是当今世界，还是当代中国，都仍然使现代文明无法摆脱生态不可持续发展的困境”。（引自刘思华著《生态马克思主义经济学原理》第457-458页）

（3）从新兴、交叉经济学的视角解读可持续发展的经济观。可持续发展作为一种划时代的全新发展观，在经济学领域里则是个全新的经济发展观即可持续发展经济观或可持续经济发展观。“历史和现实都告诉我们，20世纪人类最根本性的观念变革之一，就是经济发展观念的变革。它从传统经济学的发展观向生态经济协调可持续发展观的转变，就如当年用哥白尼的日心说取代托勒密的地心说，是划时代的伟大革命。”（引自《刘思华文集》第621页）因此，可持续性经济发展观正是人类文明发展从工业文明时代走向生态文明时代必然的思想理论表现。它的学理表述是可持续性经济科学，或者说，可持续性经济的理论形态是可持续性经济科学，这是人、社会与自然和谐统一，生态与经济协调可持续发展的生态文明时代的必然理论形态。

二

任何科学思想理论都是时代的产物，并服务于时代的发展。可持续性经济科学，是适应现时代发展的需要而产生，是为解决21世纪新时代发展的新问题而发展的，具有强烈的时代特征。1990年代中期以来，我多次阐述，21世纪是生态文明、知识经济与可持续发展经济“三位一体”的新时代。因此，21世纪发展与经济发展的新时代，既是生态文明时代，又是知识经济与生态经济可持续发展的经济时代。它们的有机统一的整体的现实形态与形象概括，就是生态文明与绿色经济时代。

在当代中国，我们党的十七大具有里程碑的意义，就在于它开启了这个新时代的新航程。这突出表现在党的十七大首次把“建设生态文明”的理念与价值取向写入代表大会报告，确立了生态文明是一种独立的崭新的社会主义现代文明形态，标志着我国开启了建设生态文明与和谐生态经济社会发展的新航程。因此，我们完全可以说，在科学发展观指导下，建设社会主义生态文明，是中华文明发展的一个建设中国特色社会主义生态文明的新时代正在到来。从国际上看，自国际金融危机爆发以来，国际社会和世界各国都把绿色经济发展提升到前所未有的战略高度。2009年2月，联合国环境规划署郑重地提出了“实行绿色新政、应对多种危机”的倡议，一些西方发达国家和地区，应对经济和生态危机以及“后危机”时代“建立可持续经济”，并提出打造“绿色知识经济体”的战略构想，促进全球经济绿色低碳转型，已成为当今世界经济发展的新趋势、新潮流。正如李克强同志所说的“目前世界经济正在发生大变革大调整，发展绿色经济已经成为一个重要趋势”。习近平同志强调“绿色发展和可持续发展是当今世界的时代潮流”。因此，21世纪人类文明和世界经济发展面临第三次巨大变革：从工业文明的黑色、高碳经济的黑色、高碳发展时代走向生态文明的绿色、低碳经济的绿色、低碳发展时代。这就为形成、丰富、发展符合生态文明与绿色经济时代背景的可持续性经济科学提供了实践基础；并且对加强可持续性经济科学综合的理论平台建设指明了新方向和提出了新要求。因此，我们必须以马克思主义经济学说为指导，以当今世界正在日益发展的新兴、交叉经济学为基础，科学地综合古今中外一切经济学说的合理成分，构建一种超越当今世界主流经济学（又叫新自由主义经济学）的可持续性经济学的新范式，即创建在生态文明与绿色经济发展背景中科学揭示生态文明与绿色经济时代的现代经济运行机制和发展规律的经济学范式。“它的理论实质是以人为本和以生态为本的有机统一、人与自然和谐发展、生态与经济协调发展、人的发展和自然发展都是经济发展目的的新范式。”（引自刘思华《关于发展可持续性经济科学的若干理论思考》《经济纵横》2008 年第 7 期）这是发展可持续性经济科学面临的重大任务，是建设生态文明、发展绿色、低碳经济赋予我们的崇高历史使命。这是一次真正的伟大的历史课题。

三

加强可持续性经济理论与实践研究，是加快转变经济发展方式，开创以绿色发展、和谐发展与创新发展为基本内容的科学发展新局面的迫切需要。在 21 世纪的第一个十年间，我国经济总量增加先后超过意大利、法国、英国和德国，直到 2010 年超过日本，跃居世界第二，成为世界第二经济大国。对此，人们首先是喜，这是我国确实迅速成长为工业文明大国：物质生产力迅速发展，社会物质财富迅速增长，经济实力迅速增强，中国经济迅速崛起。但冷静思考后则有忧，在此，仅讲两点：

第一，这十年间我国 GDP 年均增长率近 10%，有些年份超过 10%，这样的高速超高速增长，必然使我国经济发展规模迅速扩大，当代中国生态系统已由“空的世界”迅速发展成为“满的世界”，这是世所罕见的。另外，我们在取得经济发展奇迹与辉煌成就的同时，付出的“人—社会—自然”的巨大代价也是世所罕见的。从马克思主义广义生产力学说来看，当今中国的确存在着以生态生产力、人的生产力、精神生产力的巨大牺牲为代价换取物质生产力的高速增长，实现经济总量的迅速增加，物质世界大大发展，而人的世界贬值和自然的世界衰败，导致我国发展与经济发展的“反人性”和“反生态”问题日益严重，使我国发展与经济发展中不平衡、不协调、不可持续问题十分突出，极大制约着经济发展方式的根本转变和中国经济的科学发展。

第二，虽然中国经济总量的世界位次不断上升，但中国仍然是发展中国家的属性没有变，这就是说，当今中国仍属较贫穷的国家。这是因为，今日中国的基本国情，是一个经济总量大国、人口大国、资源小国、生态弱国、生态经济穷国（即人均生态财富很少）。根据有关国际组织数据，我国人均 GDP 在世界排在第 100 位左右；尤其是在医疗、教育、生态环境等领域仍然比较落后。据世界卫生组织的综合性评估排名，卫生筹资与分配公平位居世界第 188 位，在 191 个成员国中倒数第 4 位。按照联合国标准，每日收入 1 美元为绝对贫困，2 美元以下为低收入，都属于穷人之列。现在有的学者估计中国有1.5亿人口的每日收入在1美元以下；有4亿多人每日收入在2美元以下，这就是说当今中国有5.5亿之多的穷人。中国人民大学教授周孝正估算，城乡合计每日收入2美元以下的人口达10亿。我国生态环境可持续指数在世界排第133位。可见，我国经济快速高速增长，GDP总量迅速增加，但平民百姓生活水平及增长速度却不能与之匹配，尤其是居民生活质量没有相应提高，使人民的幸福感降低。据盖洛普调查公司最新一项调查，只有6%的中国人感到幸福，在全球排第125位。因此，我国发展与经济发展，不仅需要“生态化的GDP”，而且需要“人性化的GDP”，使全体人民过上真正的幸福生活，使人民的生态健康和自然的生态健康相互协调和谐发展。这是我国加快转变经济发展方式，实现科学发展的双重价值取向与终极目标。

西方新古典经济学的一般理念认为，经济增长带来社会财富增长，必然会自动地逐步地惠及所有社会阶层、所有人群，自然而然地形成帕累托最优状态。因此，新自由主义经济学编造了一个自由市场经济为大众创造财富的神话，允诺经济的无限增长可以拯救人间一切陷于苦难之中的生灵，穷人都会享受富裕的生活。然而，在现实世界中，不管制度社会形态如何，只要是工业文明高度发达，市场经济迅速发展总是以大众贫困为代价，不仅没有缩小收入差别，反而出现日益扩大的贫富两极分化。在今日之美国，精英垄断资本阶层5%的人占社会财富高达60%，而社会底层50%（即1.5亿）的穷人仅占3%的财产，其中有620万个家庭生活在贫困线以下，据2010年9月16日美国人口普查局公布的报告称，2009年美国生活在贫困线以下的人口总数达4 360万，占全国总人口的14.3%，为50年来最多。因此，美国是当今发达国家两极分化最严重的国家，俄罗斯是新兴市场经济两极分化最严重的国家。而今日之中国则是1%的家庭掌握了全国41.4%的财富；10%的贫困人群仅占有全国1.4%的财富，因居民收入集中化程度急剧增高，基尼系数持续上升，从1981年的0.29上升到2008年的0.469，直到目前实际已超过了0.5。2011年“胡润百富榜”显示，在全球金融危机背景下，中国私营企业家的财富增长仍然很快，成为全球亿万富豪最多的国家。百亿美元富豪达到127位，比2009年增加62位；10亿美元富豪达到271位，比2009年增加142位，当年仅次于美国居全球第二；10亿人民币及以上的富豪人数从2010年的4 000人增至7 500人。中国富豪积累财富时间超短是世界任何一个国家难以相比的。事实表明，中国的财富集中度超过现代资本主义发达国家美国，中国富豪成长速度竟然使美国感到呼吸急促，让俄罗斯自叹弗如，这绝不是什么值得炫耀的好事情；而是社会生态关系恶化的令人担忧之事。德国学者威廉·魏特林在《和谐与自由》一书中明确指出："在富人最多的国家，穷人也最多，因为这是彼此不可分的。"贫富两极分化，是社会生态危机的核心标志。在当代中国"自然—人—社会"有机整体中，不仅自然生态恶化，而且社会生态和人体生态也在恶化。从建设社会主义生态文明与构建社会主义和谐社会的要求来说，笔者认为，当今中国的社会生态问题要比自然生态问题更为严重、更为突出，使我国发展与经济发展中不和谐、不稳定、不包容性问题非常突出，极大地制约着经济发展方式的根本转变和中国经济的科学发展。

随着2007年"建设生态文明"首次写入党代会报告，成为我们党、国家、政府治国理论的新理念；其后，以胡锦涛为总书记的中央领导集体提出了绿色经济与绿色发展的一系列新思想、新观点、新论断，使一种新的经济学范式——包括生态经济学、绿色经济学在内的可持续性经济科学正在从非主流经济学科走向主流经济学科。但还没有上升为一种自觉的社会意识，构成以马克思主义为指导的中国特色社会主义主流经济意识形态。因而马克思主义生态经济可持续性发展理论，可以说是中国特色社会主义意识形态体系中的短板。按照马克思主义的观点，理论只要彻底，就能掌握群众，转化为科学发展的实践。因此，我们必须以马克思主义为指导，深入研究可持续性经济理论与实践，加强可持续性经济科学综合的理论平台建设，使马克思主义可持续性经济发展观成为中国特色社会主义经济意识形态的强板，并充分发挥其指导作用，就一定能够使我国发展与经济发展沿着可协调性、可和谐性、可包容性、可持续性的绿色道路奋勇前进。

四

恩格斯在《自然辩证法》中说得好："一个民族想要站在科学的最高峰，就一刻也不能没有理论思维。"中国环境科学出版社站在生态文明与绿色经济时代的前列，邀请我主编出版这套《可持续性经济科学系列丛书》，它代表了当今中国可持续性经济科学研究的主流方向，是对当今世界主流经济学的一种突破，是对今日中国现存的经济学的一种创新。本丛书对可持续性经济发展的理论前沿和现实前沿的8个方面，都进行比较系统地研究和比较深入地探讨，提出了自己的独到见解，很自然形成相互联系又相对独立的各有侧重的8本学术专著，它们都具有时代性、学术性、理论性、实践性、探索性和超前性的共同特点。当然，每部著作保持了各自的内涵、外延、主题、风格及特色。大致可以分两种情况：

第一种情况是可持续性经济的理论前沿与学科建设问题研究。中共中央党校贾华强著的《经济资源的可持续性运行与发展》曾以“可持续性经济学概论”为名，是他过去出版的《可持续经济学导论》一书的姐妹篇，是对现存的国际国内可持续发展经济学的创新与发展。广西大学李欣广著的《生态文明与马克思主义经济理论创新》，它属于生态马克思主义经济学著作，是对现存的纯马克思主义经济学理论的创新与发展，丰富了马克思主义经济学的理论内涵和当代价值。大连民族学院马林著的《绿色产业经济学导论》，是创建了绿色经济学的一门分支学科。本世纪初，他主持的国家社会科学基金项目“内蒙古绿色产业体系与经济可持续发展研究”，完成了研究报告，请我为这个研究报告形成的专著作序，故写了题为“重视绿色产业经济学研究”的序言。此序在国内外率先提出了绿色产业经济学的新概念，明确阐述了绿色产业经济学的研究对象，为绿色产业经济学成为一门学科提供了科学依据。马林教授经过七八年的努力，终于写成了《绿色产业经济学导论》一书，是值得庆贺的事情。湖北民族学院张新平著的《循环经济价值理论探索》，是对生态经济价值理论的新探索，也是可持续性经济价值理论研究的新进展。

第二种情况是可持续性经济的现实前沿与重大实践问题探讨。北京大学、国家卫生部苗艳青著的《生态健康与经济协调发展论》；中国地质大学（武汉）刘江宣著的《可持续性经济的生态补偿论》；中南财经政法大学唐静著的《生态旅游经济关系和谐发展论》；湖北大学刘名俭著的《旅游生态经济发展方式探索》，分别对人的可持续生存与全面发展和自然的生态安全与生态系统健康发展进行生态经济学研究，从可持续性经济发展的新视角，回答人与人的发展和自然与生态发展面临的时代课题。

总之，这套丛书的出版，必将推动工业文明时代的黑色增长经济学向生态文明时代的绿色增长经济学的根本转变；对我国建设生态文明、发展绿色经济，加快经济发展方式转变，推进经济科学发展也将发挥重要的指导作用。最后，我要指出的是，每部著作所研究的主题，都是有相当大的难度，由于我和作者的水平有限，总会存在许多不尽如人意的地方，恳请广大读者批评指正。

刘思华

2011 年 4 月 1 日

前　言

生态经济关系是生态经济学的主要理论问题，也是生态旅游理论研究和实践发展中的基本命题。随着生态旅游理念的普及和生态旅游经济的快速发展，生态经济关系的变化和调节成为左右生态旅游经济走向和评判生态旅游经济发展质量与状态的重要因素。

国家旅游局将 2009 年确定为“中国生态旅游年”，这是贯彻党的十七大关于建设生态文明的总体部署，落实全面、协调、可持续发展的科学发展观的具体工作，也是推广环境友好型旅游理念和资源节约型经营方式、倡导人与自然高度和谐的重大举措。生态旅游经济是生态文明建设的重要载体，具有良好、广阔的发展前景，生态旅游经济关系的和谐发展也是建设和谐社会的内在要求，但是在相关政策大力支持的背景下和生态旅游经济快速发展的实践中，也出现了由于经济关系超越生态关系、经济理性背离生态理性所导致的生态旅游经济关系不协调、不和谐、不可持续，直接危害到生态旅游经济的健康运行和可持续发展。

交错的社会经济关系和自然生态关系形成了生态旅游经济关系，割裂其中任何一种关系，生态旅游经济关系链条都有可能断裂失衡，甚至威胁到生态旅游经济系统的正常运行。生态旅游经济关系主体既与自然之间形成促进、抑制、适应、改造、开发、利用、储存、扬弃的关系，又在社会之中形成竞争、共生、隶属、协同、互补的关系。生态旅游经济关系的和谐发展要求重构生态旅游经济的发展模式，尊重自然的权利和价值，将生态要素作为决定经济发展的内在要素，建立生态内生化的生态旅游经济可持续发展模型，使经济系统、社会系统和生态系统能够保持协调。同时，生态旅游经济关系的和谐发展也需要以政府为主体、以企业为主体、以社区为主体和以游客为主体的和谐管理体系，以消除利益冲突，缓和生态经济矛盾，促进生态旅游经济关系和谐发展。

生态旅游的核心理念和生态旅游经济的实践表现变革了传统大众旅游经济的

发展模式，认为人类应尊敬、顺应、热爱自然，改变传统大众旅游经济对旅游资源单方面的掠夺和利用，以呵护环境、珍爱自然、尊重生态、节约资源为原则，实现人与自然之间的相亲相爱、高度和谐；追求经济效益与生态效益并重，有效避免由于人为的生态破坏所造成的人与人之间的不公平和由此引发的矛盾冲突，促成人与人的地域之间和代际之间的和谐。推动生态旅游经济关系的和谐发展，使生态旅游经济既以经济效益的最大化来直接满足人的物质生理性需要，也以完美如初甚至比原初更为美好的生态景观来满足人的精神心理需要；在以生态文明为标志的21世纪，必然能够实现可持续发展的战略目标。

唐　静

2010年11月

目　录

第1章

导 论

人类工业文明的迅速发展在增强了人类认识和开发自然生态系统的能力的同时，也严重扭曲了人与自然、生态与经济之间的正常关系。在人类把地球当做“取之不尽，用之不竭”的物质来源、以自私的心态近乎疯狂地索取地球的各种资源的同时，人类的生存与发展也正在遭遇空前的生态危机：全球气候变暖、土地荒漠化、水资源匮乏、森林植被破坏、生物失去多样性、有毒有害物质污染环境……这一切不仅使人类赖以生存的自然生态环境日益恶化，而且也越来越严重地阻碍了人类社会经济的发展。美国当代思想家林登·卡德威尔指出，环境危机是思想危机和精神危机的外在表现。因此，愈演愈烈的自然生态危机实际上是人类由来已久的心智模式、内心生态的危机造成的，比自然生态危机更紧迫的是人类精神生态的救治和修复。

2009 年年末至 2010 年年初，电影《2012》和《阿凡达》全球热映，再次引发了人类对于自身命运和前途的关注，人类把更多的目光投向了一直被忽视的自然生态系统，并开始思索究竟该以怎样的态度去看待人与自然的关系，去处理发展经济与保护生态的关系。与此同时，2009 年 12 月中旬，联合国召开哥本哈根气候变化大会，期间的无数争端和尴尬的结局使“生态”主题再次成为全球焦虑的热点，尽管自然生态危机日益恶化，人类的生态意识也在不断升温，但是一旦涉及生态与经济的冲突关系时，人类选择的天平总是不自觉地倾向于经济利益，即便生态问题已经成为全球必须共同面对的难题，生态系统也不止一次地向人类发出预警，人类在寻求解决途径的时候依然还未彻底脱离人类中心主义的窠臼，总是或多或少地试图将经济关系凌驾于生态关系之上。

正如美国前副总统阿尔·戈尔在其著作《濒临失衡的地球生态与人类精神》

中所阐明的，我们和地球的关系从根本上改变了，我们必须看到这种转变，理解它将会带来什么。环境破坏的种种惊人图景引起我们警觉的程度也许各不相同，但这些在世界各地都出现的图景却有一点是共同的——我们必须鼓起勇气来承认：它们都是同一个深层问题的症状，而这个深层问题比人类任何时候面临的问题都来得更加广泛、更加严厉。全球变暖，臭氧层损耗，物种灭绝，森林毁坏——这一切有个共同的原因：人类文明与地球的自然平衡之间的一种新型关系。我们面临的问题其实有两个方面：一方面是认识到我们伤害地球的能力的确可能具有全球规模、的确可能是永久性的。我们已经成为造成地球现状的一个主要原因。另一方面是认识到我们必须首先把自己看做这个复杂系统的一个组成部分，才能够理解人在这个系统中的新角色。我们从前习惯于把这个系统看成一个因果作用的简单系统。现在看来，首要问题不在于我们对环境起了什么作用，而在于我们和环境处在怎样一种关系之中。于是，无论我们用什么方式来解决环境危机，我们首先都需要重新审视人与环境的关系，这包括每一文明内部的种种因素之间的复杂关系，各个文明之间的关系，以及生态系统各种主要自然成分之间的关系①。

在中国，始于2009年年末的西南百年大旱，一些久负盛名的水资源旅游景点（区）也失去了往日的风采，漓江、黄果树瀑布等皆因缺水而黯然失色。中国西南地区不仅蕴藏着丰富的水资源，而且也是中国生态旅游资源的富集区。然而，一场大旱，却使得我们曾经为之骄傲的生态旅游景区集体失语。或者，我们可以将这一切归咎于天灾。但是，在天灾背后我们看到的是大面积种植的橡胶林和桉树林导致地下水位下降，密集上马的水电站建设造成流域生态的变化，使原本和谐的人与自然关系和生态经济关系变得日趋脆弱和失衡。西南旱灾提醒我们只有加强生态建设，尽力修补和改善生态经济关系，才能赢得人与自然的和谐相处，生态与经济的协调发展。

1.1 研究起因和研究背景

1.1.1 本书的研究起因

生态旅游经济的发展是应该正视生态危机的发生和存在，还是以掩耳盗铃的方式继续泛化和虚假的生态旅游？在生态旅游经济逐渐显露生态危机的背后又隐

① 阿尔·戈尔：《濒临失衡的地球生态与人类精神》. 陈嘉映，等译. 中央编译出版社，1997年，第20页。

藏着怎样的现实根源和思想根源？

近年来，中国的经济发展取得了举世瞩目的成就，但是与此形成鲜明对比的是中国在环境和生态保护方面的表现不尽如人意。2005 年 1 月 27 日，评估世界各国（地区）环境质量的“环境可持续指数”（ESI），在瑞士达沃斯正式对外发布，中国居第 133 位，全球倒数第 14 位。来自世界银行的一项调查结果也显示，中国每年由于环境污染在生产力以及相关卫生保健方面大约损失 1 700 亿美元。美国《新闻周刊》据此发表评论：“不可否认，中国的迅猛发展的确令人注目，然而，中国的繁荣还有其较阴暗的一面：这个国家正迅速成为一个生态废墟。”更有西方科学家发出预警：“如果中国不迅速转变生产与生活方式，人类历史上突发性环境危机对经济、社会体系的最大摧毁，将可能出现在中国①。”

从上述的数据对比和相关评论中，我们看到的是尴尬的现实——经济系统与生态系统的冲突和矛盾越来越尖锐，是否经济的发展必然要以牺牲生态环境为代价？曾几何时，在传统的工业经济和增长方式饱受诟病的背景下，旅游经济一度被视为“朝阳产业”“无烟工业”，我国发展旅游经济的时间虽然不长，但是取得的成就却是有目共睹的，许多地方政府更是将旅游经济作为当地经济发展的龙头和支柱产业来看待，追求旅游经济发展的纯经济效益指标。这种现象的持续使得旅游业界的警报频传，“无烟工业冒烟”的惊呼不得不让人们反思：旅游经济对国内生产总值（GDP）的贡献是不是纯净绿色无污染的？在日益严重的生态环境问题中，旅游经济的高速发展是否也助了“一臂之力”？怎样对旅游经济的影响作全面客观的评价？应该如何追求旅游经济的健康和持续发展？传统旅游经济的增长方式应该作出怎样的变革？

在这样的背景下，生态旅游作为传统大众旅游的替代形式在全世界范围内得到了认同，这种强调生态环境保护、游客责任意识和社区参与，以及集经济效益、生态效益和社会效益于一体的旅游形式，被视做实现旅游经济可持续发展的重要渠道和必由之路，生态旅游经济对生态环境的友好和亲和使之理所当然地成为 21 世纪最为时髦和备受推崇的绿色经济，也不可避免地成为资本追逐的新的目标和热点。与传统旅游经济一样，生态旅游经济在我国的发展十分快速，原先将旅游经济作为发展重点战略的地方政府纷纷改弦易辙，成为生态旅游经济的追捧者，“生态旅游”的标签和幌子随处可见，与传统大众旅游之间的界限日趋模糊。这样造成的不可回避的现实就是：在生态旅游经济繁荣发展的表象背后，存在泛化和不可持续的隐忧。生态旅游经济的发展是应该正视生态危机的发生和存在，还是

① 施昌学：《生态废墟：离我们还有多远》，中国质量万里行，2005 年第 3 期。

以掩耳盗铃的方式继续泛化和虚假的生态旅游？在生态旅游经济呈现生态危机的背后又隐藏着怎样的现实根源和思想根源？生态旅游经济是否实现了生态与经济的协调发展？究竟是什么原因导致了生态旅游的现实表现与发展初衷的背离？为什么以“保护生态”为原则的生态旅游活动也在“谋杀生态”？生态旅游经济关系的形成和发展与理想状态之间是否存在偏差？对这些问题的思考促成了本书的直接写作动因，和现有许多研究生态旅游发展的文献不同，本书选取了生态经济学和可持续发展经济学的角度，试图探寻在生态旅游经济发展中生态危机的本质及生态经济关系发展变化的规律，并在生态经济学和可持续发展经济学的理论框架内寻求解决之道。

1.1.2 本书研究的现实背景

根据现有收集的资料，对于生态旅游破坏生态的担忧，最早来自于1998年5月23日龚雪辉发表在《光明日报》上的一篇文章《生态旅游岂能破坏生态》，在这篇文章中提到了中国人与生物圈国家委员会提供的三组调查数据：① 对全国100个省级以上自然保护区的调查结果表明，其中已有82个保护区正式开办旅游，年旅游人次在10万以上的保护区已达12个；② 已有22%的自然保护区由于开展生态旅游而造成保护对象的破坏，11%出现旅游资源退化；③ 在已经开展旅游的保护区中，仅有16%定期进行环境监测工作，有的保护区连一台必需的测量仪器也没有，有的则对旅游会对生态环境带来什么样的影响一无所知，根据科学监测对游客数量进行控制的保护区仅占20%。虽然已是十余年前的数据，然而时至今日，几乎所有论及生态旅游发展的文章都引用了这些数据，充分说明了文中表现的担忧得到了广泛的认同。

1.1.2.1 生态旅游经济发展中产生生态危机的部分事实

现实中生态旅游经济发展的情况不容乐观。2005年，国家环保总局对226家国家级自然保护区进行检查时发现，其中有 82 家存在违规开发行为，其中，在25家自然保护区核心区和缓冲区，存在旅游开发行为。我国首批列入世界自然遗产名录的张家界，曾因在主要景区内兴建大量商业建筑而被联合国遗产委员会出示红牌，勒令整改。云南玉龙雪山也因建索道砍伐了数千平方米的原始森林，加上游客的大量涌入，导致了小气候变化，使原本终年积雪不化的雪山出现了夏秋两季雪山无雪的恶果。

李勇、冯国2001年5月10日在人民网《谨防生态旅游变生态破坏》的报道中指出：随着生态旅游热的兴起，就连素有“太白积雪六月天”美誉的秦岭主峰太白山，生态环境问题也日益突出。旅游旺季在太白山主峰，被扔下的塑料袋、饮料瓶等废弃物随处可见，一些游客不顾提示牌的劝告，随意越过保护栅栏，践踏植被和雪地。据专家介绍，太白山顶峰的生态日容量最大为 187 人，而旺季通过太白山森林公园上行到太白山顶峰的人却日达千人。这种超负荷的生态压力，对这里著名的第四纪冰川遗迹的破坏显而易见。

新华网上海频道记者张建松 2004 年 5 月 6 日报道：生态系统独特而丰富的湿地常被喻为“地球之肾”，位于上海崇明岛最东端的东滩鸟类自然保护区是一块国际重要湿地，“五一”期间吸引了大批游客前来观鸟，当地农民开发了一种“牛舢板”的旅游车招徕游客到湿地深处观光，并出租雨靴供游客到湿地采拾螺蛳、蛏子等底栖动物，核心保护区变成了旅游区，生态破坏令人担忧。

1.1.2.2 学术界对生态旅游经济生态危机的担忧

这些现实的生态危机已经引起了学术界的关注和呼吁，包括世界自然保护联盟高级督察桑塞尔博士在内的国外一些专家认为，九寨沟 20 年后可能会消失，而导致这一现状的原因，是巨大的游客数量和不良旅游行为对九寨沟生态环境构成了直接威胁。

绿色环球 21 中国地区负责人诸葛仁先生表示了对中国开发“生态旅游”过度现象的担心，指出不能将生态旅游变为“破坏生态的旅游”。在加拿大野生医学会议上有许多教授与专家指出，有许多人参加的所谓生态探险假日旅行正在逐渐破坏世界上最后一些偏僻角落。“偏远地区盖起五星级酒店甚至摩天电梯，为这些游客提供住宿和游乐，野生生物却毁于一旦。”在广东连州市地下河风景区闭幕的首届中国生态旅游标准建设研讨会上，来自国家旅游局、原国家环保总局及全国各地的生态旅游专家均认为制定科学的国内生态旅游标准迫在眉睫，但由于涉及多个部门而必须突破管理“瓶颈”。有专家在接受记者专访时则指出，目前“生态牌”有成为各方利益博弈筹码的趋向。

鉴于在生态旅游经济发展中切实存在的种种过度开发和破坏生态的现象，2008 年 11 月，国家旅游局、环境保护部联合印发了《全国生态旅游发展纲要》；2009 年 1 月 1 日，由国家旅游局、海南省政府主办的 2009 年中国生态旅游年在海南三亚正式启动；2009 年 7 月 8 日，环境保护部发出关于开展生态旅游发展现状调查与评估的通知。

这些现象的出现及相关措施的出台都足以说明在当前生态旅游经济发展中，生态危机的存在并非危言耸听，对于生态导向型的生态旅游经济而言，生态危机的深化也将引发严重的经济危机和社会危机，使其走上不可持续的不归路。

对此现实情况的关注构成了本书写作的客观动因，大量触目惊心的事实在让人痛心的同时，更引发了进一步的思考：在这些生态危机的背后蕴藏着怎样的深层原因？消除生态危机的出路何在？能否在生态旅游经济的发展中实现生态与经济目标的协调？

1.1.3 本书研究的理论背景

基于生态旅游经济在实践发展中逐渐显露的不可持续现象，对生态旅游经济现状和未来发展进行研究的资料和参考文献为数不少，在分析时，基本沿用了西方经济学的思路，从外部性、产权和公共产品等方面进行研究，这些结论有一定的参考价值，对于解决生态旅游经济发展中的局部环节问题有借鉴意义，但是却未从人与自然、生态与经济的关系的高度去看待问题，无法从根本上消除导致生态危机的根源。因此，本书力求在生态经济学和可持续发展经济学的平台上对此问题进行进一步的思索，希望对于生态旅游经济中生态危机的解决以及生态经济关系的协调，不仅“治标”，更要“治本”。

1.1.3.1 生态经济学

生态经济学是最早揭示现实中人与自然关系存在不和谐问题的学科之一，是最早探索人与自然和谐关系的学科之一，也是最早认识到经济理性必须与生态理性结合起来，生产、生活必须与生态结合起来的学科之一[①]。

生态经济学的主要理论观点

（1）人与自然和谐统一论。生态经济学研究如何合理地协调人与自然之间的物质变换，人与自然的和谐统一是生态经济学的哲学基础。生态经济学重视人与自然关系的剖析，阐明人与自然的生态关系以及人与人的社会经济关系，指出人类的生产实践活动一定要考虑自然生态环境的承受能力，警示人们要注意人类生产活动可能导致的自然生态后果，旨在消除人对自然的剥削，在人与自然和谐统一的关系基础上实现生态经济关系的协调，这是生态经济学区别于其他经济学分支的一个极为重要的特征。

人与自然的和谐发展，即社会生产力与自然生产力相和谐、社会经济系统与自然生态系统相和谐、自然的人化与人的自然化相和谐、人的身外自然与人自身自然相和谐，尤其是人类经济活动的需求增长与生态系统供给能力相适应，社会生产和生活排放废物量与生态系统净化能力及环境容量相适应，实现自然生态系统和社会经济系统的良性循环，真正形成人与自然共同生息与和谐、协调发展[②]。人与自然的和谐发展，就是生态经济关系的和谐发展。

---

① 腾藤：《和谐社会与生态经济研究》，生态经济，2007 年第 3 期。

② 刘思华：《生态经济学视角下的和谐社会论》，http://theory.people.com.cn/GB/49154/49156/3874416.html。

首先，人与自然的物质变换关系在本质上是生态关系。人类生产、劳动实践是人与自然之间的物质变换，是人类与自然界的最基本关系，这种关系在本质上是一种生态关系。它是人类（结成社会的人类）与他们所处的环境系统之间的相互关系。人类社会经济系统与外部自然生态系统之间的物质与能量交换本身就具备生态本质特征，自然生态系统和社会经济系统之间物质变换的生态关系，即是人与自然之间物质变换的生态关系。这种人与自然之间物质变换的生态关系，就构成生态系统和经济系统有机统一的生态基础，是人类及人类社会发展的自然基础。

其次，人与自然之间的物质变换的生态关系是与人类经济活动交织在一起的：一方面是人与自然之间物质变换的生态关系，另一方面则是人与人之间必然要发生的关系，这就是经济关系。

对于这两种关系之间的联系，刘思华教授早在 1980 年代就提出了阐明人与自然和谐统一关系的生态关系和经济关系“互相中介”理论，指出人类生产、劳动实践活动不仅是人与自然之间发生生态关系的中介，而且是人与人之间发生经济关系的中介。这两种关系互为中介：人与人的经济关系以人与自然的生态关系为中介；人与自然的生态关系又以人与人的经济关系为中介。这就是说，人与自然之间的物质变换，只有通过人与人的经济关系才能实现；而人与人的经济关系，也只有通过人与自然的相互作用才能实现。

人及其经济活动对自然环境的联系和关系，就是人与自然之间自然物质变换的生态关系；人及其经济活动对社会环境的联系和关系，就是人与人之间社会物质交换的经济关系。两种关系在人类生产劳动实践活动中不是分离存在的，而是有机统一的。人类社会系统和自然生产系统相互联系与相互作用的关系，即是人与自然、人与社会是一种内在的互相规定、互相包含关系而成为一个统一体。在这个自然—人—社会构成的有机统一体中，生态关系和经济关系是内在统一的，构成生态经济关系①。

生态经济关系是一种广义的经济关系，是超越于特定社会形式普遍性的经济范畴，正如刘思华教授所论述的：生态关系是它的物质内容，经济关系则是它的经济内容和社会形式。生态经济关系是以生态关系为基础，与经济关系相互渗透、相互明确的关系，而体现着两者在生态经济系统中的有机统一，是一个普遍的经济范畴。为了同纯经济学概念与范畴相区别，我们可以将生态经济关系称为广义的经济关系，它是一个普遍的广义的经济范畴。

---

① 刘思华：《理论生态经济学若干问题研究》，湖北人民出版社，1984 年，第 49 页。

生态经济学从生态学和经济学有机统一的视角来考察和分析人与自然的经济关系，建立一种合理的和谐的人与自然的经济发展关系，这在本质上是生态经济关系。

（2）生态经济协调发展论。生态经济协调发展论是生态经济学的理论主线，生态经济学的主要理论建树就是生态与经济必须协调发展这一理论的明确建立。其主要内涵如下：社会经济系统的运行与自然生态系统的运行都是客观存在的，以经济为主导，生态为基础，社会经济系统的发展受到自然生态系统的制约。生态经济实践既要遵循经济规律和市场原则，又要尊重生态规律和自然权利，既促进社会经济系统的发展前进，又维持自然生态系统正常运行，经济发展与生态保护紧密相依，生态经济效益广延为经济效益、社会效益和生态效益。

生态经济协调发展论针对社会经济走向与自然生态环境相脱离的非持续发展道路，而建立在现代经济社会发展中生态与经济间的不协调已成为当代人类生存与发展的主要矛盾，因此揭示现代经济社会发展中的生态与经济由不协调走向协调发展的规律，寻求人类经济活动及其行为在不危及生态环境的前提下实现经济发展与生态环境相协调的发展途径，这就是生态经济协调发展理论的根本之点。正是这一探讨深化了人们对生态经济协调发展规律的认识，人们进一步看到寻求当代社会经济发展与生态环境相协调的发展途径，不仅是当代经济社会的问题，而且是关系到人类社会永久的发展问题[①]。

生态经济协调的实现形态包括：生态关系和经济关系以及两者协同发展的统一体，即生态经济关系；生态结构和经济结构以及两者协同发展的统一体，即生态经济结构；生态平衡和经济平衡以及两者协同发展的统一体，即生态经济平衡；生态效益和经济效益以及两者协同发展的统一体，即生态经济效益；生态目标和经济目标以及两者协同发展的统一体，即生态经济目标。

人类的发展是经济社会和自然生态的共同发展，是人的全面而自由的发展，是人与社会，人与自然的协调发展。不仅应表现为社会财富和物质的数量的增加，而且还应该表现为人的自由发展和生活质量的提高，以及自然生态的维护和改善。

现代社会生产和再生产过程必然会产生社会经济过程和自然生态过程两个方面的变化。因此，要保证现代经济社会正常地有效地运转，最基本的要求是要协调生态经济系统中的生态系统和经济系统之间的相互关系，实现生态经济系统相对稳定有序与协调发展。这是现代生态经济发展的根本问题。然而，现代生态经济系统的基本矛盾的尖锐化，又使得协调生态经济系统的发展关系的任务十分艰

① 杨云彦：《人口资源与环境经济学》，中国经济出版社，1999 年，第 11-12 页。

巨，这就要求现代人对生态经济系统必须实行科学决策和进行正确调控。这是生态经济系统的整体结构和功能优化的基本条件，是实现人与自然、社会经济与自然生态协调发展的关键所在①。

（3）生态内因论。生态经济学克服传统经济学人与自然脱离、生态与经济分离的理论缺陷，确立了自然生态环境是人类物质生产实践活动的内在要素的理论内核，自然生态环境不仅被视为社会经济发展的自然前提与自然基础，而且也作为进入人类物质生产实践的自然形式和内在要素而存在，使自然生态系统和社会经济系统通过人与自然的生态关系和人与人的经济关系的统一——生态经济关系的形成而协调发展。

刘思华教授 1994 年在《当代中国的绿色道路》一书中论述了“生态内因论”的内容：健全的生态条件和优良的环境质量就是直接作为生态经济再生产过程的必要组成部分而存在，它们不仅是现代生产力运行的外部环境，而且是现代生产力发展的内在因素，成为现代生产力的基本要素。生态环境内因论鲜明地揭示了现代生产力是生态经济生产力，如实地反映了现代生产力运行的全过程。

自然生态环境不仅对人、社会具有优先地位，而且是作为一种内在要素存在于人类社会经济之中。作为劳动过程的生产过程永远是人与自然之间的物质变换过程，这就是说，一切经济过程，首先是人与自然之间的物质变换过程，自然生态环境是人类物质生产、劳动过程的一个构成要素。自然生态环境，不仅是人类社会存在和经济发展的自然基础，而且首先主要表现为已经进入人类物质生产实践的自然形式、自然要素，是社会经济运行与发展的内在要素的自然生态环境。

无论是劳动对象，还是劳动资料，都无不包含有自然因素，它们都是天然自然物或人工自然物，而劳动能力本身也是以人的自身的自然进入劳动过程，是人的活的劳动和消耗，即人的自身的自然的耗费，它是以生产劳动活动中的一种自然因素的消耗，构成为劳动过程的一个要素。因此，进入作为劳动过程的生产过程的自然环境与生态基础构成物质生产的自然生态要素，不仅是指人的身外的自然，还包括人的自身的自然，二者都是人类生产劳动活动的内在要素。

当今世界，自然生态环境优劣已经成为决定现代经济增长与发展的快慢和当代社会经济可持续发展的关键所在。当代经济运行与发展的实践已经充分证明：良好的生态环境确实是当今人类生存和现代社会经济发展高度短缺的生活要素和生产要素，它越来越由“外部自然条件”转化成为“内部自然要素”，呈现现代经济运行与发展的内在因素和外在因素的有机结合与高度融合的新趋势。

---

① 刘思华：《生态经济系统》载于《刘思华可持续经济文集》，中国财政经济出版社，2007 年，第 33 页。

在现代生态经济系统的运行与发展中，不仅只有技术创新和制度创新是内在变量，生态创新也应作为内在因素予以考察。制度创新是经济可持续发展的重要动力与保证，技术创新是经济可持续发展的主要驱动力与关键，生态创新是经济可持续发展的不竭源泉与基础。三种创新相互作用、相互推动的内生化运行机制模式，准确地揭示了“现代经济运行过程中制度演变—科技进步—生态改善之间的必然的、内在的、本质的联系，它不仅强调了制度在现代经济运行与发展中的保障作用和科技的主导作用，而且突出了生态在现代经济健康运行和可持续发展的基础作用。

把自然界纳入人类社会的劳动过程，使自然界既成为劳动对象和劳动资料的自然界，即作为人类物质生产劳动活动的基本要素，又成为人的存在，即作为人类存在的组成部分，或者说是人存在与发展的基本要素，使自然与人、自然与社会、生态与经济、环境与发展产生内在联系，克服传统经济学人与自然、生态与经济相分离的内在理论缺陷。

生态经济学理论对生态旅游经济建设的意义

生态经济学的基础理论促使人类在生态旅游经济建设中摒弃“人类中心主义”的思想，妥善处理生态旅游经济发展和生态环境保护的关系，控制生态旅游经济发展的速度和规模，考虑自然生态系统的约束和限制，将经济理性与生态理性有机结合起来，缓解在实践中出现的生态目标与经济目标的冲突。

生态旅游经济的产生源于良好的自然生态条件，生态旅游经济的发展也必须凭借和依赖生态系统。生态旅游经济运行所需的物质和能量，归根到底需要自然生态系统来提供。生态系统的生态旅游资源和环境是保证生态旅游经济循环运动的物质基础和基本前提，良好的生态旅游环境和高品位的生态旅游资源是推动生态旅游经济良性循环和向前发展的依托所在。

当人类社会进入以生态文明为特征的时代，人与自然、生态与经济的关系也重新被认识，反映到生态旅游经济领域，包含两个方面的含义：一方面生态系统绝不只是“只出不入的恩赐者”，它需要从经济系统获得物质和能量，来补偿其一部分为输出而消耗的物质和能量，实现自己的“收支平衡”，维持相对有序稳定状态。另一方面经济系统也绝不是“只入不出的享受者”，在现代社会经济条件下，人类利用和改变自然的能力极大提高，对生态系统的需求不断增长，它不仅有必要而且有可能为保持和实现生态系统的良性循环创造条件①。

① 刘思华：《生态经济系统》载于《刘思华可持续经济文集》，中国财政经济出版社，2007年，第14-15页。

在生态旅游经济的整体运行中，自然生态系统向社会经济系统输出物质和能量保证其正常运转；社会经济系统向自然生态系统输出物质和能量维持自然生态系统的结构和功能，避免出现原始和天然景观的退化和人工化、资源破坏、环境污染和生物多样性减少等现象，引起自然生态系统的退化。一旦自然生态系统退化，就会损害和降低生态旅游资源、环境和景观对旅游者的吸引力，削弱输入社会经济系统中的负熵流，影响社会经济系统的生产力提高，甚至导致生态旅游经济的不可持续。而社会经济系统如果过多地从自然生态系统输入负熵流，也会引起自然生态系统的熵增，使它不可能持续地进行循环运动。因此，生态旅游经济的发展以及生产生态旅游产品的能力的增长，必须与生态系统的进化与自然生产力的提高互相适应，协调发展。

生态旅游经济的可持续发展体现生态与经济之间的协调作用，生态旅游经济的整体运行，不仅要产生一定的经济效益，而且同时还要产生一定的生态效益，两者共生，相互联系、相互作用，形成一种新的效益形态，既不是孤立的经济效益，也不是孤立的生态效益，而是两者有机结合、互相融合的生态经济效益。

在生态旅游实践中，对于生态旅游承载力、生态旅游资源价值、生态足迹和生态补偿、生态成本、生态旅游区综合效益评价等问题的研究正在成为热点，体现出生态经济学理论和思想对于生态旅游经济发展理念与模式的“生态化”改造和影响，并将对生态旅游经济的长远发展起到积极的推进作用。

1.1.3.2 可持续发展经济学

可持续发展经济学是研究生态经济社会复合系统由不可持续发展向可持续发展状态转变及维持其可持续发展动态平衡状态所需要的经济条件、经济机制及其综合收益的学科。

可持续发展经济学的主要理论观点

（1）可持续发展经济学的发展理论。目前学术界所接受的可持续发展的一般定义为“既满足当代人的需求，又不损害子孙后代满足其需求能力的发展”，可持续发展涉及经济、社会和生态等多种要素，是集经济增长、社会进步、生态和谐于一体的发展理念，通过对人与自然、人与社会关系的重新认识，追求人与自然的互利共生和协同进化，追求人际与代际之间的平等和协调，实现人的全面发展，包括物质、精神和生态层面。

可持续发展经济理论重新审视和界定人和自然，个人与社会，过去、现在与未来之间的关系，提出使各种资源在不同使用方向之间的分配贯彻可持续发展原则，把同步提高经济效益、社会效益和生态效益作为预期目标，建立符合可持续发展要求的生态经济社会复合大系统。

可持续发展经济学研究生态经济社会复合系统的运行，从构成复合系统的各个组成要素的角度规定了系统发展的“临界”，这个“临界”是由生态、经济和社会构成的多维临界集，使其得以在可持续发展的安全范围内运行。既保证当代人的生存权和发展权，实现当代人全体的生活福利，又能够实现可利用资源总量的持续增长，不影响后代人应得的福利。

（2）可持续发展经济学的价值、财富和资源理论。可持续发展经济学的价值理论，是建立在生态经济价值理论基础上的价值理论，既注重资源环境价值有利于当代人目前的经济发展，更主张资源环境价值有利于后代人的长远经济发展，使生态价值总量在长期发展过程中不至于下降和大量损失，保证后一代人至少能获得与前一代人同样的经济福利。

可持续发展经济学的财富理论认为财富是由生态财富、人力财富、物质财富和精神财富这四大部分组成的，更进一步突出了生态财富和人力财富对于一个社会和国家与区域现代经济健康运行与可持续发展的极端重要性；指出生态财富不仅是国民财富的来源，而且本身就是一个社会或国家与地区的最基本财富；可持续发展经济学的财富衡量标准，不仅是对一国或地区现实经济能力的评判，而且更重要的是对一国或地区未来经济发展潜力的评估。

可持续发展经济学的资源理论提出人类在分配资源和占有财富方面必须实现时空公平，不仅要保证资源在代内的公平合理配置，更要考虑资源在代际的公平合理配置，当代人不应为自己的发展与需要而损害今后世世代代满足需要的条件，要给后代人以公平利用资源的权利。

（3）生态环境内生化可持续发展经济理论。可持续发展经济学克服了过去所有的经济增长与发展理论关于生态环境外生假定的根本缺陷，转向在生态环境内生假定下考察现代经济发展及其可持续性的源泉和决定，将生态变迁、生态创新这一长期经济可持续发展最基础的决定因素视为可持续发展经济系统的内在力量，突破了当今国内外主流经济学理论的研究框架，形成生态环境内生化可持续发展经济理论。它的核心内容：一是人类生存的自然环境是人的生命的组成部分，是人的身心健康和生命安全的内在因素；二是当今世界系统中的生态环境是经济可持续发展的内在的决定因素，已成为可持续经济运行与发展的内生变量，这是生态环境内生化可持续发展经济理论的基本结论①。

生态环境内生化可持续经济发展理论，实质上就是要求人们承认与坚持地球

① 刘思华：《论经济理论的生态革命》载于《刘思华可持续经济文集》，中国财政经济出版社，2007 年，第 446 页。

资源环境有限论，树立经济发展的可持续性边界理论的新理念。这是当代经济思想与理论的生态革命的基本理念，即可持续发展经济学范式的基本理念。当代人类对地球存在极限的认识及其将如何影响人类经济社会发展乃至整个人类文明进化的认识，即是人类认识到自己利用与改造自然的经济社会活动，是被“自然界整体动态结构的生态极限所束缚的”，从而发现了地球资源环境有限性的客观规律：人类经济社会活动必须建立在生态系统完整、资源持续供给和环境容量持续供给的基础上，才能保证经济系统在生态限值内健康运行与协调发展，这样的经济发展才具有可持续性。也只有这样，才能实现经济发展与可持续性的有机统一，这就是可持续经济。如果人类经济社会活动超越生态系统承载限值，即是“超越这些可持续的制约，那么，经济与生态系统的不可持续和崩溃将是迟早的事”，这就是不可持续经济（图 1-1）。因此，人类社会活动与经济系统的发展对生态环境影响不应超越可持续性边界，换言之，可持续发展经济就是经济发展没有超越生态系统承载能力的发展。

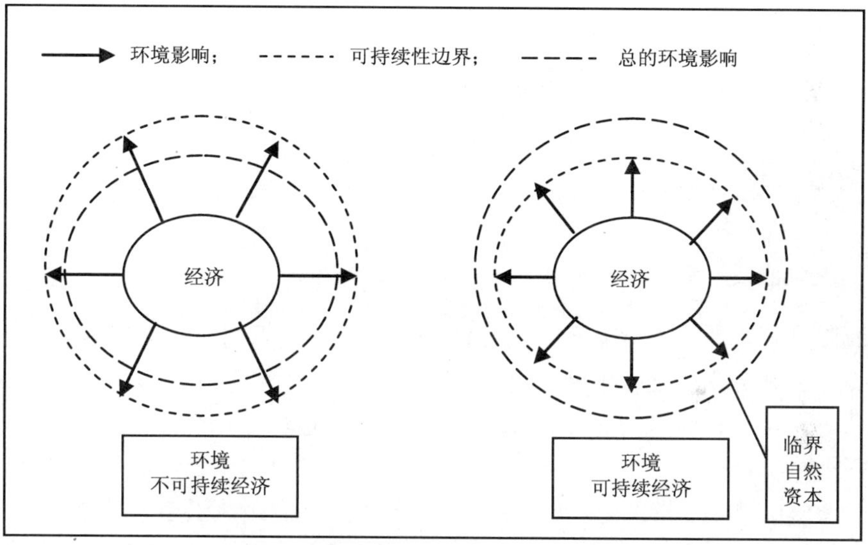

图 1-1 环境影响、福利和可持续性边界

资料来源：引自刘思华：《论经济理论的生态革命》载于《刘思华可持续经济文集》，中国财政经济出版社，2007 年，第 448 页。

可持续发展经济学理论对生态旅游经济建设的意义

可持续发展经济学在横向和纵向发展上的统一性要求生态旅游经济不仅注重

经济、社会、环境三大效益横向上的协调发展，也要注重在近期和远期效益间的纵向关系，兼顾横向协调性和纵向永续性。

可持续发展经济学的发展理论明确了生态旅游资源的利用应限制在资源环境的承受能力——生态阈值（自净能力、自我恢复平衡的能力）范围内，以保证代内不同地区的人和代际不同辈的人能够享受到共同的资源。

可持续发展经济学的价值、财富和资源理论为生态旅游从业人员制定了可持续发展的工作准则：生态旅游决策者要实现近期与远期、局部与全局统筹协调；生态旅游开发者要注意保护自然生态—生态旅游发展的物质基础；生态旅游投资者应认识到生态旅游投资不仅是经济上的投资，还有生态资源的投资即资源有价以及开发规划的知识投资即知识有价；生态旅游管理者和服务者应采用节约型和保护型的管理模式。

生态环境内生化可持续经济发展理论指明了生态旅游经济可持续发展的根本路径，是必须将自然生态要素作为生态旅游经济发展的内生要素来看待，分析自然生态要素在生态旅游经济发展中的作用，处理其与社会经济发展之间的关系，监测其对生态旅游经济发展的影响，达到自然生态系统与社会经济系统之间物质流动、能量循环、信息传递的最佳状态。

1.2 相关研究文献综述

1.2.1 生态旅游经济

我国具有发展生态旅游经济的良好先天条件。王秀明、许桂兰（2006）指出，我国的生态旅游业在进入1990年代后发展十分迅速，我国具有发展生态旅游的良好条件：一是拥有巨大的客源市场，且随着人们生态意识的觉醒，对生态旅游的需求将不断增长；二是拥有丰富的生态旅游资源。截至2009年年底，我国共有世界遗产40处，5A级景区76处，已审定和公布的国家级风景名胜区208处。全国已建立起各级各类自然保护区 2 541 个（国家级自然保护区 319 个），总面积约1.477亿hm^2，占国土面积超过15%，其中有28处自然保护区列入世界“人与生物圈”保护网①。

在实践中，生态旅游经济发展的经济功能基本上得到了一致的认识。郭跃（2004）提到，生态旅游具有的可持续发展观能够不断地促进区域的经济活动，通

① 资料来源于中华人民共和国环境保护部数据中心。

过经济利益的再分配过程可以使社会分工达到合理化，扩大社会就业机会。正如太平洋经济合作理事会（PECC）秘书长艾杜阿尔多·佩德罗斯在第二届国际生态旅游论坛（2004）上指出的包括生态旅游在内的旅游经济是推动世界经济发展的重要力量，特别是在就业方面对世界经济的贡献尤为显著。生态旅游构筑的价值链不仅是现实经济意义上的，也是潜在的，长期的①。

但是生态旅游经济的价值绝不止于此，作为生态经济的重要表现形式之一，生态旅游经济理当实现人与自然、人与社会、人与自身的和谐。倪瑛、郭晓阳（2006）分析了川、滇、藏共同构建大香格里拉生态旅游经济圈的基本对策与思路，提出发展生态旅游是我国西部地区寻求资源合理开发与生态环境保护之间平衡的最佳途径②。叶太平（2006）认为，生态经济的本质特征和价值取向是“和谐”，实施生态经济，能促进生态学、经济学、伦理学的和谐，促进人与人的和谐，促进人的身与心的和谐，促进人与自然的和谐③。袁长红等（2006）指出，生态经济是生态旅游的根基，生态旅游是生态经济的一种表现形式④。

值得注意的是，生态旅游经济系统中生态与经济的矛盾已经初露端倪，应该引起足够的重视，并寻求科学的解决办法。张海鹏、姜志德（2004）指出，我国的自然保护区不是一个纯粹的生态系统，而是一个与其社区经济系统耦合而成的生态经济系统。自然保护区在保护自然资源与环境的同时，还要承担社区居民生存与发展的功能，正因为如此，造成了我国自然保护区特殊的生态经济矛盾⑤。田喜洲（2006）指出，生态旅游在开发经营、消费中存在着各种各样的矛盾。过度生态旅游在一定程度上加剧了环境损耗和地方特色的消失，伴随经济效益增长的是生态环境、自然景观、文化特色和传统习惯等退化的代价。尊重和保护生态旅游资源和环境，不断改善环境质量，促进人类和环境和谐共处是生态旅游发展的根本目的⑥。人民网 2007 年 2 月 16 日的报道指出，中国特色的生态旅游称得上已误入歧途，冒牌生态旅游的危害甚至大于传统旅游，将加强生态旅游专业性的能力建设放在第一位是在中国发展生态旅游的重要特色。

---

① 郭跃：《刍议生态旅游的经济意义》，http://www.davost.cn/html/xinwenpindao/hangyejujiao/20070712/13008_3.html。

② 倪瑛、郭晓阳：《构建大香格里拉生态旅游经济圈的理论、对策与思路》，生态经济，2006 年第 8 期。

③ 叶太平：《生态经济的“和谐效应”》，经济问题探索，2006 年第 12 期。

④ 袁长红等：《以生态旅游业为主导的生态经济建设》，北方经济，2006 年第 3 期。

⑤ 张海鹏、姜志德：《自然保护区生态经济矛盾解析》，林业经济问题，2004 年第 10 期。

⑥ 田喜洲：《生态旅游资源脆弱性的深入分析》，林业经济问题，2006 年第 2 期。

1.2.2 生态旅游效益和生态价值评价

对生态旅游效益的评价还存在片面之处，在实践中不便操作，过分强调生态旅游的经济效益。韦新良（2003）对太湖源生态旅游区的实地调查与分析表明，在 1997—2001 年景区开展生态旅游建设和经营的效益可分为资源效益、环境效益、经济效益和社会效益，其中各自占总效益的比例为：资源效益 9.27%，环境效益 3.45%，经济效益 73.35%，社会效益 13.93%。可见，太湖源生态旅游区生态旅游发展所产生的效益主要体现在经济效益上，而资源效益、环境效益和社会效益所占的比重则较小。

自然生态的价值一直是主流经济学家回避和忽视的问题，然而事实表明，自然生态不仅具有价值，而且这种价值可以量化，数额巨大。陈仲新、张新时（2000）参考 Costanza 等人的分类方法与经济参数对中国生态系统功能与效益进行了价值估算，通过计算，我国生态系统效益的总价值是 77 834.48 亿元人民币/年（以 1994 年人民币为基准）①。刘亚萍（2004）运用 CVM 投标博弈法的支付卡问卷方式，对武陵源国家自然保护区生态保护经济价值进行评价。评价结果是：WTP 平均值为 55.04 元/人，WAC 平均值为 202.35 元/人，WAC 与 WTP 的比值为 3.68；每年的总经济价值分别为：WTP 为 33 024 万元，WAC 为 121 410 万元②。赖伟行、黎明（2006）报道广东省林业系统已建成自然保护区 205 个，数量位居全国第一，全省森林生态效益总价值达 6 377.83 亿元③。受山东省科技厅委托，烟台市科技局组织国内生态、林业和环保专家对“昆嵛山自然保护区生态服务价值评估”课题进行了技术鉴定，确认昆嵛山自然保护区每年生态系统的服务价值超过 4.3 亿元。保护区与山东大学的最新研究表明，昆嵛山在林木利用、野生药物、森林旅游等方面的直接生态价值仅为 1 700 余万元，绝对数字并不大，而在涵养水源、保护土壤、净化空气、固碳制氧方面每年的间接生态价值超过 4.2 亿元。在总值 4.3 亿元的生态服务价值中，直接价值仅为间接价值的 4.31%，这说明生态服务价值绝大部分没有以市场价格形式表现出来，而该计算量并没有包括防止噪声、调节气候、有毒物质降解、基因库等方面的生态效益，实际价值量应远大于 4.3 亿元④。2005 年 12 月 23 日，大庆市统计局首次推算出大庆湿地生态价值，大庆 120 万 hm^2

---

① 陈仲新、张新时：《中国生态系统效益的价值》，科学通报，2000 年第 1 期。

② 刘亚萍：《运用 CVM 对生态保护经济价值的评价》，绿色中国，2004 年第 11 期。

③ 赖伟行、黎明：《 广东林业生态状况公报》，http://www.zgny.com.cn/ConsHtml/6/1/0/103477.html。

④ 徐中华、申吉忠：《养林养土养水养空气 昆嵛生态价值超 4 亿》，http://news.sohu.com/20070205/n248042661.shtml。

湿地每年产生的生态价值高达 840 亿元。钟学斌等（2005）研究了九宫山自然保护区森林植被类型的分布以及气候、土壤等数据资料，结果表明九宫山自然保护区森林生态系统的服务价值平均每年达 4.938 亿元，单位面积生态服务价值平均为 2.71 万元/（$hm^2 \cdot a$）[①]。许志晖、丁登山（2006）在实地调查和试验的基础上，依据资源经济学和生态经济学的理论和方法，针对南昆山国家自然保护区资源的特点，对其生态服务功能价值——直接利用价值和间接利用价值进行了货币化评估，由此得出生态服务功能价值为 58 292.77 万元[②]。据《四川日报》2007 年 4 月 17 日报道，据不完全统计，第一季度，四川省生态旅游实现接待游客总人数 1 373.74 万人，生态旅游直接总收入 13.26 亿元，比去年同期增长 56.38%。数据显示，入川游客 71.8%属于生态旅游。生态旅游的走俏，使四川省生态旅游收入一步一个新台阶，从 2005 年直接收入 39.67 亿元到 2006 年直接收入 71.29 亿元。业内人士认为，生态旅游已成为四川省旅游产业新的经济增长点。据《2010 湖北省湿地报告》显示，湖北湿地的生态服务功能价值共有 10 种，其生态服务总价值为 4 138.48 亿元。2010 年中国林业科学院首次对森林生态服务功能进行物质量和价值量评估，发布的中国森林生态服务评估研究成果指出，中国森林生态系统的生态服务总价值为每年 10 万亿元，大体上相当于目前 GDP 总量 30 万亿元的 1/3。这些具体数据进一步说明自然生态对于人类所具有的巨大价值，如果我们不转变传统的经济增长方式，继续将自然生态因素排除在外，则对生态旅游经济效益的评价就无法真实地反映其发展成本，造成利润的虚增。只有充分考虑生态旅游经济发展的生态成本，才能合理判断生态旅游经济的可持续状态，是否能够实现经济发展、生态保护与社会进步的协调与平衡。

1.2.3 生态危机及原因分析

生态危机的日益严重已经引发了人们的关注：目前是否存在生态危机？生态危机的程度如何？生态危机的本质是什么？许多文献纷纷表明了自己的观点。李笑春（2002）指出，已有大量证据表明我国生态系统在长期遭受人类活动的严重破坏和气候异常的双重胁迫下，确已广泛流行“生态系统危机综合征”。为了自然生态系统的可持续的演化和人类社会的可持续发展，我们一定要给予人类社会可持续发展的物质基础——自然生态系统以特别的爱护和关注[③]。武杰等（2004）认为，生态危机是人类活动引起的一种自然生态的失衡，是自然和社会两种生产和

① 钟学斌等：《九宫山自然保护区森林植被生态服务功能经济价值》，咸宁学院学报，2005 年第 12 期。
② 许志晖、丁登山：《南昆山国家自然保护区生态系统服务功能价值评估》，经济地理，2006 年第 7 期。
③ 李笑春：《生态系统健康评价与可持续发展》，自然辩证法研究，2002 年第 4 期。

生产力之间矛盾尖锐化的表现，就其本质而言是人类生存危机①。许婕（2005）提出我国面临着新中国成立以来的第三次生态危机，也是最严重的一次生态危机。生态危机不但造成人与自然的矛盾，也引发了人与人之间的社会问题。我国生态危机的现状说明在社会主义制度下，如果照搬西方在资本逻辑下产生的“先污染、后治理”的发展模式，同样会产生生态危机。克服资本的逻辑，必须采取稳态经济模式，这是与社会主义制度要求一致的可持续发展的经济模式。袁文倩（2006）指出，随着经济的发展，人们看到经济高速增长，国民财富迅速增加的同时，也重新认识到片面追求经济增长所带来的生态危机，促使人们重新思考经济增长理论，反思经济增长和生态环境的关系，人们重新认识到环境问题已经成为经济发展的一个重要约束因素，正如挪威首相布兰特夫人所说“过去我们关心的是发展对环境带来的影响，而现在我们迫切地感到生态的压力对发展带来的影响”。武春友（2006）指出，人类生存与发展依托的主要资源，几乎都面临枯竭危机。因此，减少资源消耗、提高资源效率，积极推进产业转型和生态产业、生态经济的实践，是人类可持续发展中最有价值行为②。王军（2006）提出，自然保护区是生态旅游发展的主体，截至 2001 年年底，我国已建立各种类型、不同级别的自然保护区 1 551 个，总面积 1.3 亿 hm^2，约占国土面积的 12.9%。其中 50%以上的保护区从旅游中获取收入，保护区中的旅游收入已占所有创收总额的大多数（国家环境保护总局自然生态保护司，2002）。已开发旅游的保护区中 60%以上是从 1990 年代开始的，并且管理上尚无系统成型的体系，与生态旅游的要求相比还有一定的差距，从而给生态环境带来了较多问题③。彭兆荣（2007）以广西壮族自治区贺州市富川瑶族自治县的秀水村在生态旅游开发中所面临的情形为例，阐明了现代生态旅游给地方“家园生态”纽带可能造成断裂的后果④。

许多研究还从不同角度阐述和剖析了造成生态危机的各种原因，并力求在此基础上寻求有效的缓解和遏制生态危机的办法。曹明宏（2000）从市场运行的角度分析产生生态环境问题的四大原因，即技术进步的非对称性、市场非对称性、非市场交易资源、资源产权不明晰，并提出解决生态环境问题的中心思路是使经济活动的外部性“内部化”⑤。向玉乔（2002）剖析生态危机爆发的原因是人类的生态扩张主义，生态危机的爆发暴露了人类经济系统的局限性，也促使人类更加

① 武杰、康永征：《生态危机的经济学思考》，科学技术与辩证法，2004 年第 12 期。
② 武春友：《创造全社会参与的资源效率与生态和谐系统》，价值工程，2006 年第 1 期。
③ 王军：《试论生态旅游对环境产生的效益与成本》，企业经济，2006 年第 6 期。
④ 彭兆荣：《现代旅游中家园遗产的生态链》，广西民族大学学报（哲学社会版），2007 年第 1 期。
⑤ 曹明宏：《生态危机的市场根源及其对策》，科学技术与辩证法，2000 年第 10 期。

深刻地审视和对待自身的生存和发展问题[①]。彭福扬等（2002）从市场的成本分摊性、人类中心论、科技异化以及政治对致毁性技术应用的加速作用对生态危机进行分析，将生态危机的根源归纳为四种，即市场根源、认识根源、科技根源和政治根源[②]。王国印（2005）认为，膨胀化的物欲与非对称性的科技进步之间的互动，在极大地推动物质经济增长的同时，也使社会陷入“经济—环境”怪圈之中：经济增长异化出制约经济持续增长的“对立面”——生态环境危机。我国近年来也逐渐陷入“经济—环境”怪圈之中，这样的严峻形势警示国人：统筹经济增长与生态环境保护已刻不容缓[③]。钟茂初（2005）分析指出人类的生态环境危机是由人类过度的生产活动造成的，人类的生产活动是由生产方式决定的，而生产方式又是由“第一生产要素”决定的，资本这个“第一生产要素”正是形成生态环境危机的关键因素[④]。娄成武、王潜（2006）认为，实践证明，人类生态意识的淡薄，生态价值观的缺失，人与自然关系的错位是生态危机产生的根源。对此，科学认识生态价值，是破解生态危机的基础和前提[⑤]。于海量（2006）认为，在构建生态文明的当今世界，大力发展生态生产力是人类解决生态危机的必然选择，生态生产力是人与自然和谐共生的生产力，发展生态生产力的关键是实现人与自然关系的和谐[⑥]。唐辉等（2007）提出，传统的价值概念只承认自然的工具价值，否认自然的内在价值，对世界生态危机负有不可推卸的责任。从当今生态实践的严峻性来看，自然的内在价值理论对于我们走出价值导向和实践上的迷雾，重建人与自然的和谐具有重要的理论和现实意义[⑦]。

1.2.4 生态旅游经济关系

生态旅游经济是一个由自然生态系统和经济社会系统复合而成的动态平衡系统，二者相互依存和作用，形成了错综复杂的生态旅游经济关系。王玉芳（2006）具体分析了国有林区经济、生态、社会 3 个子系统及其所构成的复合系统的特殊性，指出经济子系统、社会子系统在协同发展中处于主导和中介地位，生态子系统处于基础地位。3 个子系统的动态耦合形成了沿 S 形曲线周期性地向上耦合发

① 向玉乔：《生态危机剖析》，湘潭工学院学报（社会科学版），2002 年第 12 期。
② 彭福扬、曾广波：《论生态危机的四种根源及特征》，湖南大学学报（社会科学版），2002 年第 7 期。
③ 王国印：《“经济—环境”怪圈对我国经济社会发展的影响》，生态经济，2006 年第 9 期。
④ 钟茂初：《“第一生产要素”——形成生态环境危机的关键因素》，自然辩证法研究，2005 年第 8 期。
⑤ 娄成武、王潜：《论人与自然和谐发展的生态价值观》，http://www.yunfu.gov.cn/govmach/lyj/ 2120-28128.html。
⑥ 于海量：《人与自然和谐：生态生产力发展的着力点》，南京财经大学学报，2006 年第 3 期。
⑦ 唐辉等：《生态伦理中的自然价值问题思考》，商场现代化，2007 年第 3 期。

展演化的轨迹，表现出3种耦合状态，使复合系统的发展呈现出掠夺型、原始型（或向协调型过渡）、协调型的发展阶段，并表现出不同的协同形态。系统的高效协同发展是实现良性耦合的途径，而系统的耦合又是协同发展的基本保证。赵海霞（2006）探讨了经济发展与环境质量的辩证关系，认为经济发展与环境共处于一个大系统中，两者相互作用、相互影响。一方面，从环境角度看，经济发展是在环境的基础上建立和发展起来的，社会生产归根到底是从环境中获取自然资源，加工成生产和生活资料。另一方面，经济发展与环境之间的矛盾是经常的，表现在经济发展对资源需求的无限性与资源供给能力的有限性之间的矛盾。经济发展与环境之间的矛盾就是环境问题的实质。吕军（2006）提出草原生态旅游的开展既对草原生态环境建设具有积极意义，又对草原生态安全建设存在消极影响。草原旅游生态系统是一个“自然-经济-社会”复合生态系统，对其生态系统安全的分析，既要考虑生态环境的安全状态，还要分析旅游经济的可持续发展，也要充分认识到社会在其中的保障能力，在草原旅游发展的生态安全系统分析中应注重上述3个子系统的相互联系。盖志毅（2006）认为生态系统与经济系统组合成为生态经济系统的必然性在于：任何经济活动都必须在一定的生态空间进行，都必须依赖于生态资源的供给和生态环境的消纳。而凡是人类活动已涉及的空间，都已打上了经济活动的印记。由于每一个经济系统都是建立在生态系统之上，并与生态系统相依存而不能单独存在，生态经济系统就是经济系统与它们的自然环境总合。刘雪梅等（2004）从利益相关者角度剖析了国内外生态旅游实践的变形，揭示了其中所蕴涵的生态经济关系的矛盾。吴伟光等（2005）以天目山自然保护区为例，指出自然保护区各主要相关利益者由于其所处的角色地位、目标任务不同，其需求取向存在较大差异，决定了不同利益者对自然保护区发展技能不同的态度和观点，存在矛盾是不可避免的[①]。因此必须建立有效的冲突管理机制。

1.2.5 本书对上述问题的看法和认识

从笔者现在收集到的文献资料来看，研究生态旅游经济、生态危机和生态旅游经济关系的都不在少数。其中对于生态旅游经济的研究可分为理论研究和现状分析两类。对生态旅游经济的理论研究主要集中在生态旅游基础研究上，如生态旅游的定义和内涵的界定、生态旅游的规模、开展地点以及生态旅游标准的确立等方面，在这些问题上学术界还存在一定程度的争议和分歧，理论上的不完善直

① 吴伟光等：《自然保护区相关利益者分析及其冲突管理——以天目山保护区为例》，林业经济问题，2005年第5期。

接导致了生态旅游实践在某种程度上存在一定的无章可循、无所适从的无序状态。但是大家基本取得共识的观点包括：生态旅游是实现旅游经济可持续发展的重要途径和方式，我国具有发展生态旅游经济的先天良好条件，自开展生态旅游以来，在生态保护、经济发展和生活改善方面取得了相应的成就，关键的是今后的生态旅游经济走向如何。对于生态旅游的基础理论问题，本书在第2章将给出详细的论述。出于对生态旅游经济发展现实状况的关注，还有很多文章结合了具体的生态旅游开展情况对生态旅游经济进行了贴近现实的研究，这类研究既包括对发展生态旅游经济较为成功的一些范例的总结，也包括对生态旅游经济不可持续现象的批驳与反思，而尤其是从后一类文献中所暴露出来的问题已经深刻地说明，如果不采取适当的手段和措施，生态旅游经济爆发生态危机并非危言耸听。相比之下，前一类文献中所提到的成功经验从另一个角度充分说明，生态旅游经济系统中生态效益、经济效益和社会效益的统一与和谐绝非“不可能的事”。

生态危机是一个沉重的话题，很多文献都对当前的生态危机忧心忡忡，只是在分析生态危机的原因时观点不一，有的侧重经济角度，有的侧重技术角度，有的侧重社会角度，殊途同归的是人们都深切地感受到了生态危机的巨大压力，认为要避免生态危机的继续恶化和缓解生态危机，只有一方面转变思想观念，另一方面改革发展模式。需要指出的是，专门针对生态旅游经济发展中生态危机的文献甚少，除了前文所列举的那些具体事实以外，尚未有专门的文献提出“生态旅游经济的生态危机”这一说法，尽管如此，并不意味着在生态旅游经济发展的过程中没有发生生态危机的可能，相反，这一危机随时都有可能爆发，因而毁灭生态旅游经济的发展前途。生态系统已经不断给骄傲的人类敲响了生态警钟，在生态旅游领域若不引起足够的重视，迟早也会让漠视自然生态的人类自食其果，生态旅游地多是生态系统相对脆弱和敏感的区域，一旦遭受破坏，将是难以修复的。当自然界的生态权利得不到应有的尊重和重视，当经济系统的物欲无限制地膨胀，当社会文明无法实现公平和共同发展，生态旅游经济的发展也将走到尽头。

由此产生的另一个问题是：生态旅游经济是一个怎样的系统？如何实现协调运转和可持续发展？在这些问题的研究上基本达成共识，即生态旅游经济系统是一个由自然生态系统和社会经济系统组成的复合系统，两者之间存在错综复杂的关系，在生态旅游经济系统中发挥着不同的功能和作用，生态旅游经济活动不仅要遵循经济规律，更要尊重自然规律。但是，对于作为保证生态旅游经济复合系统正常运转基础的生态旅游经济关系，专门论述的文献还不多见，现有研究大多只是集中于生态旅游经济各利益主体之间的矛盾冲突，而且缺乏对这种矛盾的本质规定，没有探究冲突的产生与生态旅游经济关系之间的联系，未对生态经济关系的理想状态及其在实践中变形的原因进行深入探讨，对于生态旅游经济关系的构成，生态旅游经济关系运动的客观规律，以及如何构建协调的生态旅游经济关系，在现有文献资料中涉及较少。而作为本书理论基础之一的生态经济学，其主要任务之一就是研究生态经济关系及其变化发展的规律，揭示生态经济系统基本矛盾运动过程中发生的生态经济问题和所体现的生态经济关系。正是基于此，本书将试图利用生态经济学的相关理论，来剖析生态旅游经济的生态危机和不可持续现象与生态旅游经济关系之间的因果关系和本质联系，揭示生态旅游经济关系协调发展的客观规律。

为了进一步研究生态旅游经济可持续发展的途径，人们还对原本一直被忽略和不受重视的生态效益和价值进行了研究，这种研究有的是从经济学角度，也有的是从生态学和地理学等其他学科相关角度。根据现有研究成果，生态效益和价值的量化和具体评价虽然在实践中还存在一定的难度，但是已有很多对此的探索和尝试，大量的数据直观地说明，以前被排除在经济增长因素之外的生态因素，实际上蕴涵着深刻的生态价值和经济价值，是决定生态旅游经济发展走向和模式无法回避的关键因素，在衡量生态旅游经济发展的健康状态和可持续程度时，理应将其考虑在内。

如上所述，至今还没有将生态旅游经济的发展与生态危机放在一起进行考察，以及从生态旅游经济关系的角度来剖析生态危机和探讨生态旅游经济和谐发展的相关文献，本书初次尝试这样的探索，无疑会面临着很大的困难和压力。本书的目的，不是要散布对生态旅游经济发展不利的消息和传言，相反，正是要使当前在生态旅游经济发展过程中已经产生的生态危机或者使潜伏着的生态危机能够得到根本的治理和改善，实现生态旅游经济关系的和谐与协调，促进生态旅游经济持续健康地发展。

1.3 研究框架和结构安排

1.3.1 本书研究的基本框架

本书在生态经济学和可持续发展经济学的理论平台之上，对由自然生态系统和社会经济系统复合而成的生态旅游经济系统进行了分析。通过列举生态危机存在的事实，进而指出生态经济关系失调是造成生态危机的根本原因。生态旅游经济中存在的生态经济关系涉及生态旅游提供者、生态旅游社区、生态旅游者和政府管理部门等利益主体，交织成生态旅游经济中的自然生态关系和社会经济关系，两者之间的关系一旦失调，便会导致生态危机；若两者之间能够实现和谐统一，生态旅游经济就能达到和谐状态，实现可持续发展。因此，在调节生态经济关系的基础上，重新构建生态旅游经济的发展模式是当务之急，包括深入认识生态旅游经济的生态成本和价值，在理论上建立生态内生化的生态旅游经济可持续发展模型。除此之外，还可结合政府调控、企业管理、社区参与和生态旅游者引导，实现生态旅游经济和谐发展的可持续管理。最后，缓解和消除生态危机，达成自然生态系统和社会经济系统的和谐共生。本书研究的基本框架如图 1-2 所示。

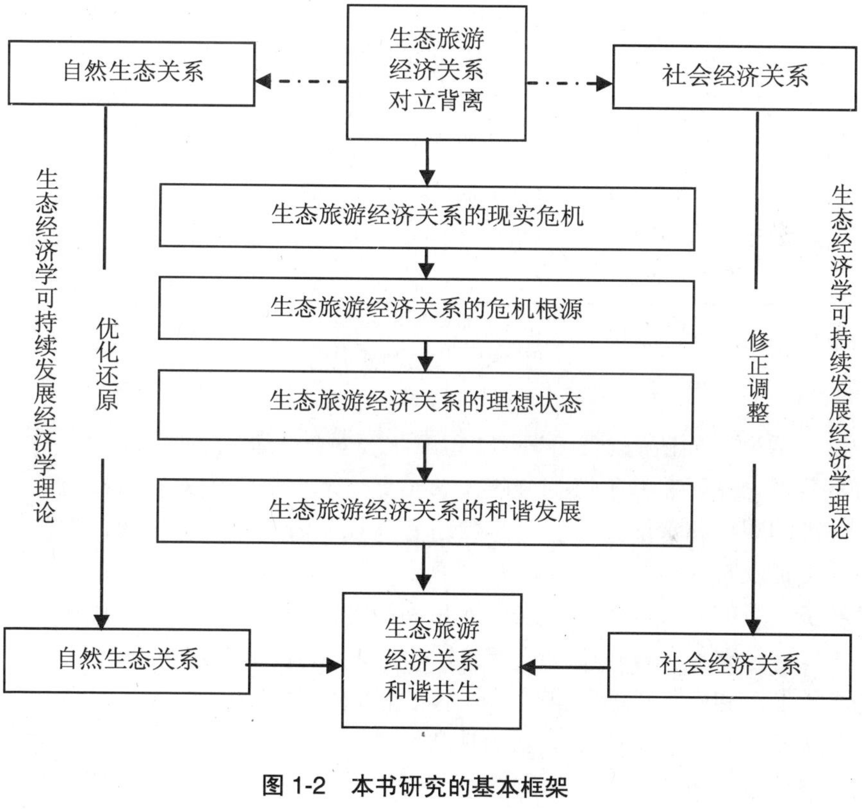

图 1-2　本书研究的基本框架

1.3.2 本书研究的主要内容

本书以生态旅游经济关系为主要研究对象，将其作为支配生态旅游经济系统健康运转的主线，分析了生态旅游经济关系的构成和特点，剖析了由于生态旅游经济关系发展失调所导致的生态旅游经济系统的紊乱，指出只有通过生态旅游经济关系的调节和优化，才能保障生态旅游经济系统的可持续发展，实现生态旅游经济系统的复合目标。本书研究的主要内容如图 1-3 所示。

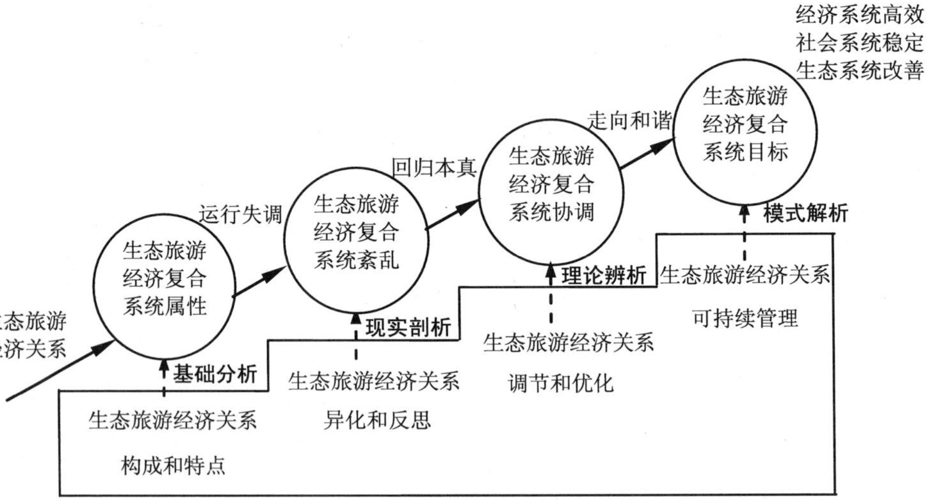

图 1-3　本书的研究内容

第 2 章：生态旅游的理论概述。本章主要对生态旅游做理论上的分析和界定，针对目前理论界存在的争议和分歧，总结提出本书关于生态旅游概念、内涵、原则、标准的观点和看法，并将生态旅游和其他旅游形式进行比较，突出生态旅游的本质特征及与其他旅游形式的不同之处。结合生态旅游经济的形成，探讨生态旅游经济关系的社会经济属性和自然生态属性，并由此引出生态旅游经济关系的相关主体。本章为全书的基础研究部分，主要目的在于在理论上形成对生态旅游、生态旅游经济和生态旅游经济关系一致的和充分的认识。

第 3 章：生态旅游经济关系的现状解析。本章从生态旅游经济的现状入手，介绍生态旅游经济发展的总体情况，同时指出其在发展过程中产生和潜伏的生态危机的具体表现及其现实根源，指出生态危机的实质是生态旅游经济关系的失调，而从经济学的角度解读生态旅游经济失调导致生态危机的思想根源，其实在于传统经济发展观对生态因素的忽视和错误的发展模式，造成了人与自然的冲突、经济和生态的背离，这是生态旅游经济关系的割裂和对立，也是生态旅游经济不可持续的集中表现。本章的主要目的在于提出迫在眉睫的现实问题，并分析其现实根源和理论根源，为下一章做基础和铺垫。

第 4 章：生态旅游经济关系的多重辨析。本章着重探讨已经失调的生态经济关系的本来面貌，即在生态旅游经济中既存在自然生态关系，也存在社会经济关系，这两种关系并不矛盾，实质都是经济关系，通过生态旅游经济行为主体、生态旅游经济过程实现统一和协调。和谐统一的生态经济关系是消除生态危机的途径，是生态旅游经济可持续发展的基础。本章的主旨在于还原生态旅游经济中生态经济关系的经济本真，找出生态旅游经济关系和谐发展和生态旅游经济可持续发展的关键所在。

第 5 章：生态旅游经济关系和谐发展的模式重构。本章提出生态旅游经济的发展模式必须建立在和谐的生态旅游经济关系基础之上，对于生态旅游经济中生态要素的价值应该有新的认识和评价，这是左右生态旅游经济发展走向的关键因素，因此，在生态旅游经济可持续发展的理论模型中，也应将生态因素考虑在内，建立生态内生化的生态旅游经济可持续发展模型，才能防止生态旅游经济关系的失衡。本章的重点在于运用经济学工具分析生态价值和生态成本，建立生态旅游经济和谐发展的经济理论模型，为全书的论述提供数理模型依据。

第 6 章：生态旅游经济关系和谐发展的可持续管理。生态旅游经济模型的建立为生态旅游经济关系的和谐发展提供了理论支持，但是缺乏具体的操作路径。生态旅游经济关系和谐发展可持续管理的首要任务和根本目标就是协调生态旅游经济关系，主要是利益关系，促进生态旅游经济协调和谐与可持续发展。本章从生态旅游经济不同利益关系主体的角度，分别提出了在生态旅游经济发展的过程中，政府部门、企业、社区乃至旅游者所应采取的具体管理措施。本章为前文的理论模型提供实际支持，结合针对生态旅游社区和生态旅游者所做的实证调查，指明生态旅游经济关系和谐发展的具体操作途径。

第2章

生态旅游的理论概述

在生态旅游的理论研究方面目前尚存在许多问题，无论是对生态旅游的内涵界定还是理论基础都有诸多争议。因此，本书首先在前人的理论研究基础上进行总结分析和比较，对生态旅游的概念进行规范表达，充分认识生态旅游与其他旅游形式的差异，理性对待生态旅游理论研究中的争议和不足，深入认识生态旅游和生态旅游经济的本质，力求在理论上勾画生态旅游的完整理论体系，避免生态旅游的理论研究误区，为生态旅游经济的实践探索提供有益的理论指导，引导生态旅游经济的可持续发展。

2.1 理论梳理：生态旅游的概念分析和界定

生态旅游经济发展过程中出现的资源破坏、环境污染等“反生态”现象与生态旅游理论研究上的缺陷和不足不无关系，仅从生态旅游的概念、内涵、特征和功能等基础理论问题来看，至今尚未达成共识。

2.1.1 生态旅游概念的研究综述

自1983年提出“生态旅游”这个术语后，学者、研究机构及一些国际组织纷纷从不同的角度对生态旅游的概念做了不同的表述，并对生态旅游的内涵提出了自己的理解和阐释。在国内学术界，对于生态旅游的研究也是近年的热点问题之一，但是对于究竟如何给生态旅游一个统一的定义，怎样确定生态旅游的标准，以及生态旅游的衡量和评估等问题始终没有达成一致。生态旅游概念的分析和界定对于本书后面研究的开展具有重要意义，因此，首先应该解决对生态旅游和生态旅游经济最基本的认识问题。

生态旅游的原则和实践在几乎相同的时间里，产生于科研保护和非政府组织、多边援助机构、发展中国家、旅游业内部等几个不同的来源，而每个来源重视生态旅游的原因和目的都不相同，于是对生态旅游的理解也大相径庭。

当前对生态旅游概念的表述超过百种，不同的研究者从不同的角度出发，在不同的意义和不同的层次上定义着生态旅游的内涵和外延以及生态旅游的原则和方法。在这些不同的表述中，生态旅游被视为一种活动、一种产品、一种哲学、一种市场方法、一个标记，也可能是一系列原则和目标，不一而足。

2.1.1.1 生态旅游概念的“活动说”、“产品说”和“形式说”

从活动产品和形式角度来定义生态旅游的概念表述十分普遍，侧重于给生态旅游一个定性和规范。代表性的表述包括：“生态旅游必须以‘自然为基础’，也就是说，它必须涉及‘为学习、研究、欣赏、享受风景和那里的野生动植物等特定目的而到受干扰比较少或没有受到污染的自然区域所进行的旅游活动’。”（Elizabeth Boo，1990）“生态旅游是一种高标准、新要求的旅游产品……”（何光暐，1998）“生态旅游可以说是可持续发展的一种旅游形式。”（生态旅游协会，1991）“生态旅游应为仅限于符合下列条件的旅游形式：以相对不受干扰的自然区域为基础；不遭破坏、不降低质量并能在生态上保持可持续发展；对被利用的自然区域持续不断的保护和管理作出贡献；服从于充分并适宜的管理体系。”（Valentine，1993）“以生态为基础的旅游，是专项自然旅游的一种形式。”（世界旅游组织，1993）“所谓生态旅游，就是以在生态环境方面所有的特殊旅游资源为依托，按照生态旅游学和旅游经济学的规律去开发利用、策划制作的新的旅游产品和旅游形式。”（孙刚，1999）“生态旅游是一种特殊的旅游形式，是一种‘有目的的旅游活动’。”（张广瑞，2002）

这一类概念表述的重点在于将生态旅游与传统旅游和其他相关旅游形式区分开来，强调生态旅游在实践中的操作性和生态价值取向，注重旅游者对生态旅游地的体验和感受。这些概念的形成和发展与生态旅游的实践发展密不可分，因此倾向于将生态旅游概念指向具体而明确的载体——活动、产品、形式等，是对生态旅游的直接触及和直观感受。

2.1.1.2 生态旅游概念的“战略说”和“模式说”

生态旅游从产生伊始就和可持续发展的背景联系在一起，当可持续发展战略成为全世界的共识，人们也不仅限于将生态旅游作为具体的活动、产品和形式等来看待和认识，而是将其升华到战略和发展模式的高度，认为其代表了旅游产业的发展方向。在此方面的代表性表述包括：“生态旅游是平衡发展和经济效益的新的旅游战略，对自然和旅游地发展均有利。”（Sullivan，1989）“生态旅游……又是一种管理模式……”（Ziffer，1989）“生态旅游是一种发展模式，把自然地区作为旅游目的地，以及将生物资源同社会经济明确相连。”（Kutay K.，1989）“生态旅游是自然旅游的子集……是维护健康的生态系统的当代战略。”（Farrell B.H.，1990）“生态旅游是一种新兴的旅游发展模式，核心目标是把保护自然旅游资源和促进当地的可持续经济发展紧密地结合起来。”（徐辉祥，1998）

从发展战略和发展模式角度认识的生态旅游概念更重视生态旅游的综合意义和战略价值，认为生态旅游是有利于实现旅游可持续发展的具有战略意义的模式和理念，它不仅是产品等具体的表现形式，更是理论意义上的行动纲领和战略指南。这类概念代表了对生态旅游的深层思索，人们从生态旅游的具体形式和实践表现中归纳总结出生态旅游的本质、宗旨和原则，成为指导生态旅游发展的准则和依据。

2.1.1.3 生态旅游概念的“要素说”和“内涵说”

对于“生态旅游是什么”（what ecotourism is）的讨论和争议由来已久，莫衷一是，这点从上文可以看出，因此，一部分研究者逐渐将研究重点转向“生态旅游做什么”（what ecotourism does）这一问题，着重对生态旅游概念的内涵和要素进行深入的解释和探讨。其中，较有代表性的包括：“生态旅游必须同时满足包括符合积极的环境伦理、道德责任感和道德行为、生物中心信条、提高资源基底、参与性的和有启迪意义的体验、满足教育目的、传达高度的信息和情感 8 条标准的要求。”（Butler，1993）“生态旅游的构成要素具有四个方面的性质，即基于自然的、持续管理的、支持保护的和环境教育的。”（Ralf Buckley，1994）“生态旅游包含两个基本内容：生态旅游是一种以自然环境为资源基础的旅游活动；生态旅游是具有强烈环境保护意识的一种旅游开发方式。”（牛亚菲，1999）“生态旅游是一种依赖当地资源的旅游；生态旅游是一种强调保护当地资源的旅游；生态旅游是一种维系当地人们生活、强调社区的参与和利益的旅游。”（张建萍，2001）“生态旅游的概念和内涵，可在以下几个方面达成共识：①旅游地主要为受人类干预破坏很小，较为原始古朴的地区，特别是生态环境有重要意义的自然保护区；②旅游者、当地居民、旅游经营管理者等的环境意识很强；③旅游对环境的负面影响很小；④旅游能为环境保护提供资金；⑤当地居民能参与旅游开发与管理并分享其经济利益，因而为环境保护提供支持；⑥生态旅游对旅游者和当地社区等能起到环境教育作用；⑦生态旅游是一种新型的、可持续的旅游活动。”（万绪才等，2002）

从要素和内涵方面描述的生态旅游概念不再拘泥于一定要给生态旅游一个

或具体或抽象的界定，而是注重对生态旅游的要素构成、相关主体、操作原则等内容进行界定。这类概念回避了对生态旅游是什么的明确回答，着重解决生态旅游的基本框架和评价标准，使人们对于生态旅游的认识和感受更加全面和深刻。

2.1.1.4 生态旅游概念的“层次说”和“广义狭义说”

随着对生态旅游概念研究的不断深入，不少学者开始试图从不同层面和不同范围上获取对生态旅游全方位的理解，这点在国内对生态旅游概念的研究文献中表现得尤为突出。较有影响的观点包括：“生态旅游的概念定义分为 3 种：①定向于市场和消费行为的生态旅游学概念；②定向于持续发展目标的生态旅游概念；③定向于行为规范的生态旅游概念。”（牛亚菲，1999）“生态旅游具有三层含义。其一是哲学层面的，是指一种可持续发展的哲学；其二是科学层面的，指的是科学技术的研究，着重环境容量和旅游生态系统的变化规律；其三是商业意义的，指的是一种旅游产品。”（吴必虎，2001）“生态旅游有广义和狭义理解。狭义理解是指到自然环境进行生态回归游；广义理解除了狭义的生态旅游外，还包括在各项旅游活动中贯彻生态旅游观点，使旅游地具有可持续发展特征。”（刘家明、崔凤军，1999）此外，张延毅、董观志（1997）、王尔康（1998）、王兴斌（1999）、马勇、舒伯阳（2001）都给出了生态旅游在广义和狭义上的概念，刘忠伟等（2001）从旅游需求方、供给方和二者的综合角度 3 个方面分别将生态旅游定义为旅游活动、旅游产品和可持续思想的重要组成部分。

这类概念的出现说明随着对生态旅游研究的广度和深度的不断深化，以及关注生态旅游的相关学科的不断融合，人们难以从单一的角度和层面给生态旅游以全面完整的表述，因此只能结合不同视角阐述这一概念的本质和内涵，充分揭示生态旅游的特征和规律。

2.1.2 生态旅游概念研究的共同点和空白点

无论是界定生态旅游的具体载体还是抽象生态旅游的本质特征，无论是描述生态旅游的要素内涵还是规定生态旅游的原则目标，上文所引概念表述都代表了在一定时期学界对生态旅游的研究成果，为了建立一个统一的、确定的生态旅游概念，国际生态旅游学会（其前身为生态旅游学会）和全球环境会议等国际组织和各国研究人员都在不懈的努力。

在 1999 年 10 月 17—23 日于马来西亚沙巴召开的世界生态旅游大会上，来自 22 个国家的代表达成了一个《沙巴宣言》，该宣言指出：所有的生态旅游都建立在对自然资源和生物多样性的保护的基础上；当地人的介入是生态旅游成功的关键；全世界所有国家很多地方都具有文化和生物多样性，但是被相互冲突的土地使用战略所威胁。2002 年 5 月为响应“国际生态旅游年”所召开的世界生态旅游峰会也为此做出了努力①。

国际生态旅游学会在其确定的定义的基础上，进一步建立了 7 项生态旅游基本原则：避免可能对目的地自然或文化环境特色和整体性造成的各种负面影响；教育旅游者认识到保护的重要性；将收入直接用于自然区域的保护和保护区的管理；为当地社会带来经济收益，并将收入用于保护区周围人们的生活；强调旅游业规划和可持续增长的必要，努力确保旅游不超过社会和环境的“承载力”；通过强调使用当地所有的设施和服务，将较高比例的收入留在接待地；越来越依赖于那些与环境相协调（即将最少使用矿物燃料、保护当地植物和野生生物、与自然环境融为一体）的基础设施②。

2002 年国际生态旅游学会指出，作为概念的生态旅游有以下基本组成部分：为保护生态多样性作出贡献；维护当地人的福利；包括解说、学习经历；旅游者和旅游业负责任的行动；主要是小规模、小团体进行；对非更新资源的消费要尽可能少；强调当地（尤其是农村人口）参与、拥有和经营的机会③。

综上所述，研究者对生态旅游基本问题上的认识还是大体趋同的。这种同一性主要表现在可持续性发展，生态环境保护，自然生态和文化生态并重，生态伦理与责任意识，社区参与，生态效益、经济效益与社会效益综合等几个方面，如表 2-1 和表 2-2 所示，在精选的国内外 30 个对于生态旅游概念的表述中，自然生态、文化生态、生态和环境保护以及可持续性等术语的提及次数是最多的，充分表明国内外的研究在这些方面所形成的一致。

但是，生态旅游到底是从需求角度理解的旅游产品还是从供给角度理解的管理方式或是从整个旅游经济角度理解的战略模式和发展原则？生态旅游的实质是什么？其相关主体的权利和义务分别是什么？生态旅游与其他旅游形式的区别与联系何在？生态旅游应该做什么，不能做什么？生态旅游需要什么，不需要什么？对于这些问题，在现有的研究中似乎还找不到明确的答案，有待于生态旅游理论和实践的进一步发展。

①、②、③ 佚名：《生态旅游理论》，http://www.etgogo.com/disp.asp?id=507。

表 2-1　生态旅游概念表述的比较分析（国外）

分析标准	国外学者对生态旅游概念的表述															观测值	排序
	1	2	3	4	5	6	7	8	9	10	11	12	13	14	15		
可持续性		●		●		●					●	●	●	●		7	4
自然生态	●		●	●	●	●	●	●	●	●	●	●			●	12	1
文化生态	●		●	●	●		●	●	●	●					●	9	3
社区利益和社区参与			●	●	●		●						●		●	6	5
生态和环境保护			●	●	●	●	●		●	●			●	●	●	10	2
教育功能				●					●	●	●	●	●			6	5
生态伦理与责任意识（游客）										●				●	●	3	9
科学管理		●				●						●	●			4	8
非大众化小规模旅游								●								1	11
生态效益			●				●									2	10
游客体验	●	●		●						●	●			●	●	7	4

资料来源：1. 谢贝洛斯·拉斯喀瑞（1988）；2. Ziffer K.（1989）；3. 美国生态旅游协会（1990）；4. 伊丽莎白·布（1991）；5. 生态旅游协会（1991）；6. 瓦伦丁（1993）；7. 国际生态旅游协会（1993）；8. 世界旅游组织（1993）；9. 东亚第一届国家公园与保护区会议（1993）；10. Butler（1993）；11. 澳大利亚国际生态旅游研究中心（1994）；12. 澳大利亚发展生态旅游战略（1994）；13. Richardson（1997）；14. 国际生态旅游协会（1999）；15. 世界生态旅游峰会魁北克声明（2002）。

表 2-2　生态旅游概念表述的比较分析（国内）

分析标准	国内学者对生态旅游概念的表述															观测值	排序
	1	2	3	4	5	6	7	8	9	10	11	12	13	14	15		
可持续性		●		●	●			●	●	●	●		●		●	9	3
自然生态	●	●	●	●		●	●		●	●	●	●	●	●	●	13	1
文化生态		●		●		●			●	●	●	●		●	●	9	3
社区利益和社区参与				●		●			●			●	●		●	6	5

分析标准	国内学者对生态旅游概念的表述															观测值	排序
	1	2	3	4	5	6	7	8	9	10	11	12	13	14	15		
生态和环境保护	●	●		●	●	●			●	●	●	●	●		●	11	2
教育功能		●		●							●		●			4	7
生态伦理与责任意识（游客）				●	●								●			3	9
科学管理								●							●	2	10
非大众化小规模旅游										●				●		2	10
生态效益						●					●	●			●	4	7
游客体验		●	●		●				●		●				●	6	5

资料来源：1. 卢云亭（1996）；2. 郭来喜（1997）；3. 王尔康（1998）；4. 牛亚菲（1999）；5. 张跃西（1999）；6. 郭岱宜（台湾 1999）；7. 孙钢（1999）；8. 吴必虎（2001）；9. 张建萍（2001）；10. 杨开忠、许峰、权晓红（2001）；11. 庞振刚（2001）；12. 张广瑞（2002）；13. 万绪才、朱应皋、丁敏（2002）；14. 王家骏（2002）；15. 宋瑞（2003）。

2.2 深入认识：生态旅游形式与其他旅游形式的比较

在具体表现形式上，生态旅游究竟与其他旅游形式存在怎样的差异和联系，这也是生态旅游基础研究中一个十分重要的问题，如果对此没有深刻的理解和明确的区分，就会容易造成生态旅游在形式上与其他旅游形式的混淆和趋同，导致在实践中的生态旅游似是而非。

在对以往的生态旅游定义进行分析的基础上，Ercan Sirakaya、Vinod Sasidharan 和 Sevil Sonmez 曾经指出，生态旅游的概念包含以下几个方面：环境友好的旅游（从环境角度是安全的旅游，对自然和野生生物的影响最小化，为环境保护作出贡献）、负责任的旅游（尊重文化、社会、生态和自然环境的旅游）、教育旅游（唤起环境意识，向旅游经营者、旅游者/客人/客户、当地人传授自然和文化知识）、低影响旅游（没有影响或者影响较小的旅游）、前往自然景区的娱乐活动、为当地福利作出贡献（为当地人带来经济和社会收益的旅游）、生态文化旅游（到那些具有文化和历史重要性的地方，了解自然区域的其他文化，集中于自然历史和当地文化）、可持续/非消费性旅游（通过有控制的利用和对文化、环境资源管理所进行的可持续资源保护）、负责任的旅游经营（旅游企业对环境问题比较敏感，努力以生态可持续的方式经营，促进对环境的正确认识，使用目的地国家的旅馆、导游等）、社会参与（鼓励当地人的积极参与）、旅游者参与保护（鼓励旅游者积极参与保护，同时促进其与自然环境的互动）、为保护作出贡献。

从以上叙述可以看出，毫无疑问，生态旅游是强调可持续发展的旅游，这种可持续性体现在经济、文化、生态和社会等多个方面，由此引发的新的问题是：生态旅游与可持续倾向并不明显的传统大众旅游的本质区别在哪里？在同样强调可持续发展的前提下，生态旅游与自然旅游、替代性旅游等可持续旅游形式的界限又在何处？

2.2.1 生态旅游与传统大众旅游

生态旅游是在一定程度上与传统大众旅游截然相反、体现环境友好型和亲和度的选择性旅游形式。大众旅游经过百余年的发展，已经步入相对成熟稳定的发展阶段，它以大众化的消费方式、高度标准化的旅游产品、众所周知的旅游线路吸引了为数众多的旅游者。但是，大众旅游人数多、范围广、需求大的特点，消耗了大量的物质资源和无形资源，造成了大量的废弃物与垃圾，带来了环境污染、资源破坏等一系列“大众化”的负面问题，甚至伤害到发展大众旅游的资源基础，因此，才出现了生态旅游这种新的旅游形式。例如，在卢旺达原始森林中观赏野生动物时，传统旅游允许旅游者进入野生动物的生活环境并随意地嬉戏野生动物，而生态旅游采用对旅游资源（野生动物）影响最小的用望远镜进行远距离观察的旅游活动。表 2-3 从不同方面比较了生态旅游与传统大众旅游的不同之处，可见，两者在看待人与自然的关系、处理经济发展与生态保护的关系方面存在诸多差异：传统的大众旅游强调索取、介入、享用，如采集标本、攀折花木、狩猎、吃野味、随意践踏生境和丢弃废物……生态旅游则强调敬畏、和谐、恬静、无为、倾听，如摄影、写生、观鸟、自然探究等活动。

尽管生态旅游是作为与传统大众旅游相对应的一种形式出现的，但生态旅游永远不可能也没有必要替代大众旅游而成为世界旅游的主流。大众旅游的大规模、标准化、低价格和高效率使大众旅游成为支撑整个旅游经济的主要部分，而生态旅游的特点和内涵决定了其只能是在特定管理框架下，由特定企业在特定区域内向特定人群提供的特定的旅游产品，在发展规模、市场份额和经济贡献等方面都无法取代传统大众旅游从而成为旅游经济的主体。由于人们环境意识的加强，目前大众旅游在实践中也逐渐倾向于可持续发展。

表 2-3　生态旅游与传统大众旅游的比较

	生态旅游	传统大众旅游
对象	自然和人文生态旅游资源	对自然景观和文化特质的欣赏和享受
内涵	尊重当地自然历史和文化，增强环境意识和责任，实现可持续发展	对旅游资源的攫取而非保护
特点	生态性、可持续性、教育性、责任性	多样性、广泛性、人类主体性
目的	旅游者：满足需求、保护环境 旅游经营者：追求适宜的利润，维护环境资源	旅游者：满足需求 旅游经营者：利润最大化
条件	社会：旅游业可持续发展 投资费用为传统大众旅游的 1/4	对旅游的建设投资费用较高
受益者	开发者、经营者、游客、当地社区	开发商、经营者和游客
管理导向	需求导向和环境导向相结合	需求导向
管理方式	生态保护第一，有选择地满足游客要求；温和适中的宣传；有计划的空间安排；功能导向的景观生态调控；有选择的交通方式	游客第一，有求必应；渲染性的广告；无计划的空间拓展；分片分散的项目；交通方式不加限制
正面影响	提供持续就业的机会；促进旅游行为层次的提高；促进当地社区经济发展；促进旅游资源和生态环境的保护	提供就业机会；刺激经济增长；拓展旅游市场；促进基础设施建设
负面影响	可能引起风景旅游资源和景观退化；在自然景观中引入人工景观造成景观破裂化程度增加；动植物生态环境发生变化	旅游设施建设的病态膨胀；旅游资源的过度开发；损害旅游环境质量的生命力和人文生态多样性

资料来源：刘焰：《中国西部生态旅游产品绿色创新》，经济管理出版社，2004 年，第 65 页。

2.2.2 生态旅游与自然旅游

自然旅游是以自然旅游资源为吸引物开展的旅游活动，它的重点在于游客的旅游动机和旅游活动自身的类型，对于旅游活动所带来的在生态、经济和社会方面的影响并未多加考虑。根据 Valentine 的定义，自然旅游就是“以直接享受某些相对没有受到干扰的自然现象为主要目的的旅游”，自然旅游有 3 个维度，即体验（experience）、方式（style）和位置（location）。体验根据依赖程度、互动程度、社会环境和持续时间而不同；不同的方式指不同水平的基础设施支持、团体规模和类型、文化互动因素、支付意愿和旅游长度；位置根据可进入性（遥远程度）、开发贡献、所有性和脆弱性而不同[①]。也正是因为如此，自然旅游更多的是对自然旅游资源和生态环境的攫取和利用，而这种攫取和利用对自然旅游发展的生态环境基础造成了极大的破坏和负面影响。从这个角度上讲，自然旅游并不完全符合生态旅游的标准。

生态旅游虽然也是在自然旅游的基础之上发展而来的，却不等同于一般的自然旅游，它除了要享受由自然旅游资源的吸引力所带来的旅游体验和经历之外，还强调对旅游资源和生态环境的保护，在享受自然界的赐予的同时也要对自然界尽保护的义务。现在，随着研究的深入和实践的发展，生态旅游已经不仅局限于以自然为基础的旅游内容，还延伸到包括人文生态在内的广义范围，也就是说，既关注自然生态旅游系统的协调发展，也关注人文生态旅游系统的协调发展。即便是早期以自然资源为主的生态旅游，也涉及社会文化维度和生态维度，以及对当地社区的人文关怀，而不是单纯的“到自然中去”的旅游形式，与自然旅游有着较大的差别。Ziffer（1989）指出，生态旅游侧重于其综合性，包括社会目标的设定和实现，自然旅游强调旅游的动机和单个旅游者的行为，它并不必然是可持续性的[②]。Ingram 和 Durst（1987）认为，生态旅游强调特定的可持续的价值观，自然旅游只是涉及对一定区域自然资源的利用；Wallace 和 Pierce 也指出，生态旅游不仅建立在自然环境的基础上，也涉及当地人的需要、文化和他们与土地的关系[③]。

生态旅游具有比自然旅游更为规范的内涵，不仅体现在资源取向上，还反映在价值取向上。生态旅游既包括自然生态旅游，也包括人文生态旅游；既注重经济价值的获取，也关注生态价值的保持和增值以及社会文化价值的维护和丰富。可见，自然旅游是一元取向的，生态旅游是多元取向的，不是所有的自然旅游都是生态旅游。虽然自然旅游和生态旅游都离不开对自然资源的利用，但自然旅游并不必然是可持续的，而生态旅游在利用的同时也注重保护，体现了可持续发展的原则和精神。

2.2.3 生态旅游与可持续旅游

生态旅游与可持续旅游具有高度的一致性。可持续旅游是可持续发展思想在

---

① Valentine, P.S,Review, Nature-based tourism. ,inWeiler, B. And Hall, C.M. (eds.) ,*Special Interest Tourism,* London:Belhaven Press, 1992, pp.105-128.

② Ziffer, K, *Ecotourism: the Uneasy Allianc,*Washington, D.C., Conservation International, 1989, p.123.

③ Wallace, G.N. and Pierce, S.M, An evaluation of ecotourism in Amazonas, *Annals of Tourism Research* ,(1996). Brazil, Vol.23, No.4,pp. 843-873.

旅游领域的实际应用和体现，有多种具体表现形式，生态旅游则是实现可持续旅游的重要形式之一。

可持续旅游不仅仅局限于生态旅游，所有能够在长期发展过程中与自然、社会、文化环境和谐共存并能保持生态环境的良性循环，增强社会和经济的未来发展能力的旅游形式，都属于可持续旅游的范畴。

可持续旅游更多的是一种从可持续发展的概念中引申出来的旅游发展的原则，以可持续思想作为衡量旅游活动持续性发展的准则，对各种旅游产品普遍适用。生态旅游发端于人们环境保护意识的觉醒，严格说来并不是更新换代的旅游产品，而是随着旅游业的发展，促进和加深了人类对自身与环境之间唇齿相依的依存关系的认识后，所产生的一种新的旅游理念，以及随之而伴生的崭新的旅游方式[①]。生态旅游必须遵循可持续旅游的理念，可持续旅游理念的不断成熟也给生态旅游的发展提供了新的支持和动力。可持续旅游将生态旅游的环境意识和自然观念提升到可持续发展的思想高度，使生态旅游的概念和内涵得到进一步的完善和丰富。1995 年《可持续旅游发展宪章》（1995 年 4 月 28 日由“可持续旅游发展世界会议”通过）强调在世界范围内实现经济和社会发展相结合，改变旅游消费模式，旅游价格制定中增加生态环境费用，保证资源的可持续利用等，给生态旅游的发展指出了明确的方向。

生态旅游不是可持续旅游的别称，生态旅游的发展也有可能陷入不可持续的泥潭，因为生态旅游并非是一剂包治百病的药方，传统大众旅游所带来的负面影响不是在生态旅游的标签之下一贴就灵；就是生态旅游自身也需要借助于科学管理和合理规划才能最终实现可持续发展的目标。因此，生态旅游是可持续旅游的重要实现形式，是可持续旅游系统整体中的一小部分，在生态旅游和可持续旅游两者之间体现了部分与整体、手段与目的的关系。

所以，生态旅游和大众旅游、自然旅游和可持续旅游存在严格的界限和明显的区别。生态旅游是针对传统大众旅游的弊端而出现的新的旅游形式，它对旅游人数、规模、条件等均有较为严格的限制，至少在目前，生态旅游还只是作为一种小众旅游和特殊专项旅游而存在，不能取代大众旅游的地位，而且大众旅游的发展理念和模式经过调整后，完全也可能实现可持续发展，并不是只有生态旅游才是实现可持续发展的唯一途径。生态旅游表明了旅游经济和环境之间存在互惠共存的双向互动关系，可以看做是可持续旅游的具体运用和实践，两者具有密切的联系，但可持续旅游的形式不只是局限于生态旅游，生态旅游经济的发展必须

① 张建雄：《生态旅游泛化现象略论》，桂林旅游高等专科学校学报，2002 年第 6 期。

贯彻可持续旅游的思想和原则。

2.3 理性思辨：生态旅游研究中的争议和不足

真正的生态旅游经济，是建构在可持续发展理念上的绿色经济；是把经济发展和生态环境保护与建设有机结合起来的发展模式；它强调生态环境既是开展旅游经济活动的载体，又是旅游经济的生产要素，建设和保护生态环境其实也是发展生产力；它强调将生态建设作为推动经济发展和社会进步的重要内容和支撑点；通过生态资本的建设和生态竞争力的加强大幅度提高地区经济与生态经济的竞争力。但遗憾的是，现在有不少地方并没有真正重视生态旅游经济的内涵，而是将它当做了标签和口号，其结果往往是“经济不生态”，或者是“既不经济也不生态”。这种状况的形成与生态旅游理论研究中的缺陷不无关系。

2.3.1 生态旅游概念的泛化

所谓“生态旅游泛化”，从理论上来说，指的是有意模糊生态旅游这一特定概念的内涵和外延，并将之投射到一些相邻或相关概念上，从而力求构建起一套新的理论体系；从实际应用中来说，则指有意或无意地把与自然、生态等概念有一定联系但本质上并非生态旅游的固有旅游产品，如观光旅游、民族风情旅游、文化旅游等重新包装后作为生态旅游产品推出①。在目前中国发展生态旅游经济的过程中，生态旅游作为营销标签、生态旅游的概念泛化以及生态旅游形式大众化的现象非常普遍，已经严重背离了生态旅游发展的初衷，为此，尽快规范生态旅游的概念，制止泛化现象的蔓延，是保障生态旅游经济可持续性的重要途径。

2.3.1.1 生态旅游的大众化与大众旅游的生态化

关于大众旅游所带来的种种负面影响，目前也有一些不同的看法。一种观点认为生态旅游的发展作为经济、社会、环境协调发展战略的一部分，其实践活动正在兴起，已逐渐被主流市场接受，应使其成为受欢迎的大众旅游产品。Wight就认为大众旅游的弊端和大众旅游本身并没有直接关系，作为旅游形式的大众旅游，本身是没有好坏可言的，关键在于大众旅游的操作管理机制上存在弊端。Boze有这样一段描述：“当我们审视生态旅游的特征时，诸如中坚的生态旅游者，‘轻踩轻踏’的陈词滥调，强调经营者以旅游‘质量’而不是以游客人数的扩大来增加旅游收入，导致带给的游客数量太少也太分散，而不可能对经济起到太多的影

① 张建雄：《生态旅游泛化现象略论》，桂林旅游高等专科学校学报，2002 年第 6 期。

响，而倒是那些主要由大众游客因为一部分游客其多目标的旅行或旅游转向，而开展的被动和随机的生态旅游而带来很多直接或间接的收益”。Ayala（1996）也认为，现在有证据表明，随着大众旅游者环境意识的逐渐加强和产业逐渐采纳可持续原则，生态旅游和大众旅游逐渐出现相互融合的趋势①。

另一种观点则认为，生态旅游在当前只是一种非大众旅游形式，因为它要求所有的旅游者、旅游从业人员以及地方群众都具有较高素质，要求全社会普遍具有生态伦理观念，而这在当前还不大可能。

在这样的争论中，笔者认为：

（1）生态旅游强调保护功能。生态旅游往往是在相对未受干扰、未遭污染的自然生态区域开展（甚至是自然生态已较脆弱的区域），因而对该地生态实施保护应该是第一位的。大众旅游具有多样性、广泛性和人类主体性的特点，一旦旅游者的规模超过了景区的生态承载力，给生态系统和环境造成的损失是难以挽回和弥补的。因此，在大众旅游方式和观念还是主流旅游的当前，甚至是生态旅游都出现了严重的泛化现象，这都表明生态旅游不可能是大众旅游。

（2）生态旅游强调责任意识。生态旅游是负责任的旅游，对生态旅游者提出了较高的要求，需要他们自觉履行生态责任和义务，乐意把自己的闲暇和收入用于感受和保护生态环境，我国大部分旅游者目前尚与此要求有较大距离，对于生态旅游的看法还不是十分成熟，对于自己的旅游行为也不能有严格的生态约束，难以适应生态旅游对旅游者的“苛刻”要求。

（3）生态旅游消费相对较高。国外生态旅游发展的经验已经证明，生态旅游的理想游客对象，实际多是消费水平高并停留时间较长的旅游者。我国旅游者的消费能力有限，消费水平相对较低，对于旅游活动中与生态有关的消费支出就更少，因此，大部分旅游者对于真正的生态旅游产品的支付意愿是不足的，他们的消费重点依然集中于传统的大众旅游产品，生态旅游与大众旅游在价格和消费上仍然存在一定的差距。

即使在国际旅游市场上，生态旅游也不是作为大众旅游产品而存在，对于那些入境的以大众旅游为目的的游客，并不能将其作为生态旅游产品的目标市场。综上所述，鉴于当前旅游经济发展的实际状况，以及生态旅游资源的特殊性，笔者认为，大众旅游的生态化是大势所趋，但是生态旅游绝不能大众化，应该对生态旅游产品实施严格的规范和管理。

---

① 陈忠晓、彭建：《生态旅游的内涵辨析》，桂林旅游高等专科学校学报，2001年第1期。

2.3.1.2 生态旅游类型和标准的泛化

（1）生态旅游类型的理论研究。从理论上说，关于生态旅游的概念很多，在实践中，无数的旅游企业声称它们在经营生态旅游，但是究竟什么样的旅游才能称得上是生态旅游，生态旅游是否有明确的标准加以界定和规范？在学术界对生态旅游的划分大致有以下几种：

Laarman 和 Durst（1987）根据对体力的严格程度和参与自然的兴趣大小对生态旅游者进行了划分①，分为软型与硬型（soft and hard），这种划分也可以理解为不同的生态旅游类型。

Miller 和 Kane（1993）根据与自然的关系不同，对各种生态旅游定义进行了分析②，提出了自然的与非自然的（natural and unnatural）生态旅游，认为在生态旅游理论的集合（continuum）中存在低人类责任极和高人类责任极两个极端。其中低人类责任极认为所有的旅游活动都是生态旅游，因为人类有着和其他生物形式一样的道德权利，因此不可能有非自然的或者从环境角度来说是不道德的行为；高人类责任极则认为没有任何人类活动，包括旅游，可以被看做是自然的，因此根本就不存在生态旅游。现实中的生态旅游总是处于两个极端之间的某一处。

Orams 等人将道德因素与生态旅游的分类相结合③，将生态旅游分为消极的与积极的，认为生态旅游处于消极的和积极的两个极端所组成的集合之中，某些生态旅游实践要优于另外一些，那些从事生态旅游经营的企业和组织应该使生态旅游朝着积极的那一端转变，使生态旅游实践更负责任、更合意。

这些对生态旅游类型的划分说明在某种程度上，缺乏对生态旅游评判的一个依据和统一的标准，这就导致了严格意义上的生态旅游和“泛生态旅游”与“准生态旅游”，甚至是“伪生态旅游”的并存，导致生态旅游与自然旅游、可持续旅游等旅游形式间的界限日渐模糊。鉴于这样的现实，推行生态旅游认证，确立统一的生态旅游标准，将生态旅游与其他可持续旅游形式区分开来，已经成为纠正生态旅游泛化现象的必不可少的工作。

（2）“纯生态旅游”与“泛生态旅游”和“准生态旅游”。近几年来，随着循环经济、绿色 GDP 等概念的蔓延，生态经济俨然成为各地最受追捧的经济发展模式，但是事实上，不少地方所标榜的“生态经济”，不过是概念的炒作而已。类似

---

① Laarman, J. G.and Durst, P.B.,Nature travel and tropical forests. *FREI Working Paper Series,* Southeastern Center for Forest Economics Research, North Carolina State University, Raleigh,1987,p.79.

② Miller, M.L. and Kane, B.C., Coastal and marine ecotourism: a forum for sustainable development? *Trends,* Vol.30,No.2, 1993,pp.35-41.

③ Orams, M.B.,Towards a more desirable form of ecotourism,*Tourism Management* , Vol.16,No.1,1995, pp.3-8.

的现象同样发生在生态旅游领域，对于这一新兴的旅游战略和理念，以及在实践中蓬勃发展的生态旅游经济，也存在严重的泛化现象。在很多地方的旅游发展战略规划中，几乎都将生态旅游作为今后旅游经济发展的重点来看待，而生态旅游经济的地位和作用更是必须要成为带动当地经济发展的龙头，可以说，“生态旅游经济泡沫”的说法并非是空穴来风，代表了在生态旅游经济发展中不正常的现象和不健康的状态。

一些学者认为，实践中的生态旅游表现为以下 3 种形式：①泛生态旅游。适于生态旅游资源不太富集的区域，旅游大都以休闲度假为主要目的，如城郊农家乐等。②准生态旅游。适于生态旅游资源原生性较好的区域，包括对旅游资源进行保护性开发，将生态理念贯穿于大众旅游之中。如在建筑物外迁的九寨沟，限制一般机动车进出的海螺沟等地开展的旅游。③纯生态旅游。适于生态旅游资源原生性良好的区域，开展国际上关于生态旅游严格定义的旅游活动。如卧龙、王朗自然保护区等的科学考察，徒步探险等旅游形式[①]。

生态旅游不仅仅是与生态有关的旅游，也不单是在自然保护区、森林公园等生态旅游区中的旅游，从我国现在生态旅游发展的形势来看，如火如荼的“生态旅游”渐有大众化发展的趋势。当前的“泛生态旅游”和“准生态旅游”主要有以下几个方面的表现：

- 生态旅游地的泛化：生态旅游的基本对象是相对未受干扰的自然区域（包括文化遗产），任何旅游活动都是在一定的地域范围内进行的，生态旅游地与非生态旅游地的区别在于它们所属生态系统特征的不同[②]。因此，生态旅游地应该以相对原始未受干扰的生态系统为主，如自然保护区、森林公园等，当然，也不能说凡是在这些地区开展的旅游都属于生态旅游的范畴，但是，至少首先从地域上，说明开展生态旅游的地理位置是有一定限制的，尤其是对于城市这种受人类活动影响较大的生态系统而言，就难以定义为理想的生态旅游地。然而，从当前生态旅游经济的发展现状来看，在城市、近郊的生态旅游活动屡见不鲜，似乎任何旅游地，不论其位于何处，不论其属于何种生态系统，只要冠以“生态”的名头，就称其为“生态旅游地”，这种情况客观上助长了“生态旅游”遍地开花的现象，使得投资者开发经营的生态旅游项目过度泛滥，消费者对生态旅游产品难辨真假。在人们看来，生态旅游就是游玩“生态”，越人迹罕

① 佚名：《生态旅游的概念》，http://www.taxchina.cn/ssfg/2007-01/17/cms555833article.shtml。

② 罗明春：《生态旅游概念内涵辨析》，中南林学院学报，2003 年第 6 期。

至的地方越好。一些风景区管理者借“生态旅游”之名，在自然景观中滥建人工建筑，修建公路，破坏了景区的自然环境。

➢ 生态旅游者的泛化：理论上生态旅游者应该是具有较高收入、较高文化程度和具有较强环保意识与责任感的旅游者群。美国乔治·华盛顿大学唐纳·霍金斯教授曾指出：“生态旅游者属于收入较高的阶层，闲暇时间和钱财都很宽裕。他们大多喜欢到原始的环境中寻找返璞归真的自然体验。他们是对环境非常友善的旅游者，着重欣赏并保护自然聚居地或是考古的宝藏。他们更愿意使用简单的设施，尽量不给自然资源带来任何影响。他们乐于多花点钱购买有环境意识的生产者提供的产品和服务。”①

从我国目前的现实状况来看，大部分旅游者尚不具备生态旅游意识和责任感，即使是很多参加生态旅游项目的旅游者，其自身对旅游行为的约束较差，远远没有达到生态旅游者的要求，至多是处于浅层次的生态旅游者。更有些旅游者以为走进封闭的保护区就是“生态旅游”，随手扔垃圾、乱写乱画、乱折花木、乱踩乱踏。一个风景地开放之后，常常垃圾满地，面目全非。这样的生态旅游无异于在“糟蹋生态”。

严格的生态旅游者和泛化的生态旅游者，其旅游行为对生态旅游地的环境影响是截然不同的，权利和义务的对等性要求真正的生态旅游者在获得深度生态体验的同时，也必须履行比一般旅游者多得多的生态责任和义务，这对于大多数旅游者来说目前还无法做到，大众旅游者向一般生态旅游者乃至严格生态旅游者的转化是个长期的过程。

➢ 生态旅游市场的泛化：在旅游市场营销中，“生态”一词容易被当成“标签”滥用。正如怀特（Wight）所指出：“在旅游促销中有许多打着‘生态’标签的旅游产品广告，目的在于提高旅游市场兴趣，从而增加销售，这样像‘生态旅行’、‘生态冒险’、‘生态度假’、‘生态旅游’等术语只不过是环境机会主义的例子而已”②。当环保被人们竞相谈论，绿色也成为商界时尚色的时候，将自己的企业漂绿去吸引市场注意力，不过是闻风而动的自然反应。现阶段我国诸多生态旅游景区没能进行开发的可行性研究，而是盲目追求生态旅游“时尚”或迎合生态旅游市场需求，把生态旅游当成一种标签或在市场上用“生态旅游”做幌子，包装非生态旅游产品向旅游者推销，盲目招徕观光游客过量进入生态旅游景区，致使生态旅游景区人满为患。甚至有人把生

① 陈志夫：《当前制约我国生态旅游开发的五大误区与对策》载于生态·旅游·发展——第二届中国西部生态旅游发展论坛文集》，2004 年，第 45 页。

② 杨云德、陆军：《生态旅游概念及其内涵新诠释》，桂林旅游高等专科学校学报，2004 年第 6 期。

态旅游视为生态消费旅游，不惜以生态资源的消耗作为代价来迎合旅游者向往自然、回归自然的心理需求，攫取暴利。同时，绝大多数生态旅游景区为了追求自身经济利益，尚未考虑环境成本，作为生态旅游景区在开发经营中不考虑环境成本，势必造成对生态环境的永久性破坏，不利于生态旅游景区的长远发展，更有悖于生态旅游发展的初衷。因此，世界旅游组织秘书长弗朗加利建议，“不能把生态旅游看做是一时流行的时尚或者是骗人的把戏，而应当把它看做是发展未来旅游业的有生力量”。

2.3.2 生态旅游统计的缺乏和不健全

虽然常常有这样的说法：生态旅游是旅游经济中增长最快的部分，但是从目前的研究来看，由于生态旅游的概念缺乏统一性，因而对生态旅游的统计就建立在各种不同定义的基础上，各种统计差异较大（如是否包括“软型”生态旅游、“消极”生态旅游、“泛生态旅游”和“准生态旅游”等）；此外，生态旅游缺乏操作性的定义，目前在全世界还没有一个统一的体系将生态旅游作为区别于自然旅游等的旅游形式来专门收集数据，因此当测度其增长的时候，经常是将生态旅游和自然旅游、探险旅游、可持续旅游及替代性旅游等混为一谈。

世界自然基金估计1988年发展中国家550亿美元国际旅游收入中有120亿美元来自生态旅游（当然，这里的生态旅游其实包括所有的自然旅游），因此，生态旅游占该市场的20%多①。

1992年美国旅游数据中心（U.S Travel Data Center）的一项调查估计，7%（800万）美国旅游者至少有过一次生态旅游，另有30%（3 500万）说他们计划在未来3年内要进行一次②。该项调查将生态旅游描述为“旅游者可以在其中学习并欣赏自然环境的旅游”，该定义也包括了自然旅游和野生旅游。

不同研究人员和机构对生态旅游需求年增长率的估计值为10%～30%，生态旅游收入估计值的差异也很大。1989年，据推测，发展中国家年收入为20亿～120亿美元③，后来又提高到每年300亿美元④。

① Lindberg, K., *Policies for Maximizing Natural Tourism's Ecological and Economic Benefits*,Washington, D.C.,World Resources Institute,1991,p.205.

② U.S Travel Data Center, *Discover America, Tourism and the Environment: A Guide to Challenges and Opportunities for Travel Industry Business*, Washington, D.C., Travel Industry Association of American, 1992, pp.42-43.

③ Karen Ziffer, *Ecotourism: The Uneasy Alliance*, Washington, D.C.: Conversation International and Ernst & Young, 1989, p.9.

④ World Resources Institute, Ecotourism: Rising Interest in Nature Vacations Has Mixed Results for Host Countries and the Resources They Promote, in *Environmental Almanac*, Boston, Houghton Mifflin, 1993, p.149.

Cater（1994）也指出，关于全球生态旅游的规模，从 1989 年的 100 亿美元（经济学家情报社 Economist Intelligence Unit）到 1990 年的 2 000 亿美元（加拿大野生动物局），不同来源的数据差异很大。

不仅不同组织对生态旅游市场规模和市场份额的估计不同，就是同一机构在不同时候，也存在较大差异。如 1995 年世界旅游组织等编制的《关于旅游业的 21 世纪议程》中提出，“就其最严格的意义上讲，在全球旅游市场上只占据一个很小的份额。现在对这个市场的估计差异很大，其比重在 3%～7%。”1997 年 10 月世界旅游组织提供的信息说明“生态旅游占全球旅游的 10%～15%”，而到了 12 月，则以“生态旅游：五分之一市场”为题，估计生态旅游的市场份额已经超过了 20%。

David B.Weaver（1999）采用以下 11 个标准对哥斯达黎加和肯尼亚的生态旅游进行了调查：专门化的住宿设施占总量的比例、直接受影响的当地人的数目、直接就业、政府直接投资、直接收入、专门生态旅游者占总旅游者的比例、生态旅游的活动空间、用于生态旅游的旅游者总活动时间、旅游者的生态旅游动机、间接收入、作为生态旅游目的地的市场影响的普遍程度。根据前 7 项指标，这两个被人们普遍认为是生态旅游王国的国家，其生态旅游的规模并不大①。

由于无法用衡量整体旅游的指标来说明生态旅游的增长，D.E.Hawkins 和 K.Lamoureux 提出，需要使用一般统计指标之外的其他指标，如生态旅游教育、国际认可与地区支持、国际赞助机会、生态旅游认证和标识等的增加来衡量生态旅游的发展②。

在我国，有关生态旅游的统计数据也是相当缺乏的，在笔者所收集的年鉴和统计数据中，除了自然保护区、森林公园等生态旅游景区的数量和分布之外，几乎都没有专门针对生态旅游而作的调查和统计，仅有的一些统计数据几乎都只是散见于一些研究区域性生态旅游和自然保护区、森林公园生态旅游的文章中，即便是这样的数据，也难免因为统计口径的不一致而形成偏差，也有可能出现将“泛生态旅游”和“准生态旅游”，甚至“伪生态旅游”统计在内的情况，因此并不一定能真实地反映生态旅游经济发展的全貌。

以四川的生态旅游发展为例，生态旅游经济是四川旅游经济的重要组成部分，以九寨沟国家级自然保护区和瓦屋山国家森林公园为代表的生态旅游经济起步于

---

① David. B. Weaver, Magnitude of Ecotourism in Costa Rica and Kenya, *Annals of Tourism Research*, Vol.26, No.1, 1999,pp. 792-816.

② D.E. Hawkins and K.Lamoureux, Global Growth and Magnitude of Ecotourism, in *Encyclopedia of Ecotourism,* New York: CABI Publishing,1999,p.142.

1990年代，相对于生态旅游经济的快速发展，生态旅游统计工作却显得相对滞后，如2004年四川全省游客1.14亿人次，旅游总收入达566亿元，若按张中伟省长讲的生态旅游要占71.8%计，生态旅游要占400亿元，可林业系统才统计19亿元，存在巨大差额的原因是至今未建立一套生态旅游产业统计体系，遗漏统计较多，不能真实反映产业发展状况[①]。生态旅游统计是实行科学管理、监督旅游活动的重要手段，生态旅游统计的缺乏和不健全将会直接影响生态旅游经济的科学决策和持续发展。为有效指导生态旅游经济发展，建立生态旅游统计制度，健全生态旅游统计体系势在必行。

生态旅游统计要对生态旅游实行科学管理，监督整个旅游活动的动态，为管理者制定政策和计划提供依据，就有必要明确生态旅游统计范围，科学设置和完善指标体系。目前在生态旅游统计中存在的主要问题包括：①生态旅游统计范围不完整；②没有建立完整的生态旅游统计体系；③缺乏生态旅游统计指标。

2.4 本质规定：生态旅游和生态旅游经济

2.4.1 关于生态旅游内涵的澄清和总结

2.4.1.1 生态旅游性质的综合表述

（1）生态旅游是理论与实践的结合。生态旅游不是一个极端精致的、乌托邦式的理想，也不应当是一个只能在报告厅和教室里讨论的话题。作为可持续发展原则的一种实现形式，生态旅游必须能够在目的地复杂的生态、经济、社会系统中寻求解决贫困、环境退化、文化生存等现实问题的答案[②]。因此，笔者认为生态旅游首先代表了一种发展理念，是可持续发展观下的产物；其次，在实践中，生态旅游表现为绿色的生态旅游经济，是一种发展模式，强调生态环境保护、经济利益获取和社会文明进步三维综合目标的统一，是可持续发展战略在旅游经济发展中的具体体现。

（2）生态旅游是自然和人文的结合。生态旅游在发展之初，主要游览地集中在相对原始未受打扰的自然区域，但是，随着实践的发展，这一看法逐渐发生改变，文化生态旅游也进入人们的视野。在表2-1和表2-2列举的30个生态旅游描述中，提及文化生态的达到18个，说明人们已经将生态旅游的研究范围扩大。因

① 戴柏阳：《在四川省生态旅游管理培训班上的讲话》，http://www.etgogo.com/disp.asp?id=575。

② 张广瑞、宋瑞：《生态旅游：可持续发展的关键》，http://www.southcn.com/nflr/lllj/200704300443.htm。

此，生态旅游的范围不仅限于那些纯自然的、受人为影响较小、未开发的或基本上保留原始状态的自然生态环境，也包括人类的经济文化环境独特的区域即人文生态环境，自然生态旅游和人文生态旅游共同构成生态旅游。这种现象对于有着5 000年悠久历史文化的中国来说，尤为明显。

（3）生态旅游是规模有限的细分市场。生态旅游概念上的不一致使得实践中的生态旅游统计也存在一定操作难度，因此，对生态旅游市场规模的估计说法不一。但是无论如何，相对于规模庞大的大众旅游市场而言，生态旅游市场的规模是有限的，因为它对旅游场所、旅游者都有严格的规范和要求，价格也高于一般旅游产品，所以尽管潜在需求较大，却不一定都能转化为现实需求。从愿意提供生态旅游产品的旅游企业角度来说，生态旅游虽是机遇，同时也对企业的责任、目标和使命提出更高的要求，习惯了用经济指标评价效益的市场主体要开发具有真正严格意义的生态旅游产品并非易事。

（4）生态旅游不是发展旅游经济的唯一选择。生态旅游的发展，既要有得天独厚的自然条件或文化底蕴，也要有发育成熟的市场主体，完善健全的管理体制。有些地方脱离既有的资源环境盲目开发生态旅游，如河北坝上地区是北京的沙源地之一，近些年沙化速度快，而“生态旅游”却成了不少县乡新的经济增长点，在坝上植被好一些的地方常见度假村的招牌。即使先天条件优越，没有足够的后天条件作保证，仍然不适宜发展生态旅游。对于许多地方政府和企业的决策者来说，没有必要言必称“生态”，似乎不搭上这趟时髦的“快车”，就会丧失许多发展机会。生态旅游要在保护自然生态的基础上进行，既要加强对游客的管理，也要注重生态环境的承受能力，尤其是生态本已处在脆弱状态的地方，开发生态旅游更要谨慎。否则虽然一时红火，一旦生态被破坏，最终将难以为继。

（5）生态旅游不是一种营销策略。生态旅游市场日益高涨的需求导致生态旅游正在蜕化为一个方便而有效的市场标签。一些地方政府和旅游企业，经常将生态旅游看成是一种时尚、潮流而趋之若鹜，更多地注重了生态旅游的“牌子”，而并没有认真地在管理制度上下工夫。缺乏严格规范的管理制度，生态旅游很容易演变成批评者所说的“生态伪装”“生态销售”“生态恐怖主义”等①。

2.4.1.2 生态旅游功能的正确定位

（1）生态旅游能促进生态保护。生态旅游的对象，无论是自然风光还是人文景观，都不应受到损害，通过一定的游客管理、功能分区、监控手段等旅游

① 宋瑞：《生态旅游的多重辨析》，北京第二外国语学院学报，2003 年第 3 期。

管理措施，生态旅游能够降低对生态环境的影响。生态旅游经济的巨大收入为生态环境及濒危物种的保护注入了大量资金，是实现生态旅游对象保护和可持续发展的资金来源，西双版纳的热带雨林正是由于开展生态旅游而带来了可观的旅游收入，使得生态保护力度得到加大，到目前为止基本保持着原始热带雨林的风貌。对旅游者而言，减少旅游活动对生态的负面影响和冲击也超过了对旅游过程中舒适度的要求，而社区居民在经济状态改善和文化层次提高后，也会自发参与生态保护。

（2）生态旅游能带动社区发展。生态旅游兼顾社区的发展，在生态旅游开发者和社区之间建立恰当的分配机制，通过在当地建设一批公益项目，改善社区的教育医疗交通状况，使社区居民生产方式改变、生活水平提高、生态环境得以维护，从而整体社会经济状况获得一定的发展。

（3）生态旅游能提高旅游者的生态意识。生态旅游是集环境教育、知识与管理于一体的旅游形式，能够提高游客的生态意识、环境意识、可持续发展意识，自觉用生态学原则指导自己的行动，在保护生态环境和生态旅游资源的前提下欣赏自然风光，体验独特文化。游客在旅游过程中接受的教育和产生的感悟，还会对日常生活产生深远的影响，使他们不仅在旅游市场，而且在其他领域都成为负责任的消费者。

（4）生态旅游不能消除旅游经济的一切负面影响。生态旅游专家 Cater 曾经指出，“认为生态旅游能够消除旅游业的一切顽疾的观点是非常有害的”。我国的旅游经济到目前为止仍然是以大众旅游经济为主体的，实现旅游经济的可持续发展，除了在条件成熟和允许的地方开展生态旅游之外，重要的是如何在其他旅游形式中贯彻可持续发展的原则，实现生态化转变，尽量减少和避免对环境和社会文化所造成的各种负面影响。生态旅游不可能解决在我国旅游经济发展过程中暴露出来的所有非持续问题。

（5）生态旅游不能“唯利是图”。生态旅游追求的是适度的而非最大化的经济利益，它更看重的是生态、社会、经济三位一体的综合效益，因此，指望生态旅游赚大钱的想法是不现实的，以旅游人数、旅游收入等经济指标来衡量生态旅游的成果也是不科学的。在实践中，很多地方的旅游规划中纷纷提出要将生态旅游作为发展当地经济的龙头产业来对待，这是十分危险和错误的做法，会扭曲生态旅游的本来面貌，会适得其反。生态旅游在经营方式和经营规模上均有一定的要求和限制，只有将生态旅游和其他形式的旅游及其他产业结合在一起，才能实现当地经济的全面发展。

（6）生态旅游不能没有代价和成本。虽然生态旅游具有经济、社会和生态上的可持续性，却并不意味着生态旅游经济的发展无须成本。旅游业不是无烟工业，生态旅游也并非全无副作用。只要将生态成本、社会成本和经济成本尽可能降低，保证净正效应最大，生态旅游经济就可视做是可持续的，关键在于成本和收益之间的比较权衡。所以，生态旅游的发展是需要成本的，尤其是容易忽视的生态成本和社会成本，如果置之不理，将会导致对生态旅游经济核算的失真。

2.4.1.3 生态旅游发展的条件要求

（1）生态旅游需要科学健全的管理体制。生态旅游的运营需要旅游者、旅游经营者、当地居民、行政部门及研究者等利益主体的最佳配合，需要相应的制度来协调所有利益相关者之间的利益分配和责任分担；要本着积极的、科学的态度加以引导，加强管理，制定规划和生态旅游管理办法；要对开展生态旅游活动的区域进行严格的环境影响评价，加强监测和疏导，把游客数量控制在自然环境承载能力范围之内；要制定相关政策，确保一定比例的生态旅游收入用于自然保护。

（2）生态旅游需要具有生态伦理意识的供给者和旅游者。生态旅游供给者有义务保护生态环境不受破坏，向游客提供生态教育，为社区提供反哺支援，因此，他们不仅需要具备获得经济收益的经营能力，更需要有环境保护意识和专业技能；他们既是生态资源的使用者，更是其“保护神”；既是游客的服务者，更是其教育者；既是当地人的雇用者，更是其合作者；既主动接受相关部门的管理，又积极参与当地社会的发展[①]。生态旅游供给者必须树立以服务生态为主的伦理意识，尊重自然，善待自然，寻找与自然互利共生的结合点，不能屈从于经济效益，过度榨取生态旅游资源。

生态旅游者事先要详细了解目的地，游览中要通过自身的行动维护生态环境，体会与自然和原生文化的互动，对旅游食宿没有过高要求，接受生态教育和引导，了解和学习相关生态知识和环境保护常识，约束自身的旅游行为，比如：不接近、不追逐、不投喂、不搂抱、不恐吓动物；不踏踩贵重植物，不采集受保护和濒危的动植物样品；不购买、不携带被保护生物及制品；不丢弃垃圾、不污染水土；去特殊地区要备用具，将垃圾运回。

（3）生态旅游不需要满足大众化旅游需求的旅游基础设施和配套服务。生态旅游专家、浙江省旅游文化研究会秘书长陈明剑这样表示：生态旅游要的是野趣而不是匠气，要的是幽谷而不是闹市。可见，生态旅游不需要大规模的设施建设，不需要建造豪华的宾馆，不需要一应俱全的娱乐设施，甚至不一定需要斥巨资建造高级公路，但是生态旅游需要配备科学的环境监测设备。在服务方面，生态旅

① 宋瑞：《生态旅游的多重辨析》，北京第二外国语学院学报，2003 年第 3 期。

游不需要严格标准化、程序化的服务。如果说传统旅游是通过服务的标准化、程序化来保证服务质量的稳定性的话，那么生态旅游者则要求个性化、特色化，追求建立在当地文化特质上的原汁原味，追求与自然和文化生态的和谐。

因此，笔者认为生态旅游是在可持续发展背景下产生的新的旅游理念，它依托相对原始或未受打扰的自然生态环境和相关文化区域，倡导对生态环境永续利用和影响最小的旅游生产和消费方式，为旅游者提供欣赏、体验、了解和研究自然生态和文化生态的场所和途径，是生态文明时代寻求人与自然、人与社会、人与自身和谐共处的旅游经济发展模式。生态旅游的实质是人与自然、社会之间的生态经济关系在旅游领域的独特表现和反映。

2.4.2 生态旅游经济的本质属性

生态旅游经济是随着生态旅游理念的出现、生态旅游原则的成熟、生态旅游形式的完善和生态旅游产品的丰富而在旅游领域形成的新经济业态。如果说对于生态旅游究竟是产品、形式、原则还是理念、战略仍然存在争议，那么生态旅游经济则从经济的角度统一了人们对于生态旅游的实践感知，它是以生态旅游理念为指导，生态旅游原则为规范，投资、开发和经营生态旅游产品和项目，向生态旅游者提供各种生态旅游产品的各种经济形式的总称。在生态旅游经济链上，生态旅游资源和生态旅游产品为媒体，生态旅游社区为载体，生态旅游提供者（包括外来资本、生态旅游景区、旅行社、酒店等投资者、开发者和经营者）为供给主体，生态旅游者为需求主体。生态旅游经济在本质上应当是生态经济相协调的可持续发展经济。

2.4.2.1 生态旅游经济是生态经济系统

生态经济系统是生态系统和经济系统之间通过物质、能量、信息的流动与转化而构成的生态经济复合系统①，既能保证经济增长的可持续性，又能保证生态环境的可持续性；使经济增长限制在生态系统的承载力范围内。

在生态旅游经济的运行过程中，自然生态和社会经济的相互联系是作为一种物质的系统而存在的，生态的各个要素与经济的各个要素以一定的结构相互联系而形成为一个有机整体，自然界的生态系统和人类社会的经济系统相互联系、相互作用、相互耦合成为生态经济系统。任何生态旅游经济活动的进行都建立在生态旅游资源的供给和生态旅游环境的消纳的基础之上，带有生态约束和限制的明显印记，生态旅游经济系统不能脱离自然生态系统而独立存在。

---

① 徐雪松、徐守松：《基于生态经济的可持续模式的构建》，安徽农业科学，2006年第6期。

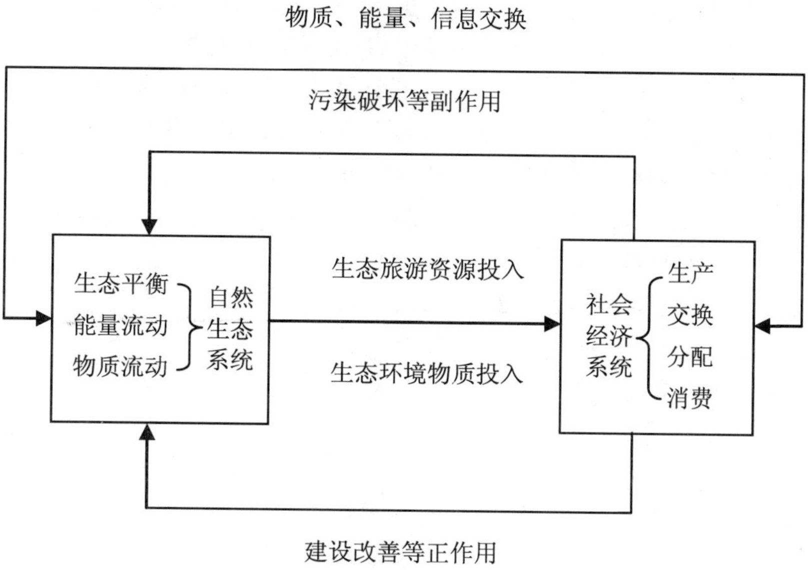

图 2-1　生态旅游经济复合系统的构成

如图 2-1 所示，生态旅游经济复合系统由左边方框代表的自然生态系统和右边方框代表的社会经济系统构成，自然生态系统主要受生态规律的支配完成生态平衡、能量流动和物质流动，社会经济系统主要受经济规律的支配进行生产、交换、分配和消费，但是两个系统不是孤立封闭的，而是相互影响和作用的，社会经济系统从自然生态系统那里获取生态旅游资源和环境物质，再经过经济过程转换后又会作用于自然生态系统，这种作用既有可能是环境污染和生态破坏等副作用，长期积累会导致生态危机；但是也有可能是对生态系统的保护、投入、建设和再造形成的正作用，促成人与自然的和谐。在两大系统之间始终存在物质、能量和信息的交换，构成了生态旅游经济复合系统的生态经济链，受生态经济规律支配。据此，可以进一步分析生态旅游经济复合系统的特点如下：

（1）生态旅游经济具有生态经济系统的双向耦合性。生态旅游经济具有生态系统与经济系统的双向耦合性，不仅重视生态系统对于人类的有用性，也重视人类行为对于生态系统的有用性；将生态旅游经济活动严格限定在大自然生态系统所允许的范围之内，使人类的扩大经济再生产同时也成为大自然界某一生态子系统的再生产。

生态旅游经济系统中的生态循环与经济循环，通过生态旅游产品的生产过程进行耦合：自然生态系统以生态旅游资源和自然生态环境为生态旅游生产提供条件，社会经济系统通过资本投入、技术手段和劳动过程，实现生态旅游开发、生态旅游产品供给和生态旅游消费等参与行为，满足人类的物质、精神和生态需求。自然生态系统和社会经济系统之间通过生态旅游活动实现物质、能量和信息的交换，生态旅游价值流沿着人与自然和人与人之间的交换链进行循环和转换，实现了生态旅游自然生态系统和社会经济系统的耦合。

（2）生态旅游经济具有生态经济系统的有机融合性。生态旅游的自然生态系统是具有经济性的复合生态系统，是在自然生态系统基础上通过人类的生态旅游活动对自然环境的适应与改造而建立起来的自然与人类的复合体系。生态旅游的社会经济系统是人类社会与生态系统相互结合、互相渗透的产物，是由生态旅游者的旅游消费需求和生态旅游提供者的开发经营行为通过市场结合而成的系统。

自然生态系统受到内部要素的相互作用和外部力量的影响，社会经济系统的运行建立在自然生态系统的基础之上，并使生态旅游经济的发展既符合市场规律，也符合自然规律，自然生态系统通过能流、物流的转化、循环、增位和积累过程与社会经济系统的价值、价格、利率、交换等软要素融合在一起，实现系统之间的良性互动。

（3）生态旅游经济具有生态经济系统的协调有序性。生态旅游经济系统是开放的客观实体，与周围更大的自然与社会环境有着物质、能量、价值与信息输入输出关系，使其得以稳定协调发展。

生态旅游经济复合系统的协调有序性，实质上就是自然生态系统有序性与社会经济系统有序性的融合。生态旅游的经济系统遵循其自身的运行规律，不断地同生态系统进行物质、能量、信息等交换活动，以维持一定水平的社会经济系统的有序稳定性。这种相互协调的耦合关系使生态旅游经济复合系统具有了生态经济新的有序性。

自然生态系统的自然规律是生态旅游经济合理运行的必然限制，社会经济系统的经济发展目标必须控制在生态经济阈值的限度范围内，否则将会影响生态旅游经济系统的协调有序性的发展，导致系统的逆向演替，使自然生态系统承受经济系统过多的压力。

2.4.2.2 生态旅游经济系统的特殊性

生态旅游经济系统是特殊的生态经济系统，由于人类活动对生态系统的介入和干预，以及劳动形式对自然界的作用和影响，使生态旅游经济系统成为自然要素和经济要素共存，并相互作用的对立统一体，并且具有独立的结构和功能，具备自身性质、特点和发展规律。

（1）经济活动对生态系统的破坏具有隐蔽性。社会经济系统中的生态旅游生产和消费行为不像工业经济那样对自然生态具有明显的作用和影响，生态旅游的环境友好型很容易使人们误认为生态旅游活动对自然生态不会造成破坏，而现有的研究和实践都表明，生态旅游不是对自然生态全无副作用的旅游，即使这种作用是微小的，但是微量累积的后果依然十分可观，更何况，还有大量违背生态旅游原则的生态旅游生产和消费，更是对自然生态系统造成了巨大的压力。

因此，应该理性看待生态旅游的自然生态系统和社会经济系统之间的关系，对生态旅游经济发展的生态代价和环境成本进行认真评估，合理控制生态旅游经济发展的规模和速度，使之适应自然生态系统的选择，才会不断获得发展，并且保证发展方向的合理性，自然生态系统的健康是生态旅游经济复合系统正常运行的保证，如果不能适应自然生态系统的选择，生态旅游经济复合系统的发展就会停滞甚至崩溃。

（2）生态系统对经济系统的限制更为明显。生态旅游经济复合系统是一个较为特殊的生态经济系统，在这个生态经济系统中，生态系统既独特原始，又十分脆弱和敏感，因此经济系统对生态系统的依赖性更强，生态系统对经济系统的限制性更明显。自然生态条件制约着生态旅游产品的性质、结构和类型，同时生态旅游资源的可持续利用临界、生态旅游环境的维护临界也影响着生态旅游经济活动的规模和发展速度。如果经济系统对生态系统的干扰是在生态系统可忍受的限度之内，生态系统就可以消化、瓦解和适应这种干扰，就不会构成整体的生态恶化。如果生态旅游的经济系统参与、改变、截断了生态系统中物质能量循环转化的过程，这种对生态系统的改造一旦超出了一定的限度，就会使自然环境和旅游资源遭受破坏，实现修复和再生十分困难。

生态旅游经济的发展必须保护自然生态系统的持续发展，通过经济系统运行方式的变革，改善和保护自然生态系统的循环，使其在稳定中演进，在生态旅游经济发展到一定程度后，还需对退化的生态系统进行恢复与重建，实现经济系统与生态系统的共同发展。

任何一个生态系统，其生物的多样性越丰富，其抗干扰能力就越强，更能够适应人类活动和气候变化。此外，生物多样性又是构成生态旅游资源吸引力的重要因素。这就要求在发展生态旅游时，要着眼于保护该地区的生物多样性以及把对大自然的干扰限制在生态自我修复能力的阈值以内，不要超越它的自我修复能力。生态旅游经济活动对生态系统的干扰一旦超过生态系统所能承受的阈值，生态系统就会崩溃。这种崩溃和退化的后果是非常严重的。如果要把已经崩溃的生态系统恢复到原来的状态和原有的动态平衡，花费的代价是极其巨大的，甚至是不可估量的。

2.4.3 生态旅游经济关系的利益主体

生态旅游经济是自然生态系统和社会经济系统复合而成的生态经济系统这一论断表明，在这一系统中，人与自然之间具有生产、生活、供给、接纳、控制和缓冲等各种错综复杂的自然生态关系，人与人之间具有竞争、共生、隶属、协同、互补等各种错综复杂的社会经济关系，形成了特殊的生态经济关系利益主体。

2.4.3.1 生态旅游经济的供给者：生态旅游景区和生态旅游企业

生态旅游企业指生态旅游经济的经营管理实体，表现为具体投资者、开发者和经营者，主要职责在于以清洁环保的方式向市场提供生态旅游产品和配套服务，避免生态旅游生产过程对生态环境的破坏，满足生态旅游市场需求，引导旅游者生态消费取向，推动生态旅游地的经济发展。

生态旅游景区是生态旅游活动的主要开展场所，主要职责是运用多种管理手段，维护和改善生态保护区的生态环境和旅游资源，向生态旅游者提供良好的生态旅游环境，并使旅游者在游览过程中增加生态知识，获得环保教育，促进生态旅游经济的发展。

2.4.3.2 生态旅游经济的参与者：生态旅游社区

生态旅游社区是生态旅游经济的重要参与者，与当地自然资源、历史和文化资源具有十分密切的关系。主要职责是维护当地文化，保护生态环境，提高社区居民对生态旅游经济的参与程度，改善社区生活质量，保证社区的正当权益，支持生态旅游经济建设，促进社区与生态旅游经济的共同繁荣和协调发展。

2.4.3.3 生态旅游经济的需求者：生态旅游者

生态旅游者是对生态旅游的环境保护和经济发展负有责任的游客，是生态旅游经济中一个十分重要的利益主体。主要职责在于以生态旅游消费和行为方式购买和消费生态旅游产品，获取生态体验，履行生态义务和环境责任，维护旅游区的自然生态系统，尊重当地文化遗存，处理好和社区居民的关系，尽量减轻生态旅游消费对生态环境造成的不良影响。

2.4.3.4 生态旅游经济的管理者：政府管理部门

政府以及代表政府的管理机构是生态旅游经济宏观管理活动的实施主体，其职权由国家或地方政府授权下放。主要职责是在市场引导、秩序维持、行业服务、利益分配、协调矛盾等方面，采用行政、经济、法律等手段进行宏观调控、监督、指导和管理。

表 2-4 具体列举了不同的利益主体在生态旅游经济的发展过程中所应承担的责任和义务及可以享受的权利，表明他们既是自然生态关系主体，又是社会经济

关系主体。

表 2-4　生态旅游经济各利益主体的责权利

利益主体	表现方式	责任与义务	权利	评价手段
生态旅游供给者	负责任的旅游经营	保护自然（文化）生态，尊重生态价值，带动社区发展，维护当地文化	获取生态旅游收入	生态旅游者和社区居民期望值与满意度
生态旅游社区	负责任的旅游接待	强化生态意识，自觉维护当地自然生态，防止文化的虚伪、商业、功利和庸俗化倾向	参与和分享生态旅游发展，拒绝与非生态的旅游者、供给者和管理者合作	生态旅游者期望值与满意度
生态旅游者	负责任的旅游消费	认识、尊重、欣赏、保护自然（文化）生态，降低旅游行为的负面影响，接受生态教育，促进社区居民自尊自信	获得自然生态体验和独有的文化经历	生态旅游供给者和社区居民期望值与满意度
生态旅游管理者	负责任的旅游调控	通过政策、法规、教育来引导并监控各利益主体行为，促进生态旅游经济可持续发展	征税监管、教育引导	生态旅游供给者、社区居民和生态旅游者期望值与满意度

资料来源：根据刘少和、张伟强：《文化生态旅游发展中的矛盾及其克服》修改，思想战线，2004 年第 3 期。

第3章

生态旅游经济关系的现状解析

在生态旅游经济得到繁荣发展的同时，正在逐渐显露的生态危机也成为人们必须正视的现实，如果不采取适当的措施加以遏制和消除，将会引发严重的经济危机和社会危机，造成生态旅游经济关系的失调，危害生态旅游经济的可持续发展。导致生态旅游经济不可持续的生态危机，其实质是生态旅游经济关系的危机，思想根源则在于受传统西方经济学影响的经济发展模式和经营管理实践。在现实中，因经济关系超越生态关系、利益主体的矛盾及发展的外在压力导致生态旅游经济关系不协调、不和谐、不可持续。

3.1 生态旅游经济发展的总体情况

3.1.1 我国的生态旅游资源和生态旅游景区

3.1.1.1 生态旅游资源的定义

生态旅游资源是发展生态旅游经济的现实基础和物质前提。生态旅游资源与一般旅游资源相比有什么特征，我国目前的生态旅游资源大致有哪些类型，对此学术界也有不同的意见。袁书琪（2004）从不同角度对生态旅游资源的类型作了划分。从空间分布角度将生态旅游资源划分为山岳、滨海、河湖、湿地、草原、绿洲、冰雪地带等生态旅游资源；从旅游产品开发角度将生态旅游资源划分为生态观光、运动、休闲、度假、科考、文化、探险等生态旅游资源。杨桂华认为生态旅游资源是指以生态美吸引游客前来进行生态旅游活动，为旅游业利用，在保护的前提下，能够产生可持续的生态旅游综合效益的客体，其内涵包括4个基本点：吸引功能、效益功能、客体属性、保护需要，并将生态旅游资源划分为自然生态旅游资源、人文生态旅游资源和保护性生态旅游资源。中南林学院的吴章文认为，良好的环境是旅游业建立和发展的前提，是一个国家或地区旅游业赖以存在和发展的最基本条件，生态旅游资源除了包括景观资源外，还应包括环境资源，而环境资源是生态旅游的主要资源，在国内首先将生态环境资源作为旅游资源引入旅游规划中，并作为旅游区项目建设的科学依据①。北京师范大学的卢云亭等人将生态旅游资源定义为在自然场合或类似自然的场所中，可供生态旅游者感知、享受、体验自然生态功能与价值的资源①。

可以看出，对于生态旅游资源的认识在不断深入和全面，覆盖了自然生态旅游资源和人文生态旅游资源，基本上都体现了理论界对生态旅游资源的脆弱性和开发程度的关注。生态旅游活动的开展将会对生态旅游资源造成不同程度的负面影响，生态旅游经济要得到持续发展，就必须将这种负面影响降低到最小。针对前文所述生态旅游研究中的泛化现象，为避免生态旅游经济“误入歧途”，也必须对生态旅游资源加以科学和严谨的规定，并非所有的旅游资源都可以成为生态旅游资源，适合开展生态旅游活动。

生态旅游资源的范畴主要体现在以下几个方面：生态旅游资源涉及一切具有生态美的生态系统，既包括自然生态系统，也包括人与自然和谐的文化生态系统；生态旅游资源包括所有对游客有吸引力，生态旅游经济开发和利用后能产生效益的生态系统，既包括“现实”生态旅游资源，也包括“潜在”生态旅游资源；生态旅游资源既包括物质的“有形生态旅游资源”，也包括精神的“无形生态旅游资源”；具有地方特色，能烘托吸引游客的生态旅游气氛的生态旅游基础设施和生态旅游服务均可视为生态旅游资源；自然保护区和森林公园是生态旅游资源的重要组成部分，但不是全部。

综上所述，本书将生态旅游资源定义为：在自然场合和自然与文化相融合的场合，以生态美（自然生态、人文生态）吸引生态旅游者感知、欣赏、享受和体验自然或人文功能与价值，通过保护前提下的开发利用产生综合效益，实现生态、经济、社会协调发展，具备经济价值、生态价值和社会价值内在统一性的旅游资源。此定义的内涵包括：生态旅游资源是客观存在的，早在“生态旅游”概念产生之前，生态旅游资源就作为一种特殊的生态系统而存在，是在大自然演化、人与自然共同营造下形成的，即使不参与旅游经济运行过程，其仍然具有生态服务功能；生态旅游资源具备特有的生态美，是吸引生态旅游者的重要条件；建立在

① 方怀龙：《生态旅游资源研究综述》，北京林业管理干部学院学报，2005 年第 2 期。

生态旅游资源开发利用基础上的生态旅游经济，可通过生态旅游地的经济效益、社会效益和生态效益协调可持续发展，实现人与自然、人与人、人与社会的和谐；生态旅游资源极其脆弱，很多资源都是一旦损害便不可再生的，要在严格保护的前提下有序开发。

3.1.1.2 主要的生态旅游景区

在国内，开放的生态旅游区主要有森林公园、风景名胜区、自然保护区等。生态旅游开发较早、开发较为成熟的地区主要有香格里拉、中甸、西双版纳、长白山、澜沧江流域、鼎湖山、广东肇庆、新疆哈纳斯等地区。在“’99 生态环境旅游年”的时候，推出的生态旅游的类型主要包括观鸟、野生动物旅游、自行车旅游、漂流旅游、沙漠探险、保护环境、自然生态考察、滑雪旅游、登山探险、香格里拉探秘游、海洋之旅等十大类专项产品，共 193 项。按开展生态旅游的类型划分，我国目前著名的生态旅游景区可以分为以下九大类：①山岳生态景区，以五岳、佛教名山、道教名山等为代表。②湖泊生态景区，以长白山天池、肇庆星湖、青海的青海湖等为代表。③森林生态景区，以吉林长白山、湖北神农架、云南西双版纳热带雨林等为代表。④草原生态景区，以内蒙古呼伦贝尔草原等为代表。⑤海洋生态景区，以广西北海及海南文昌的红树林海岸等为代表。⑥观鸟生态景区，以江西鄱阳湖越冬候鸟自然保护区、青海湖鸟岛等为代表。⑦冰雪生态旅游景区，以云南丽江玉龙雪山、吉林延边长白山等为代表。⑧漂流生态景区，以湖北神农架等为代表。⑨徒步探险生态景区，以西藏珠穆朗玛峰、罗布泊沙漠、雅鲁藏布江大峡谷等为代表[①]。

3.1.2 我国生态旅游经济的初创和发展

1982 年，在张家界建立了我国第一个国家级森林公园，标志着我国生态旅游经济的正式起步。1980 年代，我国的生态旅游经济得到了初步的发展，这个时期对生态旅游的认识还停留在相对简单的理解阶段，生态旅游目的地主要集中在森林公园、自然保护区、风景名胜区等地区。

1994 年，以中科院各生态科研单位为依托，我国成立了中国旅游协会生态旅游专业委员会。1995 年，由中国旅游协会生态旅游专业委员会与有关部门在云南西双版纳共同举办了首届生态旅游发展研讨会，会议发布了《发展我国生态旅游的倡议》，标志着对生态旅游的全面重视。1997 年，在北京召开了“旅游可持续

① 马聪玲：《我国生态旅游发展的现状、问题与建议》《2001—2003 中国旅游发展：分析与预测》，社会科学文献出版社，2002 年，第 266 页。

发展研讨会”，会议认为生态旅游意义重大，是大有潜力的行业。“99’昆明世博会”、1999 年国家旅游局的“99’生态环境旅游”、2002 年联合国“国际生态旅游年”等以生态旅游为主题的活动进一步促进了我国生态旅游经济的发展。

1990 年代后期，随着国家的配套政策出台和人民生活水平的提高，生态旅游经济得到快速发展，其主要形式是以野生植物为主的生态旅游；近年来，生态旅游经济以高达 15%的年增长率和超过 3 000 亿美元的年产值成为旅游经济中发展最快的部分。

在我国，目前开放的生态旅游区主要为森林公园、自然保护区、自然旅游点、风景名胜区和天然湿地保护区等。据环境保护部统计，截至 2009 年年底，全国（不含香港、澳门特别行政区和台湾地区）已建立各种类型、不同级别的自然保护区 2 541 个，保护区总面积约 14 700 万 hm^2，陆地自然保护区面积约占国土面积的 14.7%。其中，国家级自然保护区 319 个，面积 9 267 万 hm^2，分别占全国自然保护区总数和总面积的 12.6%和 62.7%。有 28 处自然保护区加入联合国教科文组织（UNESCO）“人与生物圈保护区网络”，有 20 多处自然保护区成为世界自然遗产地组成部分，有 33 处列入国际重要湿地名录，有 10 多处成为世界自然遗产地①。我国已设置国家级风景名胜区 151 处，有 29 处风景名胜区被联合国教科文组织列入世界遗产名录②。近几年前往各地森林公园和自然保护区的中外游客每年以 30%的速度增长③。

在当今这个生态文明的时代，生态旅游资源能比一般的旅游资源产生更大的吸引力。工业文明时代具有工业文明特征的景观通常是最有吸引力旅游资源，而当人类进入生态文明时代，具备生态特色的旅游吸引物就成为一流的、最重要的旅游资源。随着时代的进步，人们对旅游资源的认识在不断地演变，人们需求的兴奋点也在动态的变化，对生态产品的消费成为生态文明时代的新的热点。2009 年，我国人均 GDP 达到 3 677 美元，旅游经济发展阶段迈入深度度假旅游阶段，旅游需求进入全面释放时期，生态旅游经济也进入了一个新的发展时期，呈现出良好的发展态势，正在成为人们一种新的消费时尚。

以全国最早开展生态旅游的省区之一四川的生态旅游经济建设为例④，1980 年代开始四川即通过政府间合作、多边国际合作、国外非政府组织合作和交流，开展了生物资源保护和环境建设，相继在九寨沟、卧龙、王朗等自然保护区开展

① 数据来源于环境保护部网站。

② 叶小平：《中国发展生态旅游的可行性分析及发展定位》，浙江林学院学报，2004 年第 1 期。

③ 佟敏、王红姝：《我国生态旅游面临的主要环境问题及对策研究》，中国林业企业，2003 年第 2 期。

④ 本部分内容所引数据均来自 http://www.etgogo.com/intro.asp。

生态旅游试点，逐步扩展到全省范围，为四川生态旅游经济的发展和繁荣奠定了良好的基础。四川生态旅游发展目标是把四川建设成为中国生态旅游的主要目的地和世界生态旅游的重要目的地。

四川的生态旅游资源十分丰富，拥有森林面积 12.34 万 km^2，森林覆盖率 32.27%；有大熊猫等野生脊椎动物 1 246 种，有珙桐等野生高等植物万余种……自 1989 年建立第一个森林公园以来，已建立森林公园 85 个（其中国家级 28 个，省级 50 个），总面积 74.37 万 hm^2，占全省国土面积的 1.53%；自然保护区 115 个（其中国家级 13 个，省级 50 个），总面积 745 万 hm^2，占全省国土面积的 15.37%；森林度假村等旅游点 50 余处。1998 年编制完成的《四川省旅游发展总体规划》中明确提出川西自然生态旅游区以开发九寨沟、黄龙、四姑娘山、海螺沟、稻城亚丁、蜂桶寨等自然生态旅游产品为重点，建成融合民族风情的世界级自然生态观光、度假、探险旅游目的地。

经过 20 多年的投入和建设，四川的生态旅游经济取得了较大的成就。王朗、九寨沟等自然保护区的生态旅游产品获得了国际组织“绿色环球 21”的认证，卧龙、九寨沟、黄龙等被列入四川省政府确定的五大精品旅游区范畴，“大熊猫故乡游”已成为四川省生态旅游的核心产品。

除了以自然保护区为主体的生态旅游经济发展迅速之外，其他形式的生态旅游经济也得到明显增长。一些林场、森工企业、苗圃、花圃和部分林农以及退耕还林的农户，结合自身实际，依托林业资源开展了各具特色的生态旅游接待活动，取得了较好的效果；自 1990 年代末以来，由于市场经济体制的不断完善，政策环境的支持，林木、林地流转的加快，民营资本明显向生态旅游产业领域扩张，纷纷投资建设野生动物园、鸟语林、野生动物养殖场、野生珍稀植物培植基地、狩猎场、花卉园艺场和庭院式森林观赏花木休闲场所，大大丰富和满足了广大群众不断增长的生态旅游需求。2004 年到森林公园和自然保护区旅游的达 1 100 多万人次，旅游直接收入 19 亿元。

1990 年代初，在成都周边蓬勃兴起的“农家乐”成为农业生态旅游的重要形式，迅速在全省各地推广，规模不断壮大、内容不断丰富、档次不断提升。2005 年年底，全省已有农家乐 1.8 万家，实现收入 25 亿元，吸纳就业人员 24 万人，成为全省旅游经济的新亮点。

同时，四川围绕旅游抓交通建设，全省基础设施条件明显改善，可进入性大大提高。2003 年，甘孜、阿坝、凉山 3 州 4 276 km 通县油路建设完成。目前，全省建成高速公路近 1 800 km，10 个机场航空网络初步形成，成都双流国际机场已开通 160 多条航线，为生态旅游的发展提供了更好的条件。

通过 20 多年的探索与实践，四川形成了以世界自然遗产、“世界人与生物圈保护网络成员”、森林公园和自然保护区等生态旅游项目为主要载体，以森林观光、避暑、度假、野生动植物观赏、生态考察、科学研究和教育培训、环境保护等为主要内容的生态旅游活动形式，呈现出较好的发展态势。生态旅游的内涵不断丰富，景区面积不断扩大，基础设施和配套设施显著改善，可进入性大大提高，生态环境保护措施有力，产生了良好的环境效益、经济效益和社会效益。2007 年第一季度的数据显示，四川省生态旅游实现直接总收入 13 亿元，同比增幅高达 56.38%。

综观 20 多年四川生态旅游经济取得的主要成就，具体表现出以下特征：①生态旅游经济和生态环境保护与建设相互促进。为了使生态旅游经济保持良好的发展势头，四川加快了生态环境建设的步伐。1998 年 9 月 11 日在全国率先停止了天然林采伐，1999 年 12 月又率先实施退耕还林，2003 年川西北草原湿地保护工程开始实施。全省有 1 920 万 hm^2 森林得到有效保护，已有 77.6 万 hm^2 坡耕地退耕还林，全省退牧还草 169 万 hm^2，退牧还草任务完成率居全国第一。到 2003 年年底，森林区开展旅游活动面积达到 7 万余 km^2，占四川国土面积的 15.99%。四川生态环境明显改善，生态旅游经济得到较快和持续的发展。2005 年，全省生态旅游景区（点）共接待游客 2 837 万人次，带动了林区交通、餐饮、住宿、商业等相关产业，全省林业部门直接从生态旅游中收入 39.67 亿元，社会总收入达 150 亿元，同比增长 2.1 倍。②传统大众观光旅游正在向生态旅游方向转变。九寨沟、黄龙等自然保护区通过限制游客数量，“区内游区外住”等方式，采用“ISO 14001 环境管理体系认证”，开展生态旅游国际认证等手段，彻底改变了自然景区旅游的传统开发与管理理念，使景区旅游开发逐步进入了可持续发展的生态旅游轨道。

从四川省生态旅游经济发展的经验中可以看到，在生态旅游收入和经济效益持续增长的背后，实际是为自然生态的保护、改善与投入营造了良好的生态旅游环境与氛围，维持了生态旅游资源的品质与级别，使自然生态系统运转协调，并能够向社会经济系统提供稳定的物质基础，生态经济关系的协调直接促成了生态经济效益的增长和生态经济目标的实现，使得生态旅游经济成为四川旅游经济发展中的亮点。

3.2 生态旅游经济关系失调的生态危机

尽管在上文的论述中我们看到了生态旅游经济在我国 20 余年的发展所取得

的可喜成果，但是也不能否认与之并存的一些不和谐现象。如果放任这些不和谐和负面的现象发展下去，生态旅游经济的繁荣和辉煌都将只是短暂的。

在生态旅游景区，人们不难看到这样的景象：数以吨计的垃圾正在不断产生，游客乱写乱画、乱折花木、随意攀登和踩踏等行为时有发生，一些保护区违规进行旅游开发……这些已越来越严重地威胁到生态环境的保护。

专家认为，生态旅游以回归自然为宗旨，应以认识自然、欣赏自然、保护自然、不破坏自然的生态平衡为前提。不少人以为生态旅游就是到自然环境没有受过破坏的、山清水秀的地方畅游，这种生态旅游实际上是对生态的破坏，与生态旅游的宗旨背道而驰。来自原国家环保总局的资料显示，在国家环保总局 2005 年检查的 226 个国家级自然保护区中，有 82 个存在违规开发活动，占 36.3%；有 25 个自然保护区核心区和缓冲区有旅游开发活动①。

在生态旅游经济快速发展的过程中，生态旅游经济关系是否维持了理想的状态？人与自然、生态与经济之间的矛盾是趋向缓解还是恶化？急剧升温的生态旅游经济是否存在生态危机的隐忧？生态危机的说法对生态旅游经济而言是否只是耸人听闻或是杞人忧天？为此，本书将结合学者专家、政府管理部门对当前生态旅游经济的看法以及生态旅游经济在实践中的危险信号来进行评价。

3.2.1 生态旅游经济实践中的生态危机事实

3.2.1.1 自然生态危机

需求的增加和技术的进步使人类对生态资源的开发和利用程度提升，许多正在成为生态旅游开发热点的自然保护区、森林公园等景区，其相对原始独特的物种和景观生态环境十分脆弱，人类在开发和利用生态旅游资源的同时不可避免地与生态环境产生矛盾，不适当的开发将会导致濒危物种生存环境破坏，对生态旅游环境的干扰也日益严重，导致生物多样性减少。根据南方网的报道，一项抽样调查表明，在近 3 年间，被调查的 85 个保护区内发生违法利用资源的事件 2 117 起，最多的保护区发生 500 起，其次分别为 226 起、200 起、158 起、156 起②。生态旅游活动的主体生态旅游景区屡遭破坏，生态环境质量持续下降，生态旅游资源不断退化。

（1）不当规划、过度开发、游客超载。丽江玉龙雪山被架设 3 条索道，每条索道都伸入自然保护区的核心区。其中，长近 3 000 m 的玉龙雪山索道，延伸到

① 顾瑞珍：《专家提醒：生态旅游更应注重环境保护》，http://news.xinhuanet.com/environment/2007-05/01/content_6050835.htm。

② 佚名：《中国生态旅游中的实践问题》，http://www.southcn.com/nflr/lllj/200704300439.htm。

海拔 4 506 m 的雪山上，每小时单向运送客流量达 426 人。这些索道的建设和运营，给保护区带来了生态灾难。资料显示，丽江于 1993 年正式启动玉龙雪山开发项目，当年，雪山接待游客 4 700 人，产值不到 25 万元，上缴税款 2 万多元；2005 年，雪山全年接待游客 190 万人，产值飙升至 3.5 亿元，上缴税款 3 000 余万元。大量游客的涌入，使亘古冰川遭到破坏，部分冰川开始融化；高山植被和野生花卉被游客践踏、破坏；野生动物的数量急剧减少，当年规划时还存在的珍稀动物，现在已难觅踪迹。玉龙雪山生态环境的破坏速度，令世界各国专家惊讶①。

巨大的游客数量和不良旅游行为对九寨沟生态环境破坏构成直接威胁。九寨沟总面积为 64 297.3 hm^2，从 1985 年开始，沟内的经营性建筑便如雨后春笋般出现，1987 年虽进行了一些清理，但新建的速度远远超过了清理的速度。九寨沟所在的漳扎镇，沿着白河岸边十几千米，依山傍河的酒店鳞次栉比，有的楼间距不超过 2 m。2002 年和 2003 年九寨沟的进沟游客人数分别为 125 万和 110 万（受“非典”疫情的影响），而 2004 年的游客数量达到 200 万②。为了保护好这块珍贵的人类自然遗产，限制进入人数将是首选方案。但是，九寨沟的旅游管理部门并未对游客进入加以限制，而是不断新辟景点。九寨沟的旅游热了，但在保护生态与发展旅游的冲突中，如果经济考虑而非生态的考虑被置于首位，生态遭破坏就是一种必然。

已列入世界自然和文化遗产的泰山的大兴土木之风愈演愈烈。泰岭有三条索道，第一条中天门索道于 1983 年建成运营，著名的月观峰为此被炸掉 1/3 峰面。1987 年，国务院批准的总体规划明确指出：“泰山索道是一项功不抵过的工程，为了挽回这项世界遗产的损失，建议等到索道承载使用期满后连同构筑物一起拆除。”2000 年，旧索道非但未拆，反而在一片反对声中进行了大规模的扩建，载客量由每小时 300 人增至 1 650 人。14 位著名专家、教授和院士曾就此联合发出紧急呼吁，要求立即停止索道扩建工程，但未被采纳。从中我们不难感受到经济利益驱动力的强大与可怕。为了这次扩建，炸掉了 1.5 万 m^3 的主观面山体，并将沿途及岱顶的树木砍掉，在面积 0.6 km^2 的泰山顶上竟建成了一条店铺密集的商业街③。

黄山是世界自然与文化“双遗产”地，同样被建了三条索道，核心景区内楼堂馆所数量众多，休闲中心、珠宝店、商场应有尽有。西海和北海景区是黄山精华所在，在西海景区海拔 2 100 m 处，有宾馆和招待所 21 处，床位近万张。为了

---

① 张文凌：《错位开发破坏生态　云南最后净土在劫难逃？》，http://env.people.com.cn/GB/1074/3450968.html。
② 孙磊：《自然风景区：开发与环保怎样和谐？》，http://travel.people.com.cn/GB/41636/41890/3380386.html。
③ 曾义：《生态旅游：生态招牌　迷失旅游》，http://www.southcn.com/travel/lyxw/200403180184.htm。

满足供水需求，就地拦截山泉溪流修筑水库，仅黄山核心区的供水工程就包括三座水库及 40 km 管道，水的过度开发不仅污染严重，而且影响了部分黄山松的生长，导致一些树的衰败与死亡。不仅如此，还有人在光明顶上筑起了“全球通，通全球”的巨幅商业广告，成为最夺目的一道黄山“风景”；而另一个景点玉屏楼则变成了水泥广场。黄山北海景区的万松林，今已成百松林，昔日繁茂的松树被四星级狮子林酒店、商店、职工公寓和宿舍所取代。溪涧纵横、林木葱茏、风景如画的桃花溪，已成为黄山风景区管委会及职工的生活区，从党政军、文教卫生、工商税务、邮政通信、交通金融、学校医院到电视台、水电站、变电所、垃圾处理厂等一应俱全，俨然成为一座小城市，黄山常住人口达到 6 000 多人①。

1982 年张家界建立了中国第一个国家森林公园，后又被列入世界自然遗产保护名录。从此，张家界的旅游开发显现出一股强劲的“后发优势”，如雨后春笋般冒出许多宾馆、饭店和大小不一的商业棚点，大兴土木，使优美宁静的环境以惊人的速度遭到蚕食和破坏。1998 年联合国教科文组织官员来检查时，充斥在武陵源景区内的建筑面积已超过 36 万 m^2；著名景点锣鼓塔容纳了一座“宾馆城”；被誉为“世界最美的峡谷”的金鞭溪，每天接纳 1 500 t 污水②。张家界政府痛下决心“整改”，从 2001 年 10 月起，拆迁景区房屋约 20 万 m^2，其中包括 124 家宾馆、酒店，同时将人为活动排出的污水全部进行净化处理，为此估计要付出 10 亿元的代价。可就在张家界大拆人工景观的同时，又有人投资 1.2 亿元在景区建造起了号称“世界第一户外观光电梯”的“百龙天梯”。百龙天梯运行不久又遭到联合国教科文组织官员的再度质疑，于是在 2002 年“十一”的旅游黄金周，有关部门的负责人紧急“叫停”。百龙天梯刚停三个半月，时值 2003 年 1 月 15 日，张家界市又举行了天门山索道工程的奠基典礼。

（2）生态“滥用”、生态“招牌”、生态“引资”。生态旅游景区优美的自然风光、良好的生态环境不仅吸引了大量旅游者的眼光，许多国际赛事、影视拍摄也纷纷将注意力投向了这些原始静谧美丽的地区，而其所从事的具体活动，往往是将景区的“生态”作为其面向市场宣传的“招牌”和“幌子”，对生态环境保护漠不关心，甚至人为改变和破坏当地的生态环境和自然面貌。当地地方政府出于提高景区知名度、扩大客源的考虑，对其行为缺乏应有的管理和约束，造成无法弥补的生态损失。尽管影视剧的播出和大型赛事的举办的确会增加生态旅游景区的吸引力和客流量，但如果只是屈从于市场意志，以生态破坏为代价，未免显得得不偿失。

---

①、② 曾义：《生态旅游：生态招牌　迷失旅游》，http://www.southcn.com/travel/lyxw/200403180184.htm。

2007 年 6 月 25—29 日在内蒙古呼伦贝尔大草原举行的国际汽车越野赛暨全国四驱汽车拉力赛，号称是一次国内外绝无仅有的“绿色越野”，然而，每天奔驰在草原上的赛车、随行车、采访车、后勤保障车不下 200 辆，草原如同赛车场。赛事过后，草原伤痕累累，造成地表植被消失、土壤裸露的隐患，想要恢复原貌并非短时间可以完成。而据当地媒体报道，为了促进当地的对外开放、旅游和体育事业的发展，当地政府下决心每年都要举办这一赛事，并将不断扩大赛事规模。

香格里拉是国务院特殊津贴专家、云南大学工商与旅游管理学院旅游管理系主任杨桂华一手开发出来的生态旅游品牌，然而电影《无极》的拍摄使得珍贵的杜鹃花海遭受践踏，一座破败的木桥粗暴地将天池劈成两半；高 13 m 全钢架结构的“海棠金舍”弃置湖边，面目狰狞地俯瞰着湖面……还有令人痛心的“牦牛之祸”：只适应在高海拔地区生存的高山牦牛，被大量驱赶到谷地去拍片子，造成很多牦牛都因为骤然不适应从低氧到高氧环境的转化，出现了“醉氧”现象，死伤惨重。为了达到壮观效果，剧组甚至在牦牛群中丢放鞭炮，牦牛受惊之后拼命奔跑，要么奔死，要么踩死，一片惨迹。除此以外，《神雕侠侣》《惊情神农架》《情癫大圣》《英雄》等都被指责过，而被破坏的地方涉及九寨沟、神农架、西北胡杨林等许多被人们奉为圣地的自然遗产，这些地方无一不是广大旅游者心目中理想的生态旅游地。

虽然原国家环保总局已经给出了对《无极》剧组的处罚，然而这样的处罚相对于那些无法恢复的生态景观来说，显得微不足道、无关痛痒，小小的经济惩罚更是无法和投资巨大的影视作品相提并论，即使要剧组来亲手拆除那些不和谐的人造“生态”，还自然以本来面目，也迟迟未得到落实，甚至都无人出面致歉或承担责任。这样继续放任下去，还会出现多少生态之祸，造成多少生态损失。因此，有报道尖锐地批评：在一切以经济发展为主导的框架下，只要能够促进经济的发展，稀有的自然资源就成了地方政府急功近利的旗帜，经济数字的饥渴者和环保意识淡薄的外来者一拍即合。可是，接下来，就是一场生态灾难的从天而降。

3.2.1.2 社会文化生态危机

（1）本土文化饱受冲击。生态旅游既要保护自然生态的完整，维护旅游地的生物多样性，也要保护文化生态的原貌，保持本土的文化多样性，这也是生态旅游的基本原则之一，对于具有悠久历史文化传统和多民族融合的中国来说，“天人合一”的文化生态更是具有弥足珍贵的意义。文化生态是一个比自然生态更为复杂的系统，包括有形的文化资产与无形的文化资源，蕴涵着丰富的历史意义、文化意义和社会意义，对于人性的形成、人的素质和品格的培养，以及不同民族性格与精神的造就，具有重要的影响和作用。那些传统的手工技艺、审美情怀、营造法式、风水学说等，无不暗含了人与自然的关系，并始终关怀着人与物、人与自然的和谐。

遗憾的是，在日渐繁荣的生态旅游经济的强大攻势下，在虚假生态旅游产品鱼目混珠的市场上，文化生态也逐渐沦为牺牲品，许多传统风格正在变异，历史文化遗产面临毁损，人居环境遭到破坏，导致人类文明的永久损失和历史的永远遗憾，虚假的繁荣背后是文化生态的沙化。曾担任美国总统经济顾问委员会主席的阿瑟·奥肯坚持一个基本立场：社会需要市场，社会必须约束市场；商业之外的各种价值都必须得到保护，以免受到金钱尺度这个潜在暴君的侵犯。不可再生性是文化生态的特点之一，如果文化生态遭到破坏，其后果可能不像破坏自然生态那样直接，但却会割断生活的历史文化传统，深远地影响到自身的发展。

西双版纳自然保护区以保存完好的原始热带季雨林景观、珍稀动植物及少数民族的传统文化而享誉海内外。然而近几年，西双版纳对游客的吸引力却呈下降趋势。参观傣族村寨，观看婚俗表演，在一些人的低俗导演下，变成了对游客赤裸裸的敛财手段，游客的流失不足为奇。

丽江东巴文化是纳西民族神圣的灵魂所在，东巴文字被誉为世界上唯一活着的象形文字。而现在的东巴文化仅仅是作为商品充斥于当地大街小巷，只是十分表面化的文化繁荣，许多人都把东巴文化当做赚钱的工具，将临摹的几个象形文字或重新绘制、染制、烧烙、刻制在各种纸张和装饰布料、木盘、木片、瓷盘、石头等不同材质的平面上，或以东巴经里的各种精灵和神话传说为素材制作出木雕、石雕等各种工艺品，挂放在古城的大小店铺里，等待着游客们购买，导致东巴文化的肤浅庸俗。

生态旅游经济的影响使当地居民认识到地方文化和旅游者带来的外来文化存在差异，他们的生活方式和习惯会受到外来文化的同化，他们的一些传统习俗在某种程度上也受到一些旅游者不良行为的冲击。洪颖、卓玛在 2001 年对香格里拉做的一项调查表明：有 34%的社区居民对旅游业带来的对民族传统文化的冲击表示担心，有 95.17%的居民表示希望游客不违反当地民族的生活习惯。

（2）生态开发频惹争议。庐山移民的拆迁行为是一个引起广泛争议的“生态移民”话题，这实际上也是一个“有中国特色”的生态旅游话题。2006 年 7 月 22 日，庐山方面发布消息称，“为了保护世界文化遗产庐山，根据江西九江市的统一规划，庐山将在山下建一座新城，山上现在居住的 1.2 万居民 3 年内将分批迁下山”。据称，搬迁的主要原因是牯岭的自然承受力早就到了极限，面对游客与居民“抢地盘”的困境，只能将一直居住于此的原属于庐山的居民搬迁下山。这项庞大的搬迁计划一经公布，立即引来媒体的一片质疑声。当地政府官员面对搬迁是否会影响民俗的质疑，宣称庐山还没有自己的民俗文化，居民下山，不会破坏当地文化和人文氛围，相反，还会缓减庐山的人口压力。有学者已经明确表示这个拆迁行为没有必要，开发生态旅游的终极目的除了对环境负责外，还要对当地社区百姓的生存负责。和国外纯自然的生态旅游环境不同，有着深厚历史积淀的中国生态旅游环境有浓厚的文化内涵，这显示出生态旅游进入中国必须本土化。

同样饱受困扰和引起激烈争议的还有“云南吉沙环评事件①”，由于生态旅游开发公司计划把村民赖以生存的森林、草场、高原湿地和他们视为宗教圣地的神山圣湖进行大规模旅游开发，要在山上建索道和观景点等，由此引发了开发公司和村民之间的争议。开发公司一再声称自己的开发活动已通过审批，完全符合法律法规，但其不仅从未向村民公开过开发规划，而且对旅游经营受益分成问题也含糊其辞。在争议过程中，充满担忧和怀疑的村民自发进行民意调查，结果显示，98.6%的人认为开发的规划、设计方案在报政府批准前要先经过村民大会认可；97.2%的人认为不能征用和搬迁牧场，不能影响村民对牧场的使用；98.6%的人认为千湖山应只限于生态旅游；95.6%的人认为不得开发村民心目中的神山、圣湖等。但是这个调查却没有得到镇政府的认可。2005 年 4 月，县政府发出通告，对千湖山旅游区全面开发和建设，建设期间（2005 年 4 月至 2006 年 7 月），禁止一切旅游团队和游客进入。而对于云南省环境科学研究院为公司编制的《旅游客运索道工程环境影响报告书》，许多专家也已经指责吉沙环评报告“偏软”，对世遗办文件的引用是“断章取义，避重就轻、本末倒置”，违反了藏民放牧的传统和生态规律，倾向性严重。

在庐山移民和吉沙事件中，当地政府不是社区利益的代言人，而是为了招商引资，为了政绩和形象，与外来资本联合起来，在经济利益的魔杖面前试图牺牲社区发展的机会和权利，甚至给社区原有的生活带来了极大的不便，这本身就是违背生态旅游原则的行为和举措，如果这样的开发得以进行，被损害的不仅有自然生态，还会严重威胁社区的原有生态和生活，导致社会关系矛盾重重，甚至因此而引发严重的社会危机。

---

① 吉沙是云南迪庆藏族自治州香格里拉县一个有 94 户村民的藏族村庄。村后的千湖山，是三江并流世界自然遗产地范围内重要的高原湿地，有大片原始森林、草场和高原淡水湖泊群。过去 20 多年的森林砍伐使吉沙成为一个受木材经济影响的村庄。1998 年，国家禁伐政策实施后，吉沙村民不仅收入剧减，还承受着森林砍伐所带来的各种自然灾害。2000 年，云南省生物多样性和传统知识研究会在吉沙实施了一项以社区为基础的生态旅游扶贫项目，希望通过这个项目和村民一起探讨如何在吉沙开展生态旅游，帮助村民处理好生计和自然资源保护的关系。就在这个项目实施的同时，云南子元集团和地方政府达成了一项关于千湖山开发的协议，并成立了香格里拉千湖山生态开发有限公司，计划进行生态旅游开发。

（3）“生态”旅游有名无实。对生态旅游者生态知识的普及教育应该是生态旅游活动的关键环节，也是生态旅游区别于一般自然旅游的一个关键因素。但是，目前我国的生态旅游开发远未达到这样的标准。首先，缺乏必要的环境教育设施。据问卷调查显示，在全国建立的932个各类保护区中，仅有38个建立了自然博物馆或展厅，59个设置了知识讲解标牌。而且这些设施许多已经陈旧不堪，野外的知识性标牌数量稀少（阮美勤，2000）。同时，设施所提供的知识内容也残缺不全，挂一漏万，展示手段更是保守落后、形式单调，无法满足游人的需要。其次，缺乏专业人员。生态旅游区的许多导游不仅没有经过专业训练，不能把地质地貌的形成、动植物的分布及保护区生态系统的意义等自然知识讲解给游客，而且牵强附会，胡编乱造，达不到让游客认识自然、增强环保意识的目的，就连生态旅游区的经营管理人员有时候自己也不是十分清楚生态旅游的本质内涵。这种现状必将使旅游者对生态旅游产生误解，乘兴而来，扫兴而归，牢骚满腹。

除了上述问题之外，屡屡曝光的在生态旅游景区出现的导游和游客以及企业之间的矛盾，如2004年年底海南导游罢工事件、2005年成都导游罢导九寨沟事件，还有因为争夺客源在各旅游企业之间出现的恶性竞争、降价揽客等行为，已经严重危害了生态旅游市场的正常秩序，损害了真正的生态旅游者的权益，反映了在经济利益一叶障目的前提下，人与人之间的社会关系为简单的经济关系所取代，以及急功近利、损人利己的尴尬现实。

3.2.1.3 经济生态危机

（1）生态旅游供给者的鼠目寸光。生态旅游更多的是被当成一种标签和市场上招徕客源的幌子，以迎合旅游者向往自然、回归自然的心理。有些企业为了自身的经济利益，利用生态旅游概念上存在争议的机会，在主观上有意识地曲解生态旅游含义，造成虚假和泛化的生态旅游产品泛滥，企业形象和声誉受损，诚信缺乏，企业社会成本增加。虽然，在生态旅游发展的初始阶段，这种做法一时间吸引了众多的“眼球”，获得了可观的经济收益，但是这种做法不仅对旅游者产生了误导，还严重损害了当地的声誉，造成环境的永久性破坏，不利于当地旅游经济的长远发展，更有悖于生态旅游发展的初衷。正如世界旅游组织秘书长弗朗加利所说，“不能把生态旅游看做是一时流行的时尚或者是骗人的把戏，而应当把它看做是发展未来旅游业的有生力量”。

有旅行社推出的“可可西里深度游”，宣称为保护当地自然生态不受影响，全国限定100个名额，价格在1万元左右，短短几天内，全国报名参加这次旅游的人数已突破300人，远远超出了100人的定额。然而可可西里尚属“游客的禁区”，开展生态旅游的条件尚不具备或尚未完全成熟，因此未能成行。该旅行社迫不及待地推出了“可可西里深度游”，其实质仍然是看中了“生态”这块“金字招牌”的市场吸引力，在经济动力的驱使下“铤而走险”，罔顾旅游者身心安全和利益以及自然保护区的脆弱生态，是“经济超越生态”理念在生态旅游市场的一次现实表演。

（2）生态旅游需求者的“生态之惑”。对于生态旅游者来说，选择生态旅游产品，支付高出大众旅游产品的价格，付出多于大众旅游所需的精力，履行环境责任和义务，其目的在于获取不同于大众旅游的特有生态体验，获得高质量的旅游经历和体验。然而，面对市场上充斥的生态旅游产品，“非专家购买”的生态旅游者根本无法辨别真假，分清优劣，无法实现真正的生态体验，导致时间成本和货币成本的损失。一个购买了虚假生态旅游产品的生态旅游者，实际上是花费了高出一般大众旅游产品的时间成本和货币成本，来换取名不符实的“消费者剩余”，真正获利的乃是那些打着“生态”旗号的“伪生态旅游”提供者。一旦消费者对生态旅游市场失去信心，那些坚持生态旅游原则的真正的生态旅游提供者，也会受到牵连，产生“劣币驱逐良币”的现象，于是，这部分生态旅游提供者要么退出市场，要么随波逐流，不再经营严格的生态旅游产品，生态旅游者也无须用生态旅游的标准来要求和约束自己，生态旅游经济的市场基础从根本上产生动摇，导致整个市场萎缩和崩溃。

3.2.1.4 精神生态危机

生态旅游提供者和生态旅游者普遍缺乏生态伦理，生态旅游提供者缺失了发展的核心理念，在自然生态利益和社会经济利益的权衡中舍本逐末；生态旅游者迷失了精神归宿和家园，实现人的全面发展成为空谈。

在传统的经济中心发展模式指导下，生态旅游提供者普遍的做法是把经济利益作为追求的唯一目标，置生态和环境成本于不顾，经济利益总是凌驾于生态利益和社会利益之上，在生态旅游产品的规划、设计、生产和销售等各个环节都缺乏先进模式和科学发展观的指导，没有体现生态旅游应有的内涵和精神。如果生态旅游提供者都无法具备生态精神和价值取向，那么生态旅游经济的发展应该说是相当危险和可悲的。

在人类中心主义思想的影响下，一部分所谓的生态旅游者没有达到严格的生态旅游者的高度，他们的行为与一般的大众旅游者并没有根本的区别，习惯于在旅游活动中维护自身的利益，追求最大化的满足，把自己作为自然的主宰来看待，在旅游过程中割裂自身与自然的关系，对自然和生态环境进行随意地践踏和破坏，将旅游需求的满足建立在损害自然生态的基础上，在旅游者身上体现为渴望环境美、生态美的心态与随意污染破坏环境的行为之间的矛盾比较突出。

《光明日报》记者冯永锋（2006）在《生态旅游在中国可行吗》一文中曾指出，“中国人擅长的是将眼前的一切‘风景化’和‘山水画化’：比起蹲在地上一整天看一窝蚂蚁的社区生活，我们更愿意袖着双手站在一幅文人画前欣赏它们的意境；比起到森林里欣赏红豆杉的生活环境和鲜活体态之美，我们更愿意朝拜用红豆杉‘尸体’雕出来的观音像；比起带领子女到天然石洞去共同体验自然界的美好，我们更愿意驱使子女到课堂去‘学习知识’，而把成人的责任置身局外”。游客的“责任推卸”让中国的生态旅游发展异常缓慢，云南兰坪白族普米族自治县河西乡箐花村玉狮场，这里的森林覆盖率达90%以上，全村都是普米族。村里至今没有“旅游可能性强”的城市居民所习惯于使用的整洁的厕所、方便的洗浴条件和便捷的上网通道。面对一个不愿意过多地进入自然界内部的族群，像玉狮场这样的地方就因无法适应游客的基本要求而被旅游发展者荒废①。

3.2.2 学术界和管理者对生态旅游经济的生态危机的忧虑

生物学家对越来越热门、既能观光又能接触难得一见的野生动植物而得到知识的生态旅游发出了警告：人类频频接近野生动物，会造成动物紧张、压力增加，北极熊、企鹅、海豚和澳大利亚野犬，甚至热带雨林里的鸟类，都受到越来越大的压力，它们体重减轻，有的正在死亡②。生物学家更指出：除了极少数例外，生态旅游计划都未经审核，举办的业者并无生态保护方面的资历，他们口口声声完全尽到了生态保护的责任，然而，由于缺少监督，真正做到既促进了旅游又保护了生态环境的业者少之又少。业者和游客有能力做到的，大多只是最基本的要求，像不要违反土地使用法规、不要乱砍树木、不要惊吓动物等。然而每逢节假日，偏远、生态多样性丰富的地区每每人山人海，这对动物们来说绝对不是什么好事，它们看到这么多的人涌到身边，特别容易紧张，症状包括心跳加速、繁殖率降低，以及荷尔蒙失调。据《新科学家》杂志报道，生态游客表面上看是喜欢那些珍稀动物，但他们的行为其实害了它们③。

生态学家也表示，就算细心规划和监控的生态旅游，对动物也会有始料未及的影响，包括传播疾病、干扰动物日常作息，从而损害其健康。在拥有生态多样性的国家，生态旅游是不错的资源，但发展生态旅游、举行生态之旅之前，一定要做好研究工作，认真收集相关数据。动物的权益应该是首要考虑的问题，因为没有了它们，也就没有了生态，还谈什么生态旅游④。

---

① 冯永锋：《生态旅游在中国可行吗》，http://www.greengrants.org.cn/read.php?id=1090。

②、③、④ 任秋凌：《生态游：乐了游人苦了动物》，北京青年报，2004年4月8日第4版。

据世界自然基金会生态专家们分析，“生态旅游”热造成的恶果有以下 4 点。①各种不负责任、名目繁多、任意冠以“生态旅游”的活动，破坏了保护区的生态环境，造成了新的生态失衡现象；②各国对“生态旅游”没有统一的恰如其分的定义、规范和管理，致使一些单位和个人利用了一部分生态资源，却同时又破坏了另一部分；③游客数量过多，保护区变相地成了“旅游度假中心”；④在保护区内大兴土木，建公路、饭店、高空索道、滑索、机场等旅游设施，造成大量的噪声、垃圾和人为的温室效应，从而使气温升高，打破了一些动物习惯的宁静生活环境，迫使它们从保护区迁移或消失①。

九寨沟的面貌正在一天天被改变，早在 1992 年，世界自然保护联盟高级督察员桑塞尔和该组织下属的国家公园及自然保护区委员会主席卢卡斯来到九寨沟，离去之时，桑塞尔留下了一条忠告：“旅游是对景区最严重的挑战，游人增加就会损害景观本身，带来很多不利影响。所以旅游开发要相当谨慎。”桑塞尔认为，当年九寨沟接待 13.9 万名游客，已经是极限。到了 1998 年，这一数字是 38.5 万人。正在参加国际环境与发展高级 LEAD 项目研修的农科院区域规划研究所马忠玉博士认为，九寨沟“没有一个具体的基于生态考虑的经济目标和游客容量的上限。”

痛心于泰山被“建设”得面目全非，北京大学世界遗产研究中心主任谢凝高教授称其为“一场浩劫，一场噩梦”。著名建筑保护专家、中国文物学会会长罗哲文教授认为这是“对民族的历史表现出了极度的冷漠与无知”。

面对在生态旅游经济中表现出来的开发与保护的矛盾，世界自然基金会项目官员尹春涛认为：“当地政府看重的是业绩。这种经济目标不仅仅是地区经济的发展，更能给镇政府本身带来经济利益。而自然保护、社区能力建设不是镇政府关注的主要目标②。”保护国际生态旅游专家田峰提到在某个著名的旅游开发区，曾经看到这样一条标语：对开发商的要求要无条件满足。他认为“这反映了这些地区的心态，渴望发展，但这样的做法则会严重影响旅游地区的保护和发展③。”云南省生物多样性和传统知识研究会成员李波则提出了这样的疑问：“我们的旅游开发到底是为谁服务？这种开发是一味地满足市场需求，还是应该考虑到当地生态环境和民族文化的可持续发展？④”“大自然的壮丽，是要人用脚去丈量，用心去体味的，不能只靠索道和过多的旅游设施来体验。但是现在，我们拥有的最后的净土却正在被打造成一个个旅游休闲精品，所有的不同于主流的生活方式和文化形式都要服务于旅游的需求。不知道我们的自然在饥渴的开发商手中将会给后代

---

① 李强：《生态科学家呼吁建立规范的“生态旅游”市场》，http://finance.sina.com.cn/b/20020520/209365.html。

②、③ 孙磊：《自然风景区：开发与环保怎样和谐？》，http://travel.people.com.cn/GB/41636/41890/3380386.html。

④ 张文凌：《错位开发破坏生态 云南最后净土在劫难逃？》，http://env.people.com.cn/GB/1074/3450968.html。

留下什么？难道旅游开发的目标就是让 3A 级、4A 级、5A 级旅游景区把所有的自然保护区都包围起来吗？[①]”

针对随处可见的生态旅游产品、生态旅游项目和生态旅游宣传，保护国际生态旅游专家田峰说：“我国目前还没有真正的生态旅游。[②]”保护国际生态高级项目官员孙姗也认为：“我国目前还没有一个生态旅游样板。现在很多地方都有这样的困惑，假设自己搞成了一个生态旅游的项目，其他旅游团体就会蜂拥而上，一下子组织很多游客前来，而如果游客的人数超出了当地生态环境的承受能力，那就不是生态旅游了。[③]”孙姗还进一步指出，目前我国西南山地有 70%的植被已经被破坏，对镶嵌在西南地区的一个个保存还算完好的地方来说，发展生态旅游是一个出路。但是在旅游区和保护区重合的情况下，旅游区的开发商获利很大，但并不会对生态保护起到正面作用[④]。

轰动一时的香格里拉碧沽湖“毁容”案在《无极》剧组被罚款 9 万元之后已经尘埃落定。但是，微薄的处罚与巨大的破坏所形成的强烈反差，依然是一个不尽的话题。面对某些地方政府对旅游开发的冲动和热情，中国环境科学研究院生态研究所研究室主任韩永伟指出：“如果不能做到开发与环保同步，那么，其后果的严重性将不堪设想。而且所造成的影响也不仅仅是当代。[⑤]”

鉴于在许多打着“生态旅游”招牌的景区里存在的破坏生态的怪现象，旅游专家、国际组织“绿色环球 21”中国首席代表诸葛仁博士沉重地表示，“大兴土木、缺乏科学规划、旅游者的大量涌入等不注重人与自然协调发展的行为，正在背离生态旅游的初衷。[⑥]”诸葛仁还指出，目前许多名山大川旅游区，正打着开发“生态旅游”的招牌，盲目兴建各种旅游服务设施，进行着违背生态旅游基本原则的活动。这些无序的开发明显地改变了原有的自然或人文景观，导致了景区的严重城市化，使许多自然保护区、风景名胜区、森林公园、地质公园和自然与历史文化遗产，面临着严重的威胁和挑战。“生态旅游在许多地方确实已成为生态破坏游[⑦]。”浙江大学旅游学院教授陈天来也忧心忡忡地表示：“生态旅游的本意是‘以旅游促进生态保护，以生态保护促进旅游’。然而，实际情况却与我们的本意背道而驰。”[⑧]

2007 年“五一”黄金周来临之际，原国家环保总局副局长吴晓青针对四处开花的生态旅游指出，“良好的生态环境是旅游发展的基础和前提，但由于我国生态

---

① 张文凌：《错位开发破坏生态 云南最后净土在劫难逃？》，http://env.people.com.cn/GB/1074/3450968.html。

②、③、④ 李松涛：《我国急需生态旅游样板》，http://www.cyol.net/cydgn/ content/2005-09/06/content_1097903.htm。

⑤《自然保护区：旅游开发与生态保护角力》，http://www.tochina.com.cn/scape/06910211458919.html。

⑥、⑦、⑧ 张乐、张奇志：《推行旅游可持续发展　勿让生态游成为生态破坏游》，http://www.people.com.cn/GB/ huanbao/ 1075/ 2115943.html.

保护的法律法规尚不健全，生态旅游发展中的诸多生态保护问题还没有得到根本解决，生态旅游发展的可持续性受到威胁。”“生态保护监管问题已经非常迫切。”他指出，各级环保部门要依照法律、法规对旅游区经营中与环境相关的事项进行检查、监督。对造成生态环境影响的开发和破坏活动要及时制止、纠正，并依法进行处罚①。

笔者曾经在 2006 年 11 月做过一项有关生态旅游者的调查，在回答“你认为中国最吸引人的生态旅游目的地”一题时，选择九寨沟、云南丽江或西双版纳以及西藏的位居前三，其他入选的包括长白山天池、海南、黄山、张家界、桂林、四川卧龙自然保护区、神农架、武夷山等地，说明在提及生态旅游的时候，在游客心目中首先会联想到这些地方，这些目的地对于生态旅游而言具有一定的代表性，事实上它们也是生态旅游经济的先行者和生态旅游经济的繁荣地。然而，结合我们上文的事实介绍，不容回避的现实是：这些地方几乎都不同程度地存在着生态破坏的情况，有些甚至到了相当严重的地步。这也就意味着当旅游者兴致勃勃地想到这些“生态旅游名牌”地区从事生态旅游活动时，很可能要面对触目惊心的生态破坏，他们会发现在“生态”这块“金字招牌”上已经蒙上了厚厚的灰尘。现实的警示如此严峻，来自学术界和管理者的担忧也不无道理，两相结合，我们完全有理由得出这样的结论：尽管发展生态旅游经济的初衷是良好的，但是由于多种原因的存在，生态旅游经济在实践中存在不少误区，人与自然的关系遭到扭曲，生态与经济的关系走向背离，已经或正在形成严重的生态危机，直接威胁到生态旅游经济的可持续发展。

3.2.3 生态危机的经济本质：生态旅游经济关系危机

生态旅游经济的社会经济功能，体现了生态旅游经济的社会属性和经济本质；生态旅游经济的自然生态功能，体现了生态旅游经济的自然属性和生态本质，正是自然属性与社会属性的有机统一，生态本质与经济本质的有机统一，才构成对生态旅游经济性质的全面认识，也即生态旅游经济是生态功能、经济功能和社会功能三位一体的经济，是生态价值、经济价值和社会价值三位一体的经济。

生态危机的出现，说明生态旅游经济关系中自然生态关系与社会经济关系出现了割裂与背离，人类将生态旅游经济系统视为一个孤立的经济循环，切断了其与自然生态系统的联系，在封闭的经济系统内寻求资源配置的合理化和经济效益

① 顾瑞珍：《专家提醒：生态旅游更应注重环境保护》，http://news.xinhuanet.com/environment/2007-05/01/content_6050835.htm.

的最大化，其结果却往往事与愿违。

以生态旅游提供者为例，面对日益高涨的生态旅游需求，生态旅游市场商机无限且潜力巨大，众多的经济主体都想涉足其中，但是对于这些经济主体而言，从事生态旅游开发和经营的动力主要来自于经济利益的诱惑，而并非注意到生态旅游的完整内涵和经营原则，因此，他们既想最大限度地获取经济效益，又不想承担社会责任和生态成本。每个主体都将自己作为经济系统中的趋利主体，却忽视了自己也是社会的一分子和生态的有机组成，人与自然的关系以及人与人的关系完全被经济关系所取代和扭曲。

表 3-1　生态旅游提供者的选择

生态旅游提供者 A / 生态旅游提供者 B	不从事生态旅游	从事生态旅游
不从事生态旅游	5，5	2，8
从事生态旅游	8，2	3，3

资料来源：裴沛：《中国生态旅游泛化现象原因探析》，北方经贸，2005 年第 8 期。

根据传统经济学理论，每个主体都将会作出最理性的选择，假定有两个生态旅游提供者 A 和 B，如表 3-1 所示，数字代表了提供者获得的净收益，不从事生态旅游代表从事其他类型的旅游经营，可见，无论竞争对手是否选择提供生态旅游，提供者们的理性抉择都是提供生态旅游，而实际上都提供生态旅游的结果只不过是实现了低水平的纳什均衡[①]，个体的理性导致集体的非理性。

在看似理性的抉择下，实际上蕴涵着对人与自然、对生态与经济关系的曲解。因为生态旅游提供者的决策仅仅只限于在生态旅游的经济系统之内，以经济关系主体的强势取代了其社会关系主体和生态关系主体的地位，生态旅游的泛化，虚假生态旅游产品的充斥也就不足为奇了。

工业革命以来，经济人假定一直被人类社会的经济发展模式与经营管理实践视为不可动摇的“金科玉律”，追求最小的预付资本获得最大的利润，实现自身的经济利益最大化，是社会经济运行的唯一目的、内在动力和最高原则，因此，局部的发展损害整体的发展，眼前的发展剥夺长远的发展，自身的发展危害他人的发展，牺牲生态环境谋求经济发展，这样的现象屡见不鲜，使得人类经济社会存

① 纳什均衡指的是这样一种策略组合，这种策略组合由所有参与人最优策略组成。即在给定别人策略的情况下，没有人有足够理由打破这种均衡。纳什均衡并不意味着博弈双方达到了一个整体的最优状态，它实际上反映了一个很深刻的问题，这就是个人理性与集体理性的矛盾。

在与发展的生态代价和社会成本远远超过收获的正效益，人性、社会和企业都呈现出某种扭曲和病态。生态旅游经济的发展在这样的背景下，保护生态的初衷没有得到充分体现，自然生态关系和社会经济关系的协调发展是保证生态旅游经济健康运行并行不悖的两条主线，当自然生态关系的地位不断弱化，必然难以与不断强化的社会经济关系保持平衡，使生态旅游经济关系濒临断裂的危险。

在生态旅游经济复合系统中，既存在自然生态关系，又存在社会经济关系。两者之间如果能够结合与统一，生态旅游经济就得以健康持续地发展。如果将两者割裂，使其背离，就会陷入严重的生态危机。当前出现的生态危机表面上看是由虚假和伪劣生态旅游产品过多过滥造成的，而实质上，虚假和伪劣生态旅游产品的出现正是生态经济关系矛盾冲突的具体表现，是由于传统经济学所曲解的生态经济关系，即自然生态与社会经济割裂背离的关系所致。可以说，上述系列的自然生态危机、社会生态危机、经济生态危机以及精神生态危机，归根到底就是生态旅游经济关系的危机。

3.2.4 生态危机的现实根源：生态旅游经济关系失调

实践已经表明，生态旅游所带来的经济利益并不是没有代价的，稍不小心，就会给生态旅游区的生态环境带来许多意想不到的甚至无可挽回的巨大损失。由于对环境和自然造成了破坏，生态旅游地，尤其是那些具有脆弱生态系统及敏感文化遗产地的保护区的繁荣及相应经济收入必然受到越来越严重的影响。

生态旅游对自然生态系统带来的负面影响通常表现在以下几方面：许多非本地物种通过游客引入自然保护区，给保护区固有的生态平衡带来了不利的影响；污水、垃圾、废气等的排放，对保护区的环境造成影响，旅游还将对自然保护区的野生动物产生直接影响。例如，由于旅游产生的环境改变而引起的野生动物生态行为的改变；因为旅游所建的一些宾馆、饭店以及其他游乐设施改变了保护区优美的自然景观等。这些负面影响一旦产生，要想恢复景区的“原生态”，势必要投入更多的资金。张家界为整治核心景区内数百处“硬伤”，损失的资金不下 10 亿元，其中仅“拆除”这一笔“生态学费”，就比张家界景区 6 年的全部门票收入还多。

可见，生态危机的形成将会造成严重的生态和经济恶果，使生态旅游经济的自然基础遭受毁灭性的破坏，生态危机的出现实际上说明了生态经济关系的失调，导致这种现状的直接原因是多方面的。

3.2.4.1 经济关系超越生态关系导致生态旅游经济关系不协调

（1）生态旅游经济定位的错位。前文已经论述生态旅游不能成为地方经济发展的龙头，其发展不能“唯利是图”，这都是由生态旅游的基本原则所决定的。然而，在许多生态旅游规划中，生态旅游经济都被不当定位为当地经济发展的支柱产业和龙头产业，片面夸大生态旅游的经济作用和强调经济功能。

生态旅游经济定位的不当使得借生态旅游开发吸引外来投资成为政府部门的一项主要任务或政绩工程，而“生态”的含金量也使外来资本对此具有强烈的兴趣。于是，以货币为主要表现形式的资本具有超越一切意志的力量，成为测度地方经济发展、生态旅游规模的手段，产值、利润、税收成为政府、企业和个人追求的主要目标，人与自然之间的生态关系在资本的作用下被掩盖，代之以单纯的经济关系。人们关心的只是在社会经济过程中，如何实现人的劳动价值及交换过程的公平性，对于在生态旅游产品中凝聚的“自然”劳动或生态价值及其开发利用的公平性却很少问津①，这正是导致生态旅游经济关系失调的主要原因。

（2）对生态旅游经济的索取无度。城市环境的污染，生活节奏的加快，使得“生态”成为风行的字眼，对生态产品的需求空前高涨，能够实现人的身心解放的生态旅游产品更是成为市场新宠，膨胀的生态旅游需求刺激了生态旅游供给的不断增加。尽管在理论上，生态旅游只是一个规模有限的细分市场，但是现实的情况是并非所有对生态旅游产品的需求都是严格按照生态旅游的标准进行的：生态旅游的需求者以“非生态”的消费方式影响着生态系统，生态旅游的供给者在经济利益的驱使下以“反生态”的生产方式破坏着自然生态。生产和消费的叠加对自然生态系统施加了巨大的压力，于是生态旅游景区不堪负荷、人满为患的现象屡屡发生，造成资源退化甚至是景观的消失，对生态旅游产品的需求远远超过了生态经济系统的承载力。

可见，在生态旅游开发与生态保护角力较量的过程中，生态利益被忽视，得不到应有的尊重，而经济利益被无限地放大，直接导致了生态旅游经济关系的不协调。

3.2.4.2 利益主体的矛盾冲突导致生态旅游经济关系不和谐

在生态旅游经济所涉及的各利益主体之间，各自追求的目标存在一定的冲突，其中最明显地表现为生态目标与经济目标的冲突。

（1）生态旅游提供者。生态旅游产品虽然被生态旅游提供者时常挂在嘴上，但是真正遵循生态旅游原则提供生态旅游产品的企业却不多，有多少企业在经济利益与生态保护发生冲突时，能够放弃眼前利益去维护生态？又有多少游客能遵循自然资源保护的原则，认真履行生态责任和环保义务？市场上充斥的许多生态

① 吕君：《草原旅游发展的生态安全研究》，中国财政经济出版社，2007年，第95页。

旅游产品，基本上没有超出游山玩水的旧模式，只不过是增加了不乱扔垃圾、不采摘花草之类的自我约束。但是，若仅是不扔垃圾、不采花草，只能算做干净的旅游，还算不上是生态旅游。所以，现实中生态旅游只是被演化为一种市场营销的手段，很多旅游企业通过“刷一层绿漆”（greenwashing）来迎合市场的需求，获得竞争优势。开发商狡猾地利用“生态旅游”这个时髦词，其目的是为了中饱私囊，他们以利润最大化和自利为主导思想，投其所好地讨得客户的欢心，吸引旅游者，并没有将环境保护和当地收益放在首位①。

（2）生态旅游者。生态旅游者的“经济”目标不在于物质财富的增加，而是生态旅游活动为其提供的“消费者剩余”，迪庆的植物学家方震东认为，一个人到一个地方，至少要看 3 种东西，一是风光，二是风情，三是生态。他认为中国的游客太过重视前两者而轻视了第三者。原因是他们只愿意让身体去旅行，而不愿意带上心。在许多游客心中，消费者剩余主要是由消费者所获得的生态体验以及经济成本所决定的，至于旅游活动可能会产生的生态环境影响考虑甚少，所以，他们往往忽视生态保护的基本前提，却希望获得更完美的生态体验。

（3）生态旅游社区。受历史条件影响，我国很多生态旅游社区都是较为贫困落后的地区，对于经济发展的要求十分迫切，当他们觉得外来资本和开发行为能够给他们带来物质条件改善时，对于自然生态和文化生态的保护就自觉或不自觉地让位于经济开发。不久前发生的《无极》剧组损害碧沽天池自然环境的事情，据现有报道披露，当时天池所在的联合村委会主任认为“千载难逢的机会来了”，而当地村民不仅在目睹天池畔大片的杜鹃花海和草甸被铲掉并铺上沙石时没有上前阻拦，而且还有人充当帮凶。在看似强大的经济利益支撑背后，当地社区对所在环境的保护和珍视能保持多久？当地政府为了促进经济发展，又能在多大程度上坚持自己的可持续发展战略？

3.2.4.3 生态旅游经济发展的外在压力导致生态旅游经济关系不可持续

生态旅游经济的失调和生态危机的威胁并非全部来自生态旅游系统内部，也有来自生态旅游经济系统以外的破坏。生态旅游经济系统的运行不是孤立的，它也会受到其他形态的经济系统的影响，也受到地区、国家乃至全球生态系统变化的影响。比如生态旅游景区的生态环境就有可能受到工业化增长的污染，而这种污染与生态旅游活动并没有直接联系。

近年来我国的经济发展取得了令人瞩目的成绩，但是也付出了巨大的生态代价，对于生态旅游经济的发展造成了负面影响。2005 年 6 月在银川召开的“APEC

① 周俊满：《生态旅游泛化的根源与对策》，《集团经济研究》，2006 年第 17 期。

循环经济与中国西部大开发”会议上，有专家提出的报告称，西部地区每年因生态环境破坏造成的直接经济损失达 1 500 亿元，占当地同期国内生产总值的 13%。

尤其值得注意的是，生态环境脆弱的西部地区是生态旅游资源的富集区，但是经济发展水平相对落后，对发展经济的要求十分迫切，如果一个地区的经济发展既可通过发展生态旅游来实现，又可以其他方式（如水电开发）来获得，由于后者的经济效益见效更快，那么对后者的倾向性将会使得生态旅游经济的自然基础面临毁灭性的破坏。

在四川，一场争夺西部地区各流域水电开发权的“跑马圈水”运动，在各大电力、投资等利益集团之间愈演愈烈，在强势的利益驱动下，一个个水电项目的上马迫使国家级自然保护区、国家级风景名胜区、原始森林和濒危生物保存栖息地等作出让步，此时，一切关于中国西部生态环境保护和建设的话题和国家法律法规都显得那样软弱和苍白无力。因此，我们分析生态旅游经济的生态危机，不仅要看到明显的可能导致危机的行为，还要对那些潜在的会造成生态危机的行为予以关注，生态旅游经济是敏感性、联动性和综合性很强的产业，国民经济链条上的其他环节都会对其走向造成影响。

3.3 生态旅游经济关系失调的思想根源

生态危机在生态旅游经济发展过程中初现端倪及其程度不断加强的可能性，实际上昭示了生态旅游经济关系的变形、恶化和失调，上文列举的事实和原因分析已经明确了这一点，而对于生态旅游经济关系的分析，是经济学的研究任务之一，不同的理论和学术流派对于生态经济关系的认识各不相同，形成了理解生态旅游经济关系的思想根源。因此，从不同的经济学发展观的对比中，可以探求生态旅游经济关系失调的根本原因，奠定生态旅游经济关系协调发展的理论基础。

3.3.1 生态与经济分离——传统经济学发展观的缺陷和局限

生态危机貌似自然问题，实则受经济、社会、政治等诸多因素影响，其中经济因素始终是第一位的、根本性的。因为，人们为了生存，就必须从事物质生产，就必须与自然生态发生各种各样的关系。当人们从事经济活动的速度超过资源本身及其替代品的再生速度，当经济系统向环境排放废弃物的数量超过自然生态系统的自净能力，生态问题就出现了，因此，生态问题是工业革命以来人类经济活动直接或间接的结果，在一定意义上，生态危机表现为传统经济学发展观的危机。

由于生态危机是人类经济系统在地球生态系统中长期扩张的产物，因此它首先冲击的必然是人类的传统经济理念。生态危机是一个标志，它不仅说明地球生态系统在人类经济系统不断扩张的巨大压力下已经被严重地损伤了，以致系统持续稳定的状况发生了恶性变化，而且表明人类长久以来支撑其经济系统的各种经济理念具有内在局限性，这种局限性正是动摇人类经济系统自我发展基础的动力源泉①。

3.3.1.1 传统经济学发展观割裂自然生态与经济发展的内在联系

高中华（2004）指出：传统经济学家不是将经济视为整个社会和生态结果的一个方面，而是倾向于孤立的研究经济过程。他们习惯用投入、产出、效率、生产率、国民生产总值等去阐明他们的理论和基本概念，或在表述上刻意追求数学表达式的简洁和美感，试图以经典自然科学的创立为模板，很少考虑经济活动所不能脱离的生态背景，不顾及经济活动所付出的环境成本、生态代价以及各种自然资源本身的价值。事实上，经济行为一刻也不能脱离生态系统，生态系统中各组成成分之间（如生物群落和无机环境之间，或生物群落中植物与动物之间）主要是非线性的相互协同关系，很少存在线性的因果决定关系。所以，天真地设想去追求经济增长的线性态势，没有考虑环境的可承载能力和生态的可持续限度，甚至往往以牺牲生态环境的承载力为代价，必然导致资源“赤字”、生态灾难、自然系统失衡②。

如图 3-1 所示，若经济发展呈指数增长的态势，则会产生与对数增长的生态要素的生态阻滞。

（1）传统经济学发展观割裂经济规模与生态承载力。由自然生态系统和经济社会系统构成的生态旅游经济复合系统，是一个有机整体，有其运行与发展的客观规律，即自然资源和自然环境的承载力是有限的，经济的不断增长和物质财富的日益增加要以生态环境的良性循环为基础，如果生态旅游经济的运作能够遵循这个规律，则经济效益与生态效益和社会效益的取得并不矛盾，三者不仅能够取得在横向上的和谐协调，而且能够保持在纵向上的永续发展。

但是，传统经济学的发展观的理论前提是自然资源的供给能力具有无限性，经济增长和物质财富增长所依赖的自然资源在数量上是不会枯竭的，因而对它的开发可以不受约束；自然环境的自净能力具有无限性，人类生产和生活

① 向玉乔：《生态危机剖析》，湘潭工学院学报（社会科学版），2002 年第 12 期。

② 高中华：《环境问题抉择论》，社会科学文献出版社，2004 年，第 27 页。

的废弃物排放所需要的自然环境在容量上也不会降低，因而对它的利用可以不受约束。

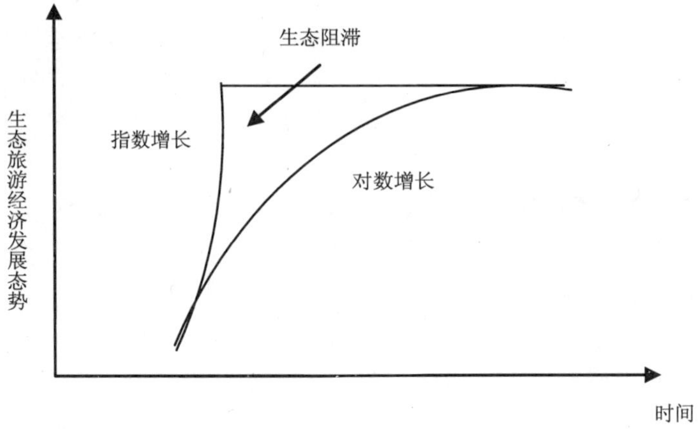

图 3-1　系统的经济型发展机制和生态型发展机制

资料来源：盖志毅：《草原生态经济系统可持续发展研究》，中国林业出版社，2007 年，第 23 页。

根据传统经济学发展观的理念，资源、环境、生态因素被排除在生态旅游经济复合系统之外。在生态旅游过程中所产生的资源消耗、生态破坏和环境损失没有引起人们足够的重视，认为生态旅游的过程不会对生态、资源和环境造成直接的损害，而且即使有一定的负面影响存在，生态环境自身也具备修复再生的能力。事实上生态旅游活动也消耗甚至破坏或毁灭旅游和环境资源，个别的生态旅游行为对生态环境和旅游资源的影响是微小的、可以忽略的，但对于生态旅游经济整体而言，生态旅游活动对于资源和环境的影响绝对不是非耗竭性的。因此，生态旅游资源被无限制地使用，肆意挥霍，忽视环境承载力的存在，导致生态旅游地人满为患。

（2）传统经济学发展观割裂经济增长与生态代价。在传统经济学发展观的指导下，旅游资源开发中的外部不经济与成本核算是脱离的。生态旅游经济发展过程中所产生的外部不经济并没有由旅游开发经营者来承担，而是更多地由社会和当地居民来承担，造成污染的开发经营者不仅没有承担双方环境成本，反而形成收入虚增。另外，经济利益的驱使和对环境利益的罔顾，使经营者会继续将污染的恶果加之于社会和他人，不断加大不合理开发的力度。因此，生态环境成本的流失，实际上变相鼓励了旅游开发经营者的不合理行为，引起市场失灵，导致了对生态环境和旅游资源的进一步破坏。

传统经济学发展观使生态旅游经济的发展逐渐背离了初衷，忽视了环境资源的消耗，低估了生态旅游成本水平，虚增了新创造价值部分。经济主体将经济效益作为发展的首要目标，兼顾生态目标和社会目标显得心有余而力不足。另外，地方政府对生态旅游经济和生态旅游资源的保护性投资很少，使生态旅游经济失去了健康发展的“土壤”，经营管理者的投入意识也很薄弱，进而导致盲目开发和粗放经营，不能适应生态旅游经济可持续发展的要求。

3.3.1.2 传统经济学发展观割裂自然生态与人类社会的内在联系

（1）传统经济学割裂人类的经济理性和生态理性。在传统经济学所提倡的理念中，经济理性取代了生态理性，人类成为经济的奴隶而不是生物有机体，在极力张扬人的经济理性的同时，将人类与自然环境隔离开来，经济理性的危害“一是使人与人之间的关系变成经济关系，二是使人与自然之间的关系变成工具关系”[①]。

人类经济理性的无限放纵，造成人们肆无忌惮地不计环境和生态成本以满足其需要。反映在生态旅游经济的实践发展导向中便表现为：过分追求生态旅游经济的经济效益，对生态旅游资源的消耗和利用不加节制，对人类生态需求的满足不加理会，对忽视环境问题、过度消费的旅游行为不加引导，这些问题日积月累，对生态旅游经济所造成的影响将是深远的。当前在实践中出现的一些生态旅游破坏生态的现象，已很深刻地说明了这个道理。

在传统经济学看来，每个人都是经济理性的人，人们以追求自身利益最大化为动机，总的效果和目的是使社会资源得到最合理的配置，社会福利得到增进，这一切都是通过市场这只“看不见的手”达到的，而“外部性”问题的产生却使西方经济学陷入了“市场失灵”的困境。外部性的产生与其说是一场“公地悲剧”，倒不如说暴露了西方传统经济学的理论缺陷。传统经济学家在“真空”中分析稀缺资源的配置和最优化决策问题，殊不知，生态是比物质资本更加稀缺的资源，支配社会经济运行的不仅有市场这只“看不见的手”，还有“生态”这只“看不见的手”，生态理性是比经济理性更为基本的人性。外部性的内在化，公共产品的产权明晰，不过是头痛医头、脚痛医脚的治标不治本的经济技术和手段而已，不变革传统发展观的价值取向和效益尺度，生态问题就不可能得到根本解决。

（2）传统经济学割裂人类的需求扩张和生态的有限供给。人类的需求包括物质需求和精神需求，人类追求物质财富和精神享受是无限制的，然而人类生存的自然环境却是有限的，提供给人类生存的物质资源也是有限的。但是，传统发展观对人类需求的一味强调却导致在整个旅游经济包括生态旅游经济的生产过程

① 吴宁：《高兹的生态学马克思主义》，马克思主义研究，2006 年第 8 期。

中，大量消耗生态资源和经济资源来换取经济效益的做法十分普遍。生态旅游经济，乃至旅游经济的整体健康和可持续发展，无疑都是建立在资源基础之上而面向市场客源的，但是，如果以资源的过度消耗来换取客源的增长，将会导致生态旅游经济的不可持续。

地球的恩赐和宽容不是无限的，自然界存在着遏制人类欲望的多重极限。人类的需求不仅受到经济因素和社会因素的制约，还受到生态因素的制约，即需求应尽可能不破坏生态系统原有的整体平衡。个人消费选择的自由不能改变社会总供给和资源总量的限制。人类的需求也不都是合理的，从道德的关系上来说，人对物的关系就是人对人的关系。在资源有限的世界上，任何人过度消耗自然资源，都是对他人乃至子孙后代的剥夺。但在传统发展模式的指导下，在生产领域追求高额利润，促使在消费领域的过度过高消费，必然减少和耗尽人类可利用的资源，资源的有限性与人们物质需求的无限性的矛盾日益突出。"极力强化人们无限制地追求物欲、满足人们纵欲无度的物质需求，而淡化了人们的精神需求，压抑了人们的生态需求，使人性、社会和自然呈现出种种病态，造成人、社会和自然界的畸形发展[①]。"

3.3.1.3 传统经济学发展观直接导致尖锐的生态经济矛盾

由此可见，传统西方经济学的理论基本上排除了生态旅游经济系统对生态系统和社会系统的依赖，割裂了三大系统之间的内在联系，如同我国著名的生态哲学家余谋昌先生指出的那样："在自然—经济—社会统一系统的三大要素中，经济主义只追求一个目标——经济增长。经济主义模式按照还原论方法，只关注一个变量——经济增长，排除也是十分重要的——社会（公平）和自然（环境与资源）这两个变量。这样就形成了它的反社会和反自然的性质。"既然在这种经济理论指导之下的发展观本身就具有反生态的性质，那么其理所当然地无法承担正确引导将保护生态作为重要职能的生态旅游经济健康发展的重任。

在这样的发展观的指导下，就不难解释为什么当前的生态旅游经济会出现"不经济的增长"——生态旅游提供者以"经济超越生态"的心态从事生态旅游的投资、开发、经营和管理，将生态旅游的发展原则放在一旁，最大限度地迎合市场需求，忽视生态价值，漠视社区利益。对生态旅游者来说，既缺乏对自身旅游行为的内在约束，又没有对旅游行为的外在引导，很多旅游者都谈不上是真正的生态旅游者，还没有完成从大众旅游者到生态旅游者的转变，以大众旅游方式从事

① 刘思华：《论"空的世界"经济学与"满的世界"经济学》载于《刘思华文集》，湖北人民出版社，2003年，第565页。

生态旅游，对生态环境的破坏可想而知。在短期内生态旅游经济建设的成果看起来十分令人注目，然而经济效益、生态效益和社会效益的失衡使得这种成就的基础岌岌可危，出现生态危机的可能性进一步加剧。

随着生态旅游经济的发展，经济系统对生态系统的需求不断增加，符合生态旅游要求的真正的生态旅游景区并未完全按照生态旅游的要求进行开发和经营，虚假和泛化生态旅游产品各行其是，使得生态旅游需求进一步扩大，而生态旅游供给在一定时间内是稳定的，这就导致生态旅游供给的不可持续，使生态系统中的不可再生资源面临着永久遭受破坏的风险，可再生资源虽有再生能力，但是在经济系统的强大压力之下，再生速度缓慢，造成生态资本的衰减，生态经济矛盾日趋尖锐。

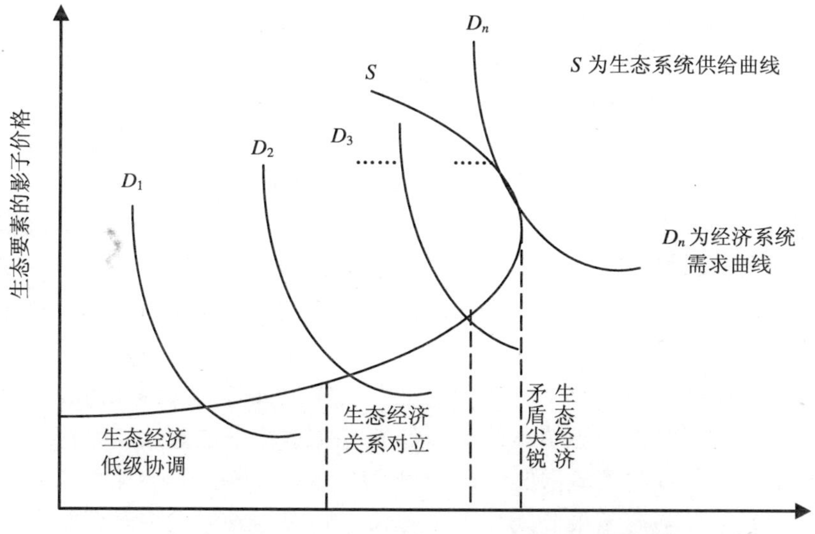

图 3-2　传统发展观下生态旅游经济系统中的生态经济矛盾

如图 3-2 所示，横轴和纵轴分别代表生态要素的可供数量与影子价格，D_1 到 D_n 代表了生态旅游经济发展过程中经济系统的需求曲线，S 代表了生态系统的供给曲线。在生态旅游经济发展初期，生态旅游的生产活动和消费行为对生态系统的干预和影响较小，生态系统能够有效地自行消化和吸收经济系统的需求。随着生态旅游经济的不断加速和发展，经济系统的需求也不断上升，而生态系统的供给并不能像需求曲线那样持续增加，而是随着污染和破坏的严重，供给能力逐渐下降，在生态系统与经济系统之间的关系开始变得对立紧张。当经济系统对生态系统的压力越来越大，生态系统得不到有效的保护和恢复时，它的供给能力开始下降，供给曲线越来越陡直，生态系统和经济系统之间的矛盾更加尖锐。如果经济系统的需求曲线上升到超过 D_n 的水平，生态系统将无法承受。

3.3.2 生态与经济协调——新经济学①发展观的突破与变革

1981 年，国际著名的思想库罗马俱乐部指出："经济和生态是一个不可分割的整体，在生态遭到破坏的世界里，是不可能有福利和财富的。"我国经济学家许涤新指出："在生态平衡与经济平衡之间，主导的一面，一般来说，应该是前者，因为生态平衡如果遭到破坏，就要落到经济的身上。"新经济学发展观旨在整合生态与经济系统，以达到永续发展之目标，在由生态系统和经济系统组成的有机统一体即生态经济系统中，探索人类经济活动和自然生态之间的相互关系。

3.3.2.1 新经济学发展观协调自然生态与经济发展的关系

（1）新经济学发展观强调经济规模受生态承载力的限制。人类的经济活动必须在一定的空间内进行，并依赖生态资源的供给，人类社会的经济发展建立在自然生态系统的基础上，受生态系统的制约。自然生态系统不仅为生态旅游经济提供了必备的资源和对象，也提供了生态旅游活动的区域和场所。如果假定生态旅游经济对自然生态系统的提取量和投入量分别为 M 和 S，自然生态系统中的生物生长量和环境更新量分别为 G 和 V，并且 G、V 一定，根据新经济学发展观的理念，必须保证 $M \leqslant S+G$（V），即在生态旅游经济复合系统内，除了要通过发挥生态旅游资源的价值优势，实现人力、物力、财力和数量上的合理配置，控制经济活动的度，使生态旅游产业部门的生产规模达到最优外，还要注意生态恢复、保护、投入、建设，维持生态资本的非减性和再生性，使生态旅游经济规模不超过生物生长限制阈和环境容量限制阈。如果 $M > S+G$（V），则说明生态旅游经济活动的规模超过了环境容量限制阈和生物生长限制阈，导致生态问题的产生。

根据李仲广博士的理论，在生态旅游经济的发展实践中，可以用生态承载力

---

① 刘思华教授在《新时代·新经济·新经济学》（2001）一文中提出了新经济学的说法，认为新的产业革命与生态经济革命，使现代产业结构与经济结构及其社会经济关系发生了巨大的、深刻的变革，必然带来传统经济学的变革与新兴经济学的发展。它突出表现为不仅是信息经济学、环境经济学、生态经济学、资源经济学等综合性学科得到进一步的完善与发展，而且还主要是对 1980 年代提出的可持续发展和可持续发展经济问题的深入研究和对知识经济与新经济问题的认真探讨，从而在 20 世纪末期产生了可持续发展经济学和知识经济学乃至网络经济学这类体现新经济时代的新经济学科。它们是新经济时代的新经济学的必然的理论表现，标志着旧经济时代的传统经济学正在向新经济时代的新经济学的根本转变，使新兴、边缘、交叉经济学科进入了一个新的发展阶段。21 世纪新经济发展的伟大实践，将为知识经济理论和可持续发展经济理论不断完善与发展提供充足的源泉和最强大的动力，使知识经济学和可持续发展经济学有着更加广阔的发展前景。尤其使可持续发展经济学作为知识经济条件下生态与经济协调可持续发展的理论表现，将成为新经济时代的新经济学的范畴，逐渐成长为新经济学的主流经济学科之一。

（TECC）来描述生态旅游经济的供给量，生态承载量（TECQ）来描述生态旅游经济的需求量，生态承载负荷度（TECR）描述承载力的利用状况或承载力与承载量之间是否达到平衡。

$$TECR=TECQ/TECC$$

当 TECR＞1 时，自然生态系统超负荷承载；当 TECR＜1 时，自然生态系统低负荷承载；当 TECR=1 时，自然生态系统承载处于平衡状态。

实际上，生态承载力（TECC）和生态承载量（TECQ）都并非是固定不变的量，在短期内，可以通过控制和调节生态承载量（TECQ）达到生态旅游经济的供需平衡；从长期看，对于自然生态系统的建设和保护可以在一定程度上扩大生态系统的承载力，可以通过对生态承载力（TECC）的调节实现生态系统对经济系统的承载。

如图 3-3 所示，横轴代表时间，纵轴代表生态旅游经济复合系统的供给与需求，以 TECC 和 TECQ 来反映生态旅游经济的发展规模。如果放任经济系统中生态旅游需求的增加，而生态系统的供给在一定时期内是有限的，一旦超过 *E* 点，就会导致生态系统的退化和衰亡，因此，必须控制和调节 TECQ 的数量，将生态旅游经济的规模限制在合理的范围内。

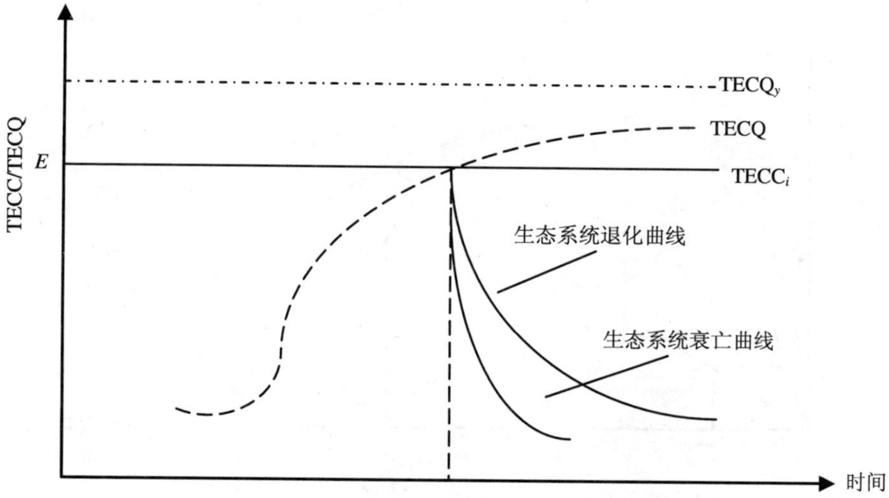

图 3-3　生态旅游经济规模的生态限制

资料来源：李仲广：《旅游经济学：模型与方法》，中国旅游出版社，2006 年，第 218 页，有修改。

（2）新经济学发展观强调经济发展必须控制生态成本。生态旅游经济的发展成本不仅包括传统经济学所认可的资本、劳动和技术等，还应将生态成本考虑在内，才能真正反映生态旅游经济发展的真实状态。

如图 3-4 所示，*TR* 为生态旅游经济活动的收益，*TC* 为不考虑生态代价的生态旅游供给成本，*TC′*为考虑生态代价的生态旅游供给成本，假定用旅游人数来代表和反映生态旅游发展的经济指标。如果不考虑生态代价，则在 E^d 以前，$TR>TC$，生态旅游经济能够获得净收益；根据 *TR* 曲线，在 E^*点，净收益达到最大，而根据考虑生态成本的 *TC′*曲线，此时的 $TC'>TR$，不仅没有净收益，反而出现亏损，说明虽然生态旅游经济系统的运行还在进行，但却是以生态损坏为代价的，是得不偿失的发展。只有在 E^e 点以前，$TR>TC'$，此时不仅经济活动是可行的，生态上也是可持续的。在 E^e 这一点上，$TR=TC'$，边际收益等于边际成本，超过这一点，追加的成本将超过追加的收益，所以是经济和生态上都达到饱和的经济开发量，超过这一点，经济收益的获取将是以牺牲生态为代价获得的，是不可持续的生态旅游经济开发。因此，E^e 可视为生态旅游经济活动的临界点，除此以外，从 E^e 到 E_A 的各点都可以认为是不计生态成本的过度经济开发。

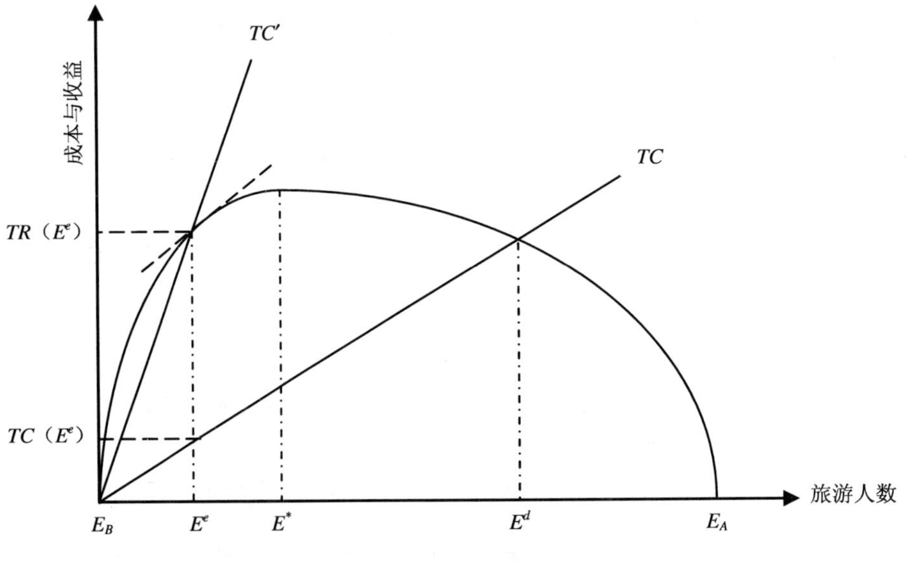

图 3-4　考虑生态成本的生态旅游经济发展

资料来源：李仲广：《旅游经济学：模型与方法》，中国旅游出版社，2006 年，第 205 页，有修改。

3.3.2.2 新经济学发展观修正自然生态与人类社会的关系

罗马俱乐部创始人贝切伊认为，在今天思考全球性的“困境”或“危机”时，人们往往不重视人与自然关系的地位与作用，而把经济因素放在最优先的考察地位是不恰当的。生态旅游经济所面临的生态危机，从根本上是源自人与自然的冲突关系。

（1）新经济学发展观兼顾人类的经济理性和生态理性。新经济学发展观不再局限于从经济理性的角度来定义人，而是结合生态视角赋予人以根本的生态理性。生态理性是“人基于对自然环境的认识和自身生产活动所产生的生态效果对比，意识到人的活动应有一个生态边界并加以自我约束，从而避免生态崩溃危及人自身的生存和发展，它的目标是要建立一个人们在其中生活得更好而劳动和消费更少的社会，动机是生态保护、追求生态利益的最大化。……健全的生态理性要求人们在劳动中寻求快乐和满足，注重提高生活质量，不仅要有物质生活，而且要注重精神生活，学会从创造性的非异化劳动中获得幸福，从而保证经济理性与生态理性的内在统一”①。

新经济学发展观通过生态理性与经济理性的结合，将人还原成为具有生态理性和经济理性的社会生态经济人。社会生态经济人的假定具有历史和现实的合理性，它反映了人类不断提升自我，走向全面发展的过程，传统工业文明造就了经济人和社会人，先进的生态文明则塑造了三位一体的社会生态经济人，这是历史发展的必然趋势，也是人性的提升和回归。

因此，生态旅游经济建设必须重视对经济风险的回避，但是不能为了经济安全而无视生态安全和社会安全。生态旅游提供者追求更多经济利益的偏好无可厚非，但是，这必须在促进个人与社会、微观和宏观的经济利益、社会利益和生态利益相统一与最优化的过程中，保证当代人的福利增加并不使后代人福利减少的代际公平中获得实现。生态旅游者不是孤立的经济个体，而是经济人、社会人和生态人的有机整体，只有这种有机体健康运行与可持续发展，才能保证当代人的福利增加并在不使后代人福利减少的代际公平中获得实现。

（2）新经济学发展观兼顾人类需求和生态供给。如果人类无限制地放纵自己的需求和愿望，过度追求物质享受而盲目无度地开发，超越生态环境承载力的极限或生态安全的阈值，使自然生态系统无法提供持续有效的供给，最终必然还是会威胁到人类最基本的生存需求。人类的需求不是无止境的，必须保持在自然生态系统所允许的范围内，这是满足人类需求最根本的生态法则。在以前许多研究人类需求的理论中，都只是研究了在社会经济系统中人类需求的产生和发展，低级与高级的表现形式，却没有考虑到生态因素对人类需求的限制作用。

---

① 吴宁：《高兹的生态学马克思主义》，马克思主义研究，2006 年第 8 期。

发展生态旅游经济最根本的目的是要实现人的全面发展，包括物质、精神和生态的全面发展。因此，生态旅游经济满足人类不同层次的需求时都要考虑生态系统的极限和承载能力，在自然生态系统可接受的范围内合理地配置资源，提高利用效率，降低生态成本，使生态旅游经济活动的净收益最大化，不能采取毁灭生态价值的方式来满足人类的经济需求。

3.3.3 两种发展观下生态旅游经济发展模式的比较

3.3.3.1 对于生态和经济关系的认识

传统经济学发展观在生态经济系统中把自然生态与旅游经济的关系还原为经济与经济的关系，即经济发展关系，把追求生态旅游经济高速增长和经济利益最大化置于至高无上的绝对优先地位，而无视甚至大肆掠夺自然的生态利益，导致生态与经济的对立，形成一种以社会对生态资本的无节制掠夺与消耗的生产方式，使生态旅游经济走进生态不可持续发展的死胡同。

如图 3-5 所示，*A* 代表经济发展曲线，*B* 代表生态演变曲线，在 *R* 点以前，生态环境能够承受经济发展的压力，但过了该点后，必须受到生态环境的制约，否则，就会造成与生态的背离和对立。

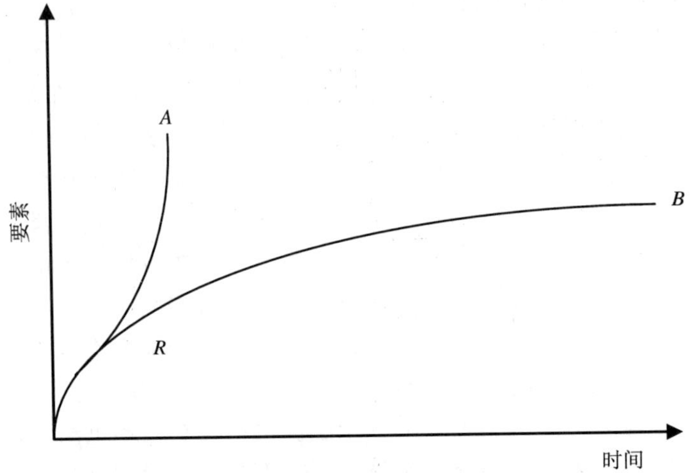

图 3-5　经济增长无限和生态要素有限模型

资料来源：盖志毅：《草原生态经济系统可持续发展研究》，北京林业大学博士论文，2005 年 6 月，第 23 页。

新经济学发展观在生态经济系统中把自然生态与旅游经济的关系还原为生态

与经济的关系，阐明生态旅游经济的发展不能以牺牲生态环境为代价，也不能超越生态旅游区资源环境承载力，要求生态旅游经济活动与发展必须限制在资源环境系统的生态允许度内，只有这样才能保证生态旅游经济发展的可持续性。人类生态旅游开发活动和发展行为对生态旅游资源的开发和利用强度不能超过生态系统的再生能力，不排放污染或排放量在生态系统的自净能力范围内。

3.3.3.2 对于人与自然关系的认识

乔万纳·里科韦里在《资本主义、自然和社会主义》一书中指出生态危机的主要历史根源是"资本与自然之间的致命冲突"，"人也是自然的一部分，所以，对自然的剥夺也是一部分人对另一部分人的剥夺；环境恶化也是人类关系的恶化"。

在人、社会和自然有机统一体中，"传统经济学发展观把人与自然的关系还原为人与人的关系，即社会经济发展关系"，以人的经济利益与物质需要作为生态旅游经济实践的出发点和落脚点，将实现人的需要与利益，作为生态旅游经济实践的"唯一的、终极的目的与价值尺度"，否认自然的利益与需要也是社会经济实践的终极目的与价值尺度，导致人与自然的对立，形成一种以人类对自然物质无限商品化转换为目标的生存方式与发展模式"，使生态旅游经济走上了一条以牺牲生态环境为代价来满足人的需要和实现人的利益的不可持续发展道路。

在人、社会和自然有机统一体中，新经济学发展观重新认识人与自然的关系，"在人与自然的关系上，人既不是上帝创造的大自然的监护人，也不是精美造物（机器）的赞美者和鉴赏者；人与自然并非两个彼此分立、外在的存在序列①"。生态旅游经济的发展不是建立在对自然生态的疯狂掠夺和任意盘剥的基础之上，外在的经济行为要与内在的生态规律相适应，"只要人不能成功地同自然重新和解，恢复与自然的协调，那就不可能妥善地解决其他任何问题②"。

3.3.3.3 不同发展模式导致的不同结果

在不同发展观的指导下，生态旅游经济的发展，生态经济系统的演进会面临着不同的前景。如图 3-6 所示，生态旅游经济既有可能导入可持续发展的良性轨道，实现生态、经济和社会的协调发展；也有可能使生态旅游经济陷入停滞或走向灭亡，即使技术进步和制度创新能在一定程度上延缓生态旅游经济衰亡的命运，但是，从长远来看，生态危机的出现和加剧必然导致经济危机和社会危机的产生，也使整个生态旅游经济的发展陷入无可挽救的危机之中。造成不同结果的根本原

---

① 高中华：《环境问题抉择论》，社会科学文献出版社，2004 年，第 219 页。

② 高中华：《环境问题抉择论》，社会科学文献出版社，2004 年，第 228 页。

因便是由于新旧发展观的不同理念所引起的。

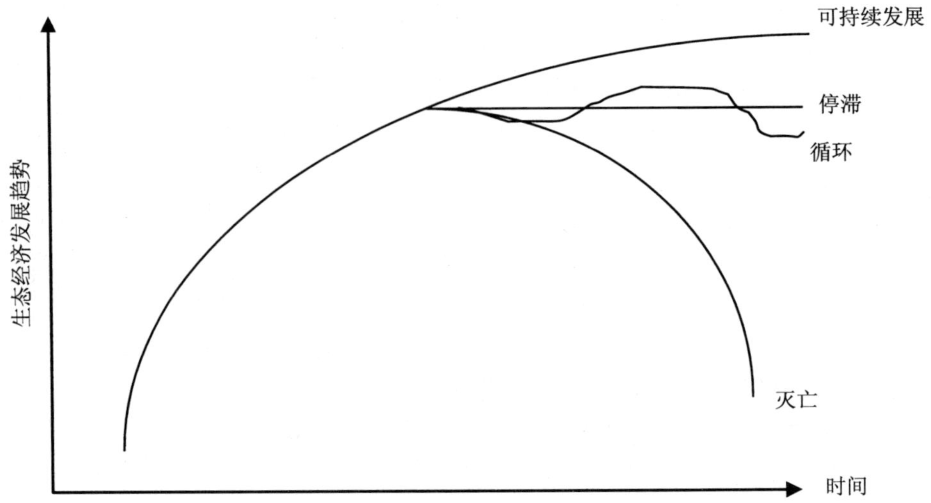

图 3-6 生态经济系统的演进模式

资料来源：盖志毅：《草原生态经济系统可持续发展研究》，北京林业大学博士论文，2005 年 6 月，第 24 页。

（1）传统经济学发展观必然导致生态旅游经济关系失调的生态危机。耿建新（2006）在福斯特所著的《生态危机与资本主义》一书的中译本后记中指出，传统经济学认为其所奉行的“市场经济原则对经济行为的诠解如此精辟，对资源的配置的决定如此有效，以至于经济学家甚至政策决策者早已把它当成不言自明的真理，任由亚当・斯密所说的‘看不见的手’不断催化和指引人类对物质繁荣的执著追求”“资本主义的传统经济学，其视角的偏颇比如造成社会与经济发展的许多误区”“由于传统经济理论忽略了自然因素和生态环境的特殊性，长期经济规划也注定成为短期行为。经济学家对长期经济均衡发展的关注也只能聚焦在资本、人口和技术上，而生态环境仅仅作为限制因素加以考虑”。阿尔・戈尔也对传统经济学提出这样的质疑：“经济学虽然赋予我们崭新的力量，它却扭曲了我们和世界的关系”……“我们的经济学无法看到，更无法衡量我们世界主要部分的全部价值”……“很多我们没有看到的经济学问题加速了环境恶化。许多畅销的经济理论书籍甚至没有提及诸如污染或自然资源匮乏等经济决策上的基本问题。虽然许多微观经济学家在特定的前提条件下已经研究过这些问题，它们在总体上没有融入经济理论之中”。

建立在理性经济人行为假设基础上的生态旅游经济的增长和发展，正是造成生态旅游经济不可持续发展以致产生生态危机的经济根源。所以，我们看到的现实是：生态旅游经济各利益主体的“个体理性”往往忽略许多重要因素，尤其是生态因素没有被考虑在内。对于生态旅游资源这样的“公共物品”的使用，在理性经济人的成本核算中这些自然生态资源几乎全是免费的，于是将生态旅游资源视为“取之不尽、用之不竭”的市场风气造成了资源的滥用、浪费甚至是破坏。“在经济核算缺乏自然因素的情况下，决策者追求经济增长的行为就会有悖于自然资源的合理使用和生态环境的有力保护”。一些破坏人—地和谐关系的行为在生态旅游经济核算中“被粉饰为有功之举，其原因仅仅是因为它们增加了经济总量。这种不计生态与环境后果的发展模式既是资本主义经济发展模式的痼疾，也是导致全球生态危机的罪魁”（耿建新，2006）。

“个体理性”将不可避免地带来“集体非理性”，生态环境在这种体制下不断恶化，旅游资源在这种重压下日益枯竭，“公地悲剧”在生态旅游区屡屡上演。正如耿建新所指出的，“面对如此残忍肆意的破坏，资本主义经济学仅仅用‘外部性’的托词轻描淡写地进行开脱，在公共资源配置上的低效率也只是将‘市场失灵’作为虚弱无力的借口。由于缺乏对生态环境和自然资源的应有尊重，传统经济学正在不知不觉地将人类引领到自然的对立面，为自身的灭亡挖掘着坟墓”。

（2）新经济学发展观是协调生态旅游经济关系缓解生态危机的必然选择。生态旅游经济的发展是建立在自然生态系统的基础之上的，它实质是自然生态系统和社会经济系统融合而成的“自然生态-经济社会”复合系统，必须与生态环境相适应、相协调，这是生态旅游经济系统良性运转的基本规律。生产生态旅游产品，提供生态旅游服务，创造生态财富，实现人与自然的全面解放和发展，是生态旅游经济发展的基本任务和最终目标。刘思华教授提出和确立的“生态内因论”，使得生态内生化的生态旅游经济增长模式成为可能，把优良的自然风光生态和特有的社会文化生态作为生态旅游经济再生产过程中的必要组成部分，将生态创新视为生态旅游经济复合系统运行与发展的内在因素，要求生态旅游经济的发展要尊重自然生态的极限，生态旅游经济的发展速度要严格限制在生态旅游资源和生态环境的承载力之内。

生态旅游经济行为主体追求更多经济利益的偏好，仍然是现代经济生活的一个基本事实，但这必须在促进个人与社会、微观和宏观的经济利益、社会利益和生态利益相统一与最优化的过程中，保证当代人的福利增加并不使后代人福利减少的代际公平中获得实现。因此，刘思华教授关于“社会生态经济人”的基本假设认同人在生态旅游经济这个生态-经济-社会复合系统中是集多种生态、经济和社会关系于一身的，既是个体人同时又是多种生态、经济、社会关系主体，人在经济系统中是经济关系主体，在社会系统中是社会关系主体，在生态系统中是生态关系主体，只有将生态旅游经济复合系统中的自然生态关系和社会经济关系有机结合并统一起来，尊重经济法则、技术作用、自然规律和生态价值，才能实现人这个有机体的健康运行与可持续发展，才能实现生态旅游经济的健康运行与可持续发展。

第 4 章

生态旅游经济关系的多重辨析

人与自然之间的紧张对立关系，人与人之间的冷漠怀疑关系，人与自身之间的背离关系，使得生态危机、人态危机、心态危机不断显现且渐趋恶化，虽然在物态方面获得了极大的繁荣和增长，却始终无法掩盖隐藏在此背后的人与自然、生态和自身关系失衡的苍白。生态旅游经济发展中逐渐显现的生态危机已经暴露出这样的问题：在生态旅游经济复合系统中，不仅人与自然的关系对立，人与人的关系失衡，而且自然生态关系与社会经济关系也发生割裂和背离，因此，当人类迈入以知识经济和生态经济为特征的新经济时代，人类必须对以往处理人与自然、人与自身、人与人关系的发展观念、经济理论和管理实践都开始进行反思，使扭曲的生态经济关系回归理想状态。

4.1 生态旅游经济中的自然生态关系

人类要摆脱生态危机，首先要寻求人与自然之间的和谐关系，人的需要和利益的满足必须建立在充分尊重自然规律的基础之上，不以损害自然生态为前提，尽量维持自然资源和生态环境的非减性。人与自然的和谐，是实现人与自身、人与人协调关系的基础条件。

4.1.1 生态旅游提供者与自然的关系

生态旅游提供者包括生态旅游景区和生态旅游开发经营者，生态旅游景区包括国家公园、自然保护区、森林公园等，按照国际通行的做法，国家公园、自然保护区视为保护生态和生物多样性的科研基地以及公众教育和生态旅游基地，拒绝商业运作，不以赢利为目的。生态旅游开发经营者指生态旅游投资开发商、经营生态旅游线路的旅行社、提供生态食宿、交通和服务设施的相关企业等，它们都是市场化程度很高的经济利益主体。不论生态旅游提供者的商业化和市场化程度如何，都必须严格按照生态旅游的原则和宗旨来开发经营和管理生态旅游产品。

4.1.1.1 生态旅游提供者是自然生态的开发利用者和保护者

（1）生态旅游提供者经济利益的获取依靠对自然生态的保护和改善。在社会生产和经济发展中的社会分工与协作都存在着自然基础，不同的自然基础形成不同的生态经济结构。生态旅游经济以相对原始、未受打扰的自然生态系统为基础（包括“天人合一”的人文生态系统），生态旅游提供者所取得的经济效益，在很大程度上得益于良好的生态环境和独特的旅游资源始终“提供剩余劳动的可能性”，从而“提供剩余价值或剩余产品的可能性”，可以说，生态旅游经济的发生、发展和壮大，是离不开相应的自然生态基础的。和大众旅游的自然生态基础相比，生态旅游所依托的是品味级别更高，同时也更加脆弱敏感的生态旅游资源，它们为生态旅游提供者提供了更多的剩余价值量，使投入的资本和劳动具有更高的效率和生产率，理应得到更为妥善的保护。

（2）生态旅游提供者的经济利益必须考虑生态成本。无论是景区还是开发经营者，都需要一定的经济利益来支撑其将来的发展，并为生态保护和环境改善提供资金来源。因此，生态旅游提供者应该努力提高对生态旅游资源的利用效率，减少使用成本，增大收益。但是，生态旅游经济系统的运转毕竟是建立在生态系统的基础之上的，因此在衡量生态旅游提供者的成本和收益的时候，应该将生态成本和环境代价考虑在内，这样才能真实反映生态旅游提供者的赢利情况，否则，不惜以牺牲生态环境的做法来换取经济指标的增长，不惜以将来后代所应得的资源环境利益来换取眼前的经济发展，就是构成目前所面临的生态危机的深刻根源。

4.1.1.2 自然生态是生态旅游提供者发展的自然基础和现实约束

（1）生态旅游资源的价值为生态旅游提供者提供了经济前提。自然也具有存在和发展的权利，过去科学技术的运用大都集中在怎样尽可能地利用自然和征服自然上，现在则应该注意发展对自然的保护和改善有益的技术。对于和自然联系紧密的生态旅游提供者而言，尊重自然的价值，在价值导向中引入自然价值维度显得十分必要。在尊重自然价值的基础上，生态旅游提供者才有可能成为生态和谐的受益者，从对生态环境和旅游资源的保护和投入中获得经济回报。

（2）生态旅游提供者的经济发展必须在生态的承受范围之内。自然生态虽然为生态旅游提供者奠定了物质财富基础，同时又给生态旅游提供者的逐利行为套上了“紧箍咒”，如果生态旅游提供者无视这一限制的存在，就会使自然生态因不堪重负而陷入生态危机。许多生态旅游景区为此纷纷采取了限制游客人数的措施，根据景区的生态承载力来确定合理的游客数，使景区的接待规模控制在生态系统可以接受的范围之内。

为了保护生态环境，中国首个湿地公园——广东肇庆星湖湿地公园规定从 2005 年 6 月 10 日起，每天进入星湖湿地公园的游客必须被限制在 2 000 人以内。神农架国家级自然保护区也提出要将日接待游客人数限制在 1 万人以内、年接待游客人数限制在 100 万人以内。

4.1.2 生态旅游社区与自然的关系

4.1.2.1 生态旅游社区是自然生态的有机组成部分

生态旅游社区是“活的自然”和“人化的自然”，他们在长期生产和生活实践中所形成的传统文化和民俗风情对外来的生态旅游者具有极大的吸引力，是生态旅游资源的有机构成部分，社区居民与当地自然历史和文化资源关系最为密切，他们真正了解和懂得本地自然生态的价值所在，如果没有生态旅游社区，生态旅游的发展就会面临着“空心化”的局面，丽江古城迁出原住民的举动饱受诟病，从另一个方面说明社区的文化生态与生态旅游景区的自然生态相得益彰，两者之间息息相关。

同时，自然生态是生态旅游社区生存、生活和生产的基础，社区居民依靠自然生态从事相对原始的生产，维持温饱。生态环境的保护不能完全依靠生态旅游者和提供者的自律，以及管理部门的强制措施，还必须调动社区居民对生态保护的积极性，使他们成为当地自然生态的自觉保护者，当然这必须建立在社区从生态旅游经济发展中获利的基础之上，否则，社区居民为求生存，还是会沿袭以往放牧、砍伐、打猎、农作等传统资源利用方式，造成对自然生态的破坏，再加上社区居民往往受教育程度有限，生态保护的意识薄弱，难免在处理与自然的关系时误入歧途，使居民与自然的关系处于对立状态，也危害了生态旅游经济发展的物质基础。

4.1.2.2 社区与生态的和谐关系有赖于经济利益关系的合理化

我国重要的生态功能区与贫困地区往往高度重叠，自然保护区的设立和天然林保护工程的实施，使当地原始的自然资源利用形式受到了限制，周边社区居民的生活需求和自然保护区之间矛盾突出，保护区受到了盗伐、偷猎、挖药、放牧等人为的破坏，给包括大熊猫等珍稀动植物在内的保护工作造成了巨大的压力。

在现代社会经济条件下，生态关系的变化与发展，主要是由经济关系引起的。自然保护的需要会使社区失去部分经济发展的机会，但是社区却得不到应有的补偿，也缺乏有效的替代发展途径，参与机制的不健全使社区往往被排斥在利益分配之外。生态环境和生态旅游资源的保护本来是所有人共同的责任，但是在实践中受到强制性约束的却往往是社区，一方面是正当权益的缺失，另一方面是沉重的生态负担和道德负担，社区居民在社会经济系统中的弱势地位导致了其与其他关系主体的利益失衡，反映在自然生态系统便形成了社区与自然之间扭曲的自然生态关系。

吴伟光等（2005）对天目山自然保护区进行了调查，由于自然保护区各主要相关利益者的需求取向不同，在生态保护与经济发展目标之间自然也就产生了冲突，不同相关利益者，由于自身价值取向或生计方式的差异，对保护与发展的态度大不相同，调查结果如表 4-1 所示：

表 4-1　自然保护区主要利益相关者对保护与发展的态度

相关利益者的态度	生态保护重要		经济发展重要		同等重要	
	人数	比例/%	人数	比例/%	人数	比例/%
自然保护区管理者	3	60	0	0	2	40
西天目乡政府	0	0	3	60	2	40
周边社区居民合计	10	25	16	60	14	35
农林业收入为主	0	0	10	67	5	33
非农林业收入为主	6	40	3	20	6	40
村中 60 岁以上老年人	4	40	3	30	3	30

资料来源：吴伟光等：《自然保护区相关利益者分析及其冲突管理》，林业经济问题，2005 年第 10 期。

调查结果显示，社区中相当多的居民对发展经济的需求超过了对保护生态的要求，社区与自然生态间的紧密关系表现得并不明显。社区居民之所以对自然生态的态度冷漠，往往是因为在生态旅游经济系统中，他们的利益尤其是经济利益没有得到体现，与投资开发者所获得的经济收益相比，社区的所得实在是微不足道。因此，在处理社区与自然生态的关系问题上，要遏制生态旅游经济的生产过程采取消耗环境质量、掠夺性开发生态旅游资源以及无节制的经营行为来谋取经济利益的做法，防止其将生态损失和成本转嫁给社区的行为，调节社区和其他主体的关系，实现利益的合理分配。通过对社区生态经济利益的保证使社区居民在生活改善和文明进步的过程中感受到保护生态的重要性，从而密切社区与自然生态之间的天然联系。

国际上发展生态旅游的成功经验表明：生态环境要真正得到保护，单靠环保部门、旅游部门甚至旅游者都是难以奏效的。真正的环境保护者应该是当地居民和社区，应使他们成为当地环境的自觉保护者和管理者。肯尼亚安波沙提国家公园①和马赛马拉保护区②在生态旅游经济建设中，正是依靠积极的社区参与转变了社区居民利用自然生态的方式，使社区居民与自然的关系得到了极大的改善，并在和谐的人地关系基础之上促进生态旅游经济的可持续发展。

4.1.3 生态旅游者与自然的关系

自然生态是生态旅游者的欣赏客体和承载基础，生态旅游资源的自然风光和人文价值是吸引生态旅游者的原动力，生态旅游者和自然生态存在相辅相成、互相促进的关系，绝大部分生态旅游者的动机是为了欣赏和体验优美原始、保存良好的自然生态，体现了生态旅游者要求回归自然，实现"天人合一"的心理导向，受人类活动影响较小，相对未受打扰的生态旅游景区往往最受生态旅游者的青睐。生态旅游者通过生态旅游活动除了游览观光之外，还能增加对于所赖以生存的生态环境的了解和认识，达到热爱自然、保护自然、增加人类可

① 1960 年代后，随着安波沙提划设成为国家公园，矛盾进一步激化。肯尼亚总统于 1971 年宣布中央政府拥有安波沙提的管辖权，迫使马赛人迁出此区域并另觅水源。这种来自中央的强硬措施激怒了马赛人，他们大肆猎杀草原上的犀牛、狮子、印度豹、大象等进行抗议；他们清楚地表达自救意识：要是中央政府要强行占取该土地，马赛人就要让生存其上的动物消失，使其丧失作为一个国家公园的资格。后经多方协调，结果是，安波沙提顺利成为国家公园，政府则以下列承诺回报马赛人的让步：政府须在邻近湖泊兴建取水和引水设施，将水送至马赛人的土地；中央政府须将部分门票收入用于国家公园的管理与发展上；政府须聘用当地居民从事园区管理工作，增加就业机会；马赛自治团体对其他剩余土地保留拥有权；在世界银行所援助的 3 750 万美元计划中，应提出 600 万美元用于安波沙提国家公园。如此，当地村落的基础建设得以推动，学校、医疗站和村民活动中心就建在公园边上，国家公园周边以及区内的道路状况得到改善。为了报偿当地民众在禁猎野生动物方面所达成的共识，接替肯尼亚野生生物署首任主席理查·利基的大卫·魏诗登一开始就回馈当地居民 27 万美元，从此马赛人觉得拥有这些野生动物是很棒的一件事，因为他们是高经济收益的象征。从此马赛人开始自觉致力保护野生动物。

② 马赛马拉保护区是肯尼亚最受欢迎的旅游景点，经过 10 多年的发展，它取得了显著成绩，尤其在保护活动与当地居民参与的结合上十分成功。许多居住在保护区内的马赛人被吸收为旅游发展协会的成员，通过参与，民众渐渐都能接受新的土地和资源利用方式。1977 年政府颁布禁猎令，传统的马赛族人无法再靠贩卖猎物维持生计，此时恰好生态旅游兴起，生态旅游带来的可观收入足以弥补他们的损失，而且这种收入比以往更丰厚，也比较稳定，还减少了风险。地方议会也很慷慨，每年都拿出一定比例的收入回馈当地居民，支持许多当地部落的发展计划，如兴建医疗服务站、学校、供水设备、改善牲畜蓄养设施以及道路的修建等。伴随着生态旅游带来的丰厚收益，许多旅游业者和土地拥有者对发展以观赏野生动物为主的生态旅游事业兴致勃勃，而且对保护工作抱有积极的态度。居民也不愿再冒险去打猎，所以偷猎的情形有非常大的改善。正如一位协会管理人员所说的："在短短的几年内就明显看到当地民众态度的转变，现在他们视野生动物为重要的经济资源，不仅不会去伤害它们，还会尽力去保护它们；年轻的下一代更容易接受此观念"。当肯尼亚境内其他地区的犀牛和大象数量锐减时，马赛马拉保护区内的犀牛和大象族群数量却能稳定增加，1990 年时在马赛马拉区域只记录到 5 头大象的死亡，其中还有 3 头是自然死亡的；仅有 1 头犀牛死亡，而且还是 6 年来的首次记录。

持续发展意识的效果①。

生态旅游环境的承载力决定了生态旅游者的规模要限制在合理范围内，为了满足生态旅游者的需求，生态旅游景区必须提供住宿区、游客中心和其他服务设施，许多与生态旅游相关的活动，如远足、露营、野外参观、漂流、潜水、骑马等也会对保护区内的各种生态资源产生影响。虽然旅游者对资源的影响通常只是在景区内相对较小的一部分区域，但即便如此，也可能会损害珍贵稀有物种，破坏敏感资源甚至威胁整个生态系统。游客对资源也会造成超出本自然保护区界限的间接影响，自然保护区的生态要素均是相互关联、相互依存和相互制约的，都是按照生态学的规律在进行着物质循环和能量转换，其中一个因素发生变化，就会引起系统内其他因素产生连锁反应。当生态系统的自动调节能力超过其限度时，生态系统就会失去平衡②。

生态旅游者是具备一定文化素养和较强生态伦理的旅游者，生态旅游资源的脆弱性要求生态旅游者严格约束自身的旅游行为。他们是自然生态的体验者、参与者和爱护者，生态旅游者通过生态旅游活动获得对自然生态和文化生态的体验，放松身心，回归自然，并自觉履行保护生态环境的义务，求得人的发展；生态旅游者是负责任的旅游者，要尽量避免自身的活动给自然生态带来负面影响。

4.1.4 生态旅游管理者与自然的关系

生态旅游管理者要有强烈的生态保护意识，约束生态旅游经济各微观主体的行为，维护生态旅游市场的正常秩序，制止开发经营中破坏生态的行为，制定有利于生态旅游发展的政策，加大对生态旅游建设的投入，尤其是有利于生态环境改善和旅游资源保护的资金投入。

生态旅游资源与生态环境的保护需要政府介入。目前，我国已制定了一些与生态旅游相关的法律法规，如《自然保护区管理条例》《森林公园管理办法》等，这些法律法规为生态旅游中的环境保护活动提供了重要保障。

以四川生态旅游经济的发展为例，据四川生态旅游网的报道，森林资源丰富的四川省变“木头财政”为“生态经济”，使森林生态旅游经济持续升温，森林生态旅游经济的发展得益于生态环境保护和环境恢复建设带来的机遇，四川在全国率先实施天然林禁伐和退耕还林，并实施了长江防护林、野生动植物保护及自然保护区建设等重点生态工程，25 年间，全省净增森林面积 0.076 亿 hm^2，森林覆

① 明庆忠等：《试论生态旅游环境与生态旅游活动》，云南师范大学学报（哲学社会科学版），2001 年第 9 期。

② 韦原莲等：《生态旅游对自然保护区的影响及游客管理对策分析》，林业资源管理，2005 年第 4 期。

盖率提高 15.68%，使全省生态面貌得到很大改善，野生动植物种和数量大幅度提高，建设长江上游生态屏障目标如期实现。通过对不同生态区进行定位监测，全省 5 万多 km^2 水土流失面积得到有效控制，每年减少土壤侵蚀量 2.53 亿 t，岷江、涪江每立方米河水含沙量分别下降 64.5%和 85%，现在森林资源在涵养水源、保育土壤、固定二氧化碳和供给氧气等方面的综合服务价值每年达到 1 332.5 亿元。目前，四川全省绿化覆盖率达 58%，森林覆盖率已经达到了 30.27%，各森林公园和自然保护区纷纷开展各具特色的生态旅游项目，如“大熊猫故乡生态游”“动物群落、天府鸟类生态游”“花卉、观赏植物、红叶、林海雪原及原始森林生态游”等，已初步形成了一批精品森林旅游区。如今，每年到四川林区旅游的游客已达 1 100 多万人次，森林旅游直接收入 19 亿元，社会综合收入达 60 多亿元。生态面貌的改善为建设生态四川、促进自然和谐奠定了坚实的基础，也加快四川生态旅游的快速发展，2006 年四川生态旅游直接收入 71.29 亿元，社会收入达 321 亿元。

四川森林生态旅游经济取得的成果表明在生态旅游管理者的调控和指导下，大量的生态投入和建设在付出成本改善生态环境、保护旅游资源的同时，也提高了生态旅游产品的品味和质量，增加了生态旅游收入，在生态旅游净收益上依然是获利的。

4.2 生态旅游经济中的社会经济关系

4.2.1 生态旅游提供者与生态旅游者的关系

生态旅游提供者与生态旅游者之间是互相促进的依存关系，生态旅游者需要借助生态旅游提供者的生产过程得以完成生态旅游活动，他们选择理想的生态旅游景区实现生态体验，借助旅行社安排合理的生态旅游行程，依靠酒店、交通等服务企业提供生态旅游服务。生态旅游提供者通过生态旅游产品和服务的供给获得生态旅游客源获取经济效益，生态旅游者是促使生态旅游产品的价值得到市场实现的重要环节，没有生态旅游者的认可，生态旅游产品的价值无法体现，生态旅游提供者也不能获得收益。

生态旅游者的旅游目的除了一般的游览休闲之外，还希望在自然环境中获得各种文化精神需求的满足，而生态旅游提供者要适应这种需求，不仅以自然和人文生态让旅游者留下难忘的生态之旅，还要在思想意识、情趣爱好、行为生活方式等方面引导、教育生态旅游者、培养他们的生态环保意识，增进他们与旅游地居民的相互尊重，平等交流，提高他们的社会责任感。

值得注意的是，这种依存关系会因为经济利益的刺激而发生变异。由于生态旅游市场的急剧扩张，生态旅游的炒作和需求扩大，市场上的生态旅游者也变得越来越不“纯粹”——他们不是仅仅满足于与大自然长时间接触，而是寻求更大范围的体验，希望有舒适的条件和消费的场所；生态旅游提供者于是随着市场期望的改变调整策略以迎合这种变化，结果生态旅游泛化现象严重，造成生态危机隐忧。

另外，生态旅游提供者出于增加经济利益的考虑也倾向于吸引更多的旅游者，却不管其是否具备真正的生态旅游者的特征，旅游者人数的增加使得自然生态系统面临着更大的压力，人满为患的生态旅游景区弱化了旅游者的生态体验，还使旅游者之间、旅游者与导游之间、旅游者和社区之间更容易发生冲突，降低了旅游者对于生态旅游的满意度。由于生态旅游提供者无法提供可持续的高质量旅游体验，旅游者的需求偏好会在时间和空间上发生转移，使生态旅游提供者的经济利益流失。

4.2.2 生态旅游提供者与生态旅游社区的关系

生态旅游提供者是生态旅游社区发展的扶持者，他们帮助生态旅游社区进行基础设施建设，通过经济支持改善社区的落后状态，还要重视社区对生态旅游经济活动的参与和分享。生态旅游社区是生态旅游提供者的社会基础，社区为生态旅游提供者的经营提供劳动力，对生态旅游提供者的经营活动有参与权，社区的支持是生态旅游企业经营得以持续的重要条件。在生态旅游提供者与社区之间，是互相支持的合作关系。

受多种因素的制约，生态旅游提供者与社区之间的合作关系与理想的状态有所偏离，有待改善。生态旅游提供者所提供的就业机会、对当地产品的购买以及资源利益是社区收益的重要途径，但是由于社区经济发展水平低下，居民文化程度有限，难以支撑现代化的市场需求，经济漏损自然发生，造成社区认为生态旅游提供者带给他们的发展机会有限，而生态旅游提供者又认为社区的能力不足，支持不够。

生态旅游提供者与社区居民的资源占有状况和经济地位极不对等，导致生态旅游提供者和社区的利益分配失衡。生态旅游社区的经济发展水平往往比较落后，他们希望从生态旅游发展中获取经济效益，生态旅游开发利用了社区居民的自然风光和人文资源，原本属于当地社区的自然资源，甚至当地人的生活方式都成了生态旅游提供者向游客兜售的商业产品，但是一旦划出自然保护区等生态旅游区，反而会对社区居民原先所从事的低级生产行为（如伐木、放牧等）有所制约，在生态旅游提供者从中受益时，当地居民却往往成为负面影响的承受者。

如果生态旅游提供者与社区居民之间的关系得不到实质性改善，这种利益冲突积累到一定程度必然给当地生态旅游经济的发展带来致命打击。所以，生态旅游提供者考虑的不能只是自身利益，还应从社区发展的角度妥善健全社区参与机制。

4.2.3 生态旅游提供者之间的关系

生态旅游提供者之间的良性竞争有助于建立良好的生态旅游市场秩序，但是一拥而上的“生态”字眼使得生态旅游市场理性缺失，生态旅游提供者们在生态旅游经济的浮华面前纷纷最大化地放大了自身的经济目标，使自己成为社会经济系统中孤立的经济个体，切断了自己与自然生态的天然联系，盲目竞争、产品趋同、低价揽客的现象在市场上时有发生，不仅损害了生态旅游者的正当权益，从长远看，对自身的发展也极为不利。

根据李仲广博士的模型①，以旅行社为例，假定某地区有 n 个旅行社，都经营到生态旅游景区 A 的旅游线路。用 t_i 表示旅行社 i 的游客数，则当地旅行社组织的总旅游人数

$$T = t_1 + t_2 + \cdots + t_i + \cdots + t_n$$

假设旅行社单位游客成本为 c，c 不随旅行社游客多少而变化。当游客总数为 T 时，旅行社从一个游客那里获得 r（T）的收益。因为，每个游客需要一定的旅游空间，假定 A 的旅游容量上限为 $T_{\max}$，当 $T>T_{\max}$ 时，r（T）>0；当 $T<T_{\max}$ 时，$r(T)=0, r'(T)<0, r''(T)<0$。

每个旅行社都会选择其带往 A 的游客数量，在理论上每个旅行社可选择的游客数量为 $[0,\infty)$，但是景区有容量限制，因此只能为 $[0,T_{\max})$，假设旅行社 i 选择的游客数量为 t_i，当其他旅行社的游客数量为 $(t_1,\cdots,t_{i-1},t_{i+1},\cdots,t_n)$ 时，旅行社 i 的游客数 t_i 带来的收益为：

$$R_i = t_i r(T) = t_i r(t_1 + \cdots + t_{i-1} + t_i + t_{i+1} + \cdots + t_n) - ct_i$$

若 $(t_1^*,\cdots,t_n^*)$ 为纳什均衡，则对于每个旅行社 i，当其他旅行社选择 $(t_1^*,\cdots,t_{i-1}^*,t_{i+1}^*,\cdots,t_n^*)$ 时，t_i^* 必须使其收益最大化。这一最优化问题的一阶条件为：

$$R_i' = r(t_i + t_{-i}^*) + t_i r'(t_i + t_{-i}^*) - c = 0$$

这里 t_{-i}^* 代表 $(t_1^*,\cdots,t_{i-1}^*,t_{i+1}^*,\cdots,t_n^*)$

① 李仲广：《旅游经济学：模型与方法》，中国旅游出版社，2006 年第 208-210 页。

将t_i^*代入，并把所有旅行社的一阶条件加总，再除以n得

$$r(T^*)+\frac{1}{n}T^*r'(T^*)-c=0$$

其中，T^*表示$t_i^*+\cdots+t_{i-1}^*+t_i^*+t_{i+1}^*+\cdots+t_n^*$，为旅行社最优游客数量。

但是，全社会的最优选择用T^{**}表示，应该满足$Tr(T)-cT$最大，$T\in[0,\infty]$

同理可得出其一阶条件为：

$$r(T^{**})+T^{**}r'(T^{**})-c=0$$

其中，T^{**}为社会最优游客数量。

比较旅行社最优游客数量T^*和社会最优游客数量T^{**}可知，$T^{**}>T^*$，也就是说，和社会最优游客数量相比，达到纳什均衡时的游客数量已经大大超标了。

$r(t_i+t_{-i}^*)+t_ir'(t_i+t_{-i}^*)-c=0$所示的一阶条件表示一个已有$t_i$个游客的旅行社再增加一个游客的边际收益，多出的一个游客的收益为$r(t_i+t_{-i}^*)$，其成本为c_0，对该旅行社已有游客的总共损害为$t_ir'(t_i+t_{-i}^*)$。这表明生态旅游资源已经被过度使用了，因为每个旅行社都只考虑自己的利益，并不管其行为给其他旅行社带来的后果，这就出现了旅行社最优中的$\frac{1}{n}T^*r'(T^*)$，而非社会最优中的$T^{**}r'(T^{**})$。

当前社会的发展目标是要建立一个人们在其中生活得更好而劳动和消费更少的社会，动机是生态保护、追求生态利益的最大化。按照“生产的更少但更好”的生态理性原则，就要减少、限制经济理性和商业交换适用的范围，并使之从属于非定量的社会文化目标以及个人的自由发展，使经济理性服务于对创造性劳动的激发，服务于人的精神生活[①]。具有生态理性的生态旅游提供者，基于对自然环境的认识和自身生产活动所产生的生态效果对比，会自觉意识到生态旅游生产经营活动应有一个生态边界并加以自我约束，从而避免自然景观的退化、环境质量的下降和生态系统的崩溃，甚至危及人自身的生存和发展。但是，经济利益的刺激膨胀了生态旅游提供者的经济理性，使得“人与人之间的关系变成金钱关系，人与自然之间的关系变成工具关系[①]”，追求利润最大化和经济效率最大化，以尽可能高的利润、最大化的效率生产尽可能大量的物品，进行最大量的销售，这是资本主义生产的根本目的和内在逻辑，也是传统经济学所认同和推崇的经济理性。这种经济理性使得单个生态旅游提供者最大化地追求生产能力的增加，并在市场

① 吴宁：《高兹的生态学马克思主义》，马克思主义研究，2006年第8期。

上千方百计扩大对于生态旅游产品的需求，造就了不成熟的生态旅游者和生态旅游市场不正常的繁荣，反过来再刺激生态旅游产品的生产，导致了同行间的激烈竞争，以及对自然生态的破坏，形成一个恶性循环。

4.2.4 生态旅游者与生态旅游社区的关系

生态旅游者与生态旅游社区之间是各取所需的和谐关系。生态旅游社区是生态旅游者了解当地文化和接受生态教育的重要渠道，生态旅游者的旅游行为对生态旅游社区的生态有多重影响，既给当地社区带来新的知识，而其生活方式和价值观又对社区文化造成冲击。

生态旅游社区对生态旅游者具有文化吸引力，生态旅游社区的文化是一个包括群体价值观，以及相关制度、行为、物质的组织系统，社区文化及其环境（自然无机物—有机物、社会经济—政治）构成了一个物质、能量、信息交换的文化生态系统[①]，需要将社会生态、文化生态和自然生态的保护结合起来。

生态旅游社区的文化具有浓厚强烈的本土特质，通过强化服务和体验要素系统，凸显体验经济价值，可以留给生态旅游者难忘的经历。其中物质性要素可以通过文化博物馆静态地以及通过生产生活活动动态地展示“本真文化”，也可以通过加工制造出售“仿制文化”；服务性要素既有本真文化内容（如家庭待客礼仪），也有“表演文化”展示（如旅馆待客礼仪）；体验要素需要参与“表演文化”活动（如参与性节庆活动、文艺活动），更需要平等沟通“本真文化”（深入当地生活、平等沟通当地居民、尊重并欣赏当地居民的生产生活方式），以求得对“本真文化”的真实体验，发展“深生态旅游”[②]，即从追求生物平等到文化平等，确保“本真文化”前提下适度商业化。

社区与生态旅游者之间的关系不是一成不变的，生态旅游经济成功的关键在于地方居民对生态旅游的态度和生态旅游机会的可得性。但是由于当地居民介入旅游的程度不同，其所获得的利益会出现较大差异。整个社区共同维护的生态环境仅使小部分人获益，其他人必然产生不满情绪，并可能会对旅游者产生排斥，甚至对资源进行破坏。当游客人数超过一定限度，对环境的负面影响过大，对当地居民正常生活造成严重干扰的时候，同样的不满也会出现[③]。

生态旅游者与社区之间的矛盾也不容忽视，生态旅游者是将异地文化带到生

---

① 刘少和、张伟强：《文化生态旅游发展中的矛盾及其克服》，思想战线，2004 年第 3 期。

② 魏小安：《旅游目的地发展实证研究》，中国旅游出版社，2002 年，第 300 页。

③ 刘雪梅、保继刚：《从利益相关者角度剖析国内外生态旅游实践的变形》，《生态学杂志》，2005 年第 3 期。

态旅游地的载体，是造成旅游地文化变异的主要因素。生态旅游者外来文化的冲击，有可能使当地居民的思想意识、价值观念发生转变，进而影响其行为习惯，最后导致某些行为特征被同化和消失，如服饰、语言、建筑以及生活习俗等的变化，传统文化被同化和扭曲，原来的文化封闭圈被打破，外来文化影响了原生的文化环境而导致文化发生变迁①。另外，社区居民若一味满足外来旅游者的需求，用“表演文化”的方式“以假乱真”，将会影响旅游者对于当地生态旅游的印象，甚至旅游者以后都不会再光顾。

因此，生态旅游者追求精神文化消费应以认识特有文化、感受特有生活方式为目的，而非带着“文化优越感”的猎奇，要尊重当地的传统文化和民俗风情，了解社区居民的价值观念，增进与他们的文化共鸣。同时社区居民要了解自身文化的精髓与价值所在，树立正确对待当地文化与旅游者外来文化之间的差异态度，客观看待外来文化而不是盲目迎合与模仿，保持本地文化的原汁原味。

4.2.5 员工与生态旅游提供者和生态旅游者的关系

4.2.5.1 员工与生态旅游提供者之间的关系

员工是企业的人力资本和能动因素，企业是促成员工身心全面发展的平台。员工是宝贵的人力资本，是使其他资源的价值得以充分体现的主观能动因素，生态旅游提供者对员工的管理不仅在于激发其潜能，还要关心员工的全面发展，包括生理和心态，包括经济利益与人格塑造。人力资本的效率实际上是与人的发展状态和水平密切相关的，只有在对人力资本的激发和培养中才能真正实现人的价值，实现人的持续发展，从而促进企业的持续发展。

生态旅游提供者应当将员工看做具有不同动机和复杂需要的有机个体，努力创造良好的人际关系和人境关系，使员工的潜能和积极性能得到最大限度的激发。此外，企业还应关心员工的身心健康，通过企业与自然和社会的和谐来塑造员工的和谐人格，使他们能将工作看做是使命而不是任务，将企业的命运与自身的发展紧紧相连，并将良好的心态和优质的服务传递给游客和外部公众，实现人与人之间的和谐。

4.2.5.2 员工与生态旅游者之间的关系

员工直接与生态旅游者接触，为生态旅游者提供服务，其服务质量直接影响旅游者的体验水平和所接受的生态教育。

生态旅游导游是生态旅游服务质量的代表，是生态旅游高品位性的实践者，

① 高红艳：《民族地区文化生态旅游与民族文化生态保护》，贵州师范大学学报，2003 年第 2 期。

作为生态旅游活动重要的科普教员，导游是实施生态旅游的关键人物，不仅负有组织整个旅游活动的任务，还要具备丰富的生态知识和强烈的环保意识，对游客进行规范、引导、教育。生态旅游者通过导游关于生态知识的精彩讲解，关于生态环境的自觉维护，关于旅游行为的主动提醒，会有效地感染旅游者，从而有意识地约束和规范自己的旅游行为，不破坏生态环境，保护大自然。

遗憾的是，在目前生态旅游经济快速发展的同时，导游的素质却显得较为低下，讲解内容缺乏知识性、专业性，在已经开展生态旅游的保护区中，只有 17.1%的保护区配有经过专业训练的导游；42.7%的保护区有导游，但他们没有受过专业训练；有 40%的保护区根本没有导游。这种解译系统不健全、低水平的状况导致了目前生态旅游区导游品位不高，知识性不够，无异于传统旅游。有的还出现知识误导，把自然生态现象任意篡改成神奇古怪的传说，甚至以格调低下的解说取悦游人[①]。

4.2.6 生态旅游管理者与其他主体的关系

4.2.6.1 生态旅游管理者与生态旅游提供者的关系

生态旅游资源丰富的地方大多经济落后，生态旅游经济的发展与生态环境的保护常常通过吸引投资商来完成。但是，在政府管理部门的生态保护目标和生态旅游提供者尤其是生态旅游投资商和开发经营者的经济目标之间不可避免地存在冲突，因此，加强两者之间的沟通与合作非常关键，政府管理部门一方面要依赖生态旅游投资商和开发经营者的人力、物力和财力来进行操作，另一方面又不能完全仰仗生态旅游投资商和开发经营者的自律行为。此外，政府管理部门还需采取适当的控制措施，以防止经济漏损给生态旅游地的收益造成损害。

4.2.6.2 生态旅游管理者与生态旅游社区的关系

社区居民在生态旅游经济的参与实践中往往处于弱势地位，当其权益无法充分实现，利益得不到尊重的时候，对政府是不信任甚至是抵触的，所以，政府部门必须加强对社区居民的教育和培训，提高他们参与生态旅游经济发展的能力和水平，保证社区参与的积极性，拓宽社区参与的渠道，完善社区参与的利益分配机制，让社区居民切实感受到生态旅游经济建设的实际好处，并自觉投身于当地自然生态和文化生态的保护，促进生态旅游经济的良性循环。但是，受历史和现实条件的限制，对社区居民的教育和生态旅游的规划管理将是一个长期而艰巨的过程，政府管理部门对此应有充分认识，更好地反映社区居民的利益要求，为生

① 佟敏等：《生态旅游与生态保护教育》，绿色中国，2005 年第 4 期。

态旅游发展决策提出有益的建议。

4.2.6.3 生态旅游管理者与生态旅游者的关系

生态旅游日渐严重的泛化现象，生态旅游经济的“非生态式”发展，生态旅游景区的盲目开发，生态旅游项目的遍地开花，不仅给地方财政背上了沉重的包袱，破坏了自然生态，而且使生态旅游者的需求无法得以真正实现。作为生态旅游管理者的政府部门，在生态旅游规划的制订和论证过程中，应该对生态旅游市场进行深入的调查和研究，着眼于探寻生态旅游者的根本需求和特征，增强生态旅游产品的吸引力和寻求生态旅游经济的可持续发展，使生态旅游者这个生态旅游经济的市场主体能够享受到真正的生态旅游产品。

4.3 生态旅游经济关系图谱及本质探讨

4.3.1 生态旅游经济关系在实践中的变形

上文分析了生态旅游经济关系的本来面貌，即自然生态关系和社会经济关系的统一，但是，在实践中表现出来的种种自然生态危机和社会经济危机都说明，和谐的生态旅游经济关系远远未能体现于生态旅游经济建设中。实际上，上文中所提到的生态危机的表现，比如生态旅游景区人满为患，生态环境保护缺乏，生态旅游管理不力，生态旅游规划盲目，社区参与严重不足等问题都可以从生态旅游经济关系的失调与变形中找到答案。

图 4-1 描述了生态旅游实践变形的利益关系根源，如图 4-1 所示，当地政府与旅游经营者功能角色错位导致旅游发展失控，政府对外来企业欠约束潜伏着经济漏损与依附，因此，必须加强政府与旅游经营者之间的沟通与合作；当地政府与社区居民在社区参与上缺乏有效的策略，社区参与在实践中变形，教育与规划管理不力导致社区参与非内涵发展；政府对生态旅游市场缺乏研究导致生态旅游地盲目开发，发展理念无法体现生态旅游者的真正需要；旅游经营者和当地居民之间的合作程度有限，经济漏损难免发生，两者利益分配失衡孕育旅游地发展危机；旅游经营者在经济利益的驱使下盲目扩大市场规模导致产品供给违背生态原则；游客数量控制与经济利益最大化的关系无法协调；生态旅游者和当地居民之间因为价值取向的不同而矛盾重重，当地居民对游客的态度随既得利益而变化。这些关系还只是对社会经济系统内的利益关系的描述，如果再加上与自然生态系统的关联，这些利益相关者之间所需要面对和处理的关系将更为复杂。

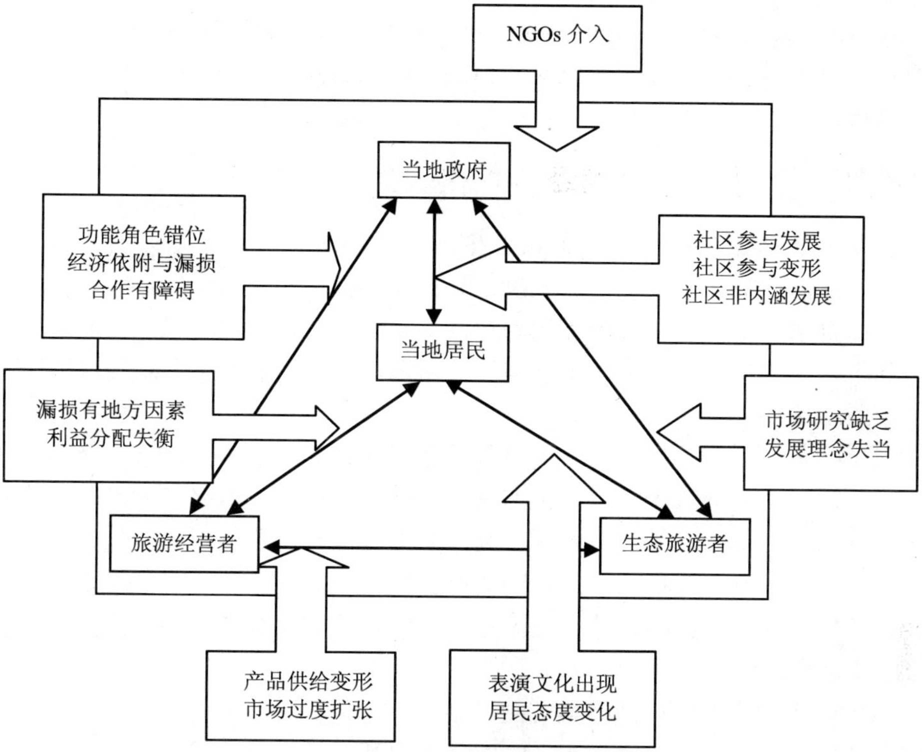

图 4-1　生态旅游实践变形的利益关系根源

资料来源：刘雪梅、保继刚：《从利益相关者角度剖析国内外生态旅游实践的变形》，生态学杂志，2005 年第 3 期。

从生态旅游企业的唯绩效论到生态旅游经济的唯 GDP 论，当绩效主义成为衡量生态旅游经济发展标准的社会共识时，一切不产生经济绩效的价值都理所当然地被边缘化甚至虚无化，大量无法精确计算的隐性成本被忽略，或者被认为是免费的、取之不尽用之不竭的资源。事实上，生态旅游经济的建设和发展在很大程度上是依赖于作为“生态服务提供商”的自然生态系统，但是由于它的价值长期被忽视、被低估、被视为是并不稀缺的资源，因此，在发展生态旅游的过程中，人类不断向自然生态系统索取，其成本被忽略不计，使得自然生态系统中的自我平衡和自我循环越来越受到阻碍，生态价值、生态品味和生态美感逐渐遭到破坏，甚至自然生态系统本身的运转也出现紊乱甚至是系统崩溃的信号，由此导致了深刻的生态危机。当人类克服了经济资源的稀缺性，才发现曾经被认为并不稀缺的生态旅游资源正在变得稀缺，而且想要克服这种稀缺性非常困难。可见，价值标准的失衡，利益关系的冲突，正在使生态旅游经济越来越多地出现不和谐的现象，突破利益关系制约的“瓶颈”，重建和谐的生态旅游经济关系，正是解决生态危机的着眼点。

4.3.2 理想状态的生态旅游经济关系图谱

变形的生态旅游经济关系代表了生态旅游经济不可持续发展的生态经济关系，在对失调的生态旅游经济关系继续修正的基础上，变革传统经济学的发展观，以生态经济学和可持续发展经济学的理论为平台，可以还原生态旅游经济关系的理想状态，即人与自然和谐、生态与经济协调、自然生态关系与社会经济关系统一的理想状态。

图 4-2 的生态旅游经济关系图谱描述了错综复杂的生态旅游经济关系，如图所示，外层的正方形代表了自然生态系统，以生态旅游提供者、旅游者、社区和政府管理部门为代表的生态旅游经济利益主体构成社会经济系统，他们与自然生态系统的自然生态关系以及自身之间的社会经济关系交织在一起，形成生态经济关系。图中虚线箭头表示自然生态关系，实线箭头表示社会经济关系，具体图示如图 4-2 所示。

从图 4-2 中我们可以清晰地看到，生态旅游提供者、社区、政府和旅游者等利益主体他们既存在于自然生态系统中，又生活于社会经济系统中；他们既与自然生态发生着开发、利用、保护、投入、储存等关系，又在社会经济系统中彼此之间发生着合作、竞争、参与、分享、互补等关系；他们既是社会经济关系的主体，也是自然生态关系的主体；交错的社会经济关系和自然生态关系形成了生态旅游经济关系，割裂其中任何一种关系，生态旅游经济关系链条都有可能断裂失衡，甚至威胁到生态旅游经济系统的正常运行。

4.3.3 生态旅游经济行为主体的本质属性：社会生态经济人

建立在理性经济人假设基础上的经济增长或经济发展，正是当今世界范围内经济不可持续发展危机的经济根源。现实的人，既是社会存在物，也是生态存在物，是自然生态属性和社会经济属性的统一。生态旅游经济复合系统的可持续发展，必须建立在社会生态经济人的假设上，促进个人与社会、微观与宏观的经济利益、社会利益和生态利益相统一与最优化，在代内公平中，切实保证当代人的福利增加并不使后代人福利减少。

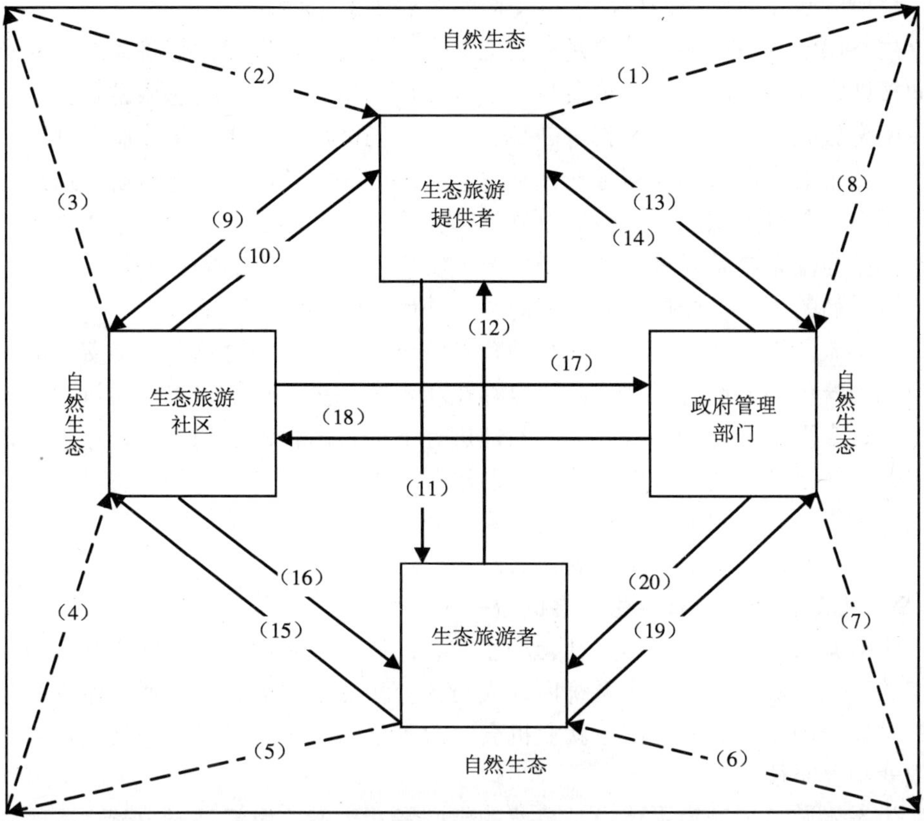

图 4-2 理想状态的生态旅游经济关系图谱

注：（1）投入资本、技术、劳动，开发利用，维护改善；（2）物质基础，自然约束；（3）有机组成，自觉保护；（4）生活基础、生存环境、天然保障；（5）欣赏、体验、保护；（6）满足生态需求和身心需求；（7）实施可持续发展理念，介入保护；（8）实现环保政绩和生态目标；（9）帮助扶持，分配利益；（10）合作参与；（11）提供满足需求的生态旅游产品；（12）服务对象，经济收入的直接来源；（13）遵守法律法规，接受发展理念；（14）法律约束、行政干预、政策引导、准入制度；（15）沟通交流，理解尊重；（16）态度友好，适度热情，自尊自信；（17）接受指导，评价政策合理性；（18）政策引导，制度保障，教育培训；（19）评价当地生态旅游发展，遵守相关规定；（20）了解生态旅游者需求，实行生态教育。

4.3.3.1 生态消费者和社会消费者的统一

生态旅游经济行为主体首先是生态意义上的消费者，需要和自然环境的无生命物质以及自然界的其他生物进行物质能量交换，获取营养和能量，保持自己同自然环境的生态循环；无论是生态旅游提供者还是社区与旅游者，都需直接从生态系统摄取必要的物质能量，维持生命的自然生态消费。

生态旅游经济行为主体也是社会意义上的消费者，即通过经济系统，向自然界间接地索取物质能量，满足自身的各种物质和精神消费。生态旅游提供者通过消费生态旅游资源加工生态旅游产品，并在市场上组织销售；生态旅游社区通过消费自然生态，提供相关服务，完善生态旅游产品的功能；生态旅游者通过消费自然生态，获得生态体验。他们以资本、技术、劳动和货币等不同形式消费自然生态，参与生态旅游经济链的各个环节，实现生态旅游产品的市场价值，通过生态旅游产品的生产、交换、分配和消费，满足各自不同的需求。

生态旅游经济行为主体的两种消费是统一的，只有通过这两种消费才能再生产自己的身体和劳动力，使生命得以存在和延续，也使包括自然生态再生产在内的整个社会再生产运动得以连续不断地进行下去。两种消费的统一，在于两者互为中介：社会经济的消费以自然生态的消费为中介，自然生态的消费又以社会经济的消费为中介。因为，两种消费互为中介，所以生态旅游经济的消费规模应该有一定的限制，不是毫无止境的。

4.3.3.2 生态生产者和社会生产者的统一

生态旅游经济行为主体是社会的生产者，通过生态旅游产品的生产调节经济系统的发展，协调社会经济系统内部人与社会相互发展的关系，通过生态旅游经济的发展增加社会财富，创造就业机会，改善生活水平，带动社会文明进步，实现改变和发展社会的目的。

生态旅游经济行为主体也是自然的生产者，生态旅游经济对自然生态的强烈依赖要求人们促进良性自然生产和健全生态条件生产，通过这种生产调节生态系统的发展，协调自然界内部和人与自然相互发展的关系，使人与自然和谐相处，通过资金投入、技术手段和制度创新来建设自然、创造自然财富，实现改变和发展自然的目的。

生态旅游经济行为主体是社会生产者和生态生产者的统一，符合自然和社会发展的规律，也是现代生态经济系统发展的、内在的、必然的要求。社会生产以生态生产为前提，也为生态生产提供必要的支持，人不仅在社会经济发展中具有主体作用，在自然生态进化中也具有主导作用，这样才能使生态生产和社会生产都保持良性循环。

生态旅游经济行为主体也是生产者和消费者的统一，人不能只以消费者自居，任意掠夺自然资源，拼命消费自然环境，生态旅游经济创造财富的能力在很大程度上受制于生态旅游资源的数量和质量，所以，在生态“瓶颈”制约日益明显的今天，生态旅游经济行为主体更要承担作为自然生产者的责任，建设自然和美化自然，使生态资本的总量不致减少。

生态旅游经济的实践已经证明，社会经济属性和自然生态属性的统一，生产者和消费者身份的统一，并不妨碍生态经济行为主体获得全面的发展，相反，还能促进生态旅游经济协调有序地运行。

庐山长期致力于环境保护事业和生态保护建设，对整个景区实行全方位的综合治理，推行生态保护战略，按照《保护世界文化和自然遗产公约》和《生物多样性公约》等国际公约要求，严格保护、统一管理、合理开发、永续利用。近几年来，庐山共拆除违章和有碍观瞻建筑 2 万多 m^2，使景区容貌大为改观。为了确保景区无污染，庐山在全景区推行以电代煤工程、以电代油工程，减少煤烟对庐山环境的污染，使庐山成为名副其实的“无烟山”。全山实行 ISO 14001 环境管理体系，兴建大型的污水处理系统，对生活污水进行严格控制和处理，防止水体和大气的污染；建立森林防火制度，组建森林防火专业队伍；保护森林资源，有效防治森林病虫害；严格禁止在景区内发生一切影响生态发展和不利于环境保护的建筑行为，在庐山风景区内建立了人与自然有机相处，和谐、协调的关系。2005 年 6 月 5 日，庐山因在生态保护方面所取得的成就和对全球生态保护事业所作的杰出贡献被评为“联合国优秀生态旅游景区”。

为保持生物资源多样性和丰富性，峨眉山严格实施退耕还林制度。根据植物的自然分布及生物学特征，建立珍稀植物特别保护区，对遗产地内以原生的稀有物种为主体的植物群落实施特别保护。此外，建立珍稀植物园、加强对野生动物栖息环境的保护、注重森林防火以及污染防治、噪声处理等措施的执行，造就了峨眉山“人与自然”的和谐统一。2005 年 9 月 25 日，峨眉山风景名胜区因景区生态保护，建设和谐景区成绩突出，被联合国评为“全球优秀生态旅游景区”。

围绕申报世界双遗产，武夷山对生态环境进行了长期不懈的保护，联合国专家指出：武夷山具有独特、稀有、绝妙的自然景观，是人类永续利用自然的突出例证。原世界旅游组织执委会主席巴尔科夫在武夷山游览后欣然题词：“未受污染的武夷山风景区是世界环境保护的典范”。生态旅游资源的保护开发，打造了武夷山国际品牌。在日内瓦举办的一次旅游论坛活动中，武夷山更是被评为中国最佳绿色生态景区。作为 1982 年国务院批准设立的首批国家重点风景名胜区之一，武夷山的碧水丹山见证并成为人类永续利用自然的突出例证。

由于对神农架林区生态环境的有效保护，林区森林已经成为当今世界保存完好的亚热带森林生态系统。良好的生态极大地推动了当地旅游经济发展，2009 年全区接待游客 166.4 万人次，其中境外游客 5.5 万人次，实现旅游经济 5.5 亿元。

这些实例说明，人与自然的和谐，生态与经济的协调，不仅有赖于生态经济行为主体的社会经济生产，还要借助于生态经济行为主体的自然生态生产，这两种生产行为是相互促进的。

4.3.3.3 自然的调控者与共同进化者的统一

在改变自然界的实践活动中，人无论是作为自然存在物还是社会存在物，都不是单纯的、被动的消费者，而是对自然生态的建设和调控具有能动性。人对自然的“合理调节”与“共同控制”，目的是克服与防止人与自然的异化关系，克服与防止自然的异化，达到有效保护、全面建设自然、使其与自然界保持和谐统一，实现共同生息与共同进化，实现人与自然公平的互奉关系和平等的伙伴关系。

人作为生态经济复合系统的组织者和受托管理人，与自然界是共存共荣的伙伴，通过自觉的、有效的调控，建立起人与自然共存共荣、和谐发展的新型协调关系，实现人与自然的共同进化与全面发展①。

生态旅游经济行为主体对自然环境和生态系统的呵护，既是生态系统价值品位的提升，也是经济行为主体伦理观念和道德实践的质的飞跃，人类尊敬、顺应、热爱自然，改变对旅游资源单方面的掠夺和利用，以呵护生态、珍爱环境、节约资源为原则，实现人与自然之间的相亲相爱、高度和谐；通过呵护环境、珍爱自然、尊重生态，追求经济效益与生态效益并重，有效避免由于人为的生态破坏所造成的人与人之间的不公平和由此引发的矛盾冲突，促成人与人的地域之间和代际之间的和谐。

生态旅游经济的根本目的是要实现人的全面发展，而这种全面发展是建立在人与自然、人与人以及人与自身全面和谐的基础之上的。生态旅游经济行为主体既以经济效益的最大化来直接满足人的物质生理性需要，也以完美如初甚至比原初更为美好的生态景观来供人审美欣赏，满足人的精神心理性需求，使人们心境得以调适，心情得以愉悦，心灵得以净化，襟怀得以开朗，情操得以陶冶，境界得以升华，从而促进心理健康，促进人性的丰富、人格的完善，促进身与心的和谐②。

4.3.4 生态旅游经济过程的生态经济意蕴

4.3.4.1 生态旅游产品是自然生态与经济社会的统一体

生态旅游产品中凝结的无差别的人类劳动是其价值源泉，反映了人与人之间

① 刘思华：《生态马克思主义经济学原理》，人民出版社，2006 年，第 180 页。
② 叶太平：《生态经济的和谐效应》，经济问题探索，2006 年第 12 期。

的社会经济关系。生态旅游产品的使用价值是人类劳动和自然物质相结合的产物，是以有目的的特殊的劳动活动为中介的特殊的自然物质，为满足某种特殊人的需要服务的。构成生态旅游产品天然存在的物质基质，就是自然生态因素。

生态旅游产品的交换虽然是按照价值来进行的，可以不考虑其使用价值，或者说只需要考虑其社会规定性方面而不考虑其自然规定性。然而，没有这种自然生态关系，就没有使用价值，价值的物质基础就没有，生态旅游产品就不能成其为商品。如果只强调生态旅游产品的自然生态关系，而看不到它的社会经济关系，生态旅游产品的价值就无法实现。

4.3.4.2 生产生态旅游产品的劳动兼具自然生态属性和社会经济属性

生态旅游产品在市场上表现出多种多样的形态，随着生态旅游经济的发展，推出的生态旅游产品类型还在不断增加，根据马克思的劳动价值理论，具体劳动是生态旅游产品价值的物质承担者和使用价值的创造者，是抽象劳动的自然基础，反映着人与自然之间的自然生态关系，是劳动的自然生态属性。不同的具体劳动创造不同的使用价值，是不同质的。抽象劳动是生态旅游产品价值的源泉和创造者，体现了生产者之间的社会经济关系，是劳动的社会经济属性；抽象劳动是价值的唯一源泉，是同质异量的。生产生态旅游产品的劳动是具体劳动与抽象劳动的统一，兼具自然生态属性和社会经济属性。

抽象劳动创造价值，反映了商品生产社会所特有的生产关系，是在物的外壳掩盖下的人与人之间的社会经济关系。抽象劳动是人类劳动力在生理学意义上的耗费所采取的一种特殊社会形式，体现了生产者之间的经济社会关系，它与具体劳动体现着人与自然之间的生态自然关系的有机统一，说明了生产生态旅游产品的劳动的生态经济实质。

4.3.4.3 生态旅游产品的生产是自然生态过程与社会经济过程的内在统一

生态旅游产品的生产需要依靠自然景观和生态环境，自然生态因素对于生态旅游产品的价值形成具有强大作用，说明生态旅游产品的生产过程首先是一个自然过程。与此同时，生态旅游产品还需要在一定人与人结成的社会关系下，从事与自然的物质变换，完成对“吃、住、行、游、购、娱”六大要素的生产，这又是一个社会经济过程。

生态旅游产品的生产过程，不仅需要自然物质与自然物质之间的物质变换，也需要自然物质和经济物质之间的物质变换；不仅是单纯创造商品使用价值的自然过程，同时也是价值形成与增值的社会过程。在这个过程中，既有物质改变的自然生态过程，也有价值形成、增值的社会经济过程；既是经济物质不断形成和增加的自然过程，又是价值不断形成和增值的过程。

生态旅游产品的生产作为改变自然物质的过程，是以人与自然关系为基础的自然生产过程；作为价值形成与增值的过程，是以人与人关系为基础的一定社会经济形式的生产过程。所以，生态旅游产品的生产过程是自然生态过程和社会经济过程交织在一起的生态经济过程。

4.3.5 生态旅游经济关系的实质

4.3.5.1 生态旅游经济关系的实质是生态经济关系

生态旅游经济的生产过程首先表现为人与自然的关系，但本质上反映了人与人之间的关系，受占支配地位的生产关系制约，是在一定生产方式下人与自然的物质变换关系。它是自然生态关系与社会经济关系的统一，即生态经济关系。生态旅游产品不仅反映了自然生态关系，也反映了社会经济关系，其价值的实质不是物质所固有的生态自然属性，而是人与人之间的社会经济关系，即商品生产者特有的社会经济关系。

生态旅游经济的行为主体与自然之间的物质变换始终是以生态系统的自然物质变换为基础，通过经济系统的社会物质变换来实现。因此，人与自然之间物质变换的首先过程，始终是人与自然的自然生态关系以及人与人的社会经济关系，两者相互交织与相互融合在一起的，形成两者的统一体，这就是生态经济关系。生态旅游经济的行为主体虽然与自然界有着千丝万缕的联系，但是，当他们的劳动作用于自然并改变自然时发生人与自然的关系，这时人与自然的关系是社会与自然的关系，即社会存在物与自然存在物的关系，劳动在生态旅游经济行为主体作用于自然并改变自然的实践活动中表现了它的社会经济性质。生态旅游经济行为主体在通过劳动实现人与自然生态系统的自然物质变换的生态关系的同时，也在实现与社会经济系统的社会物质变换的经济关系，即自然生态系统与社会经济系统之间的自然物质与经济物质之间的物质变换关系，同时就是人改变自然界的人与人之间相互交换劳动活动的关系。

可见，生态旅游经济主体与自然之间的生态关系，是与整个社会生产和再生产的经济过程密切相连的；生态旅游经济主体与自然之间的物质变换，是与社会经济活动交织在一起的。因此，生态旅游经济关系不仅仅是一种自然的物质变换的生态关系，而且是一种社会的物质变换的经济关系，即是两者内在统一的生态经济关系。

4.3.5.2 生态旅游经济关系的协调发展

生态旅游产品的生产不是单纯的生态过程，并非不经人类劳动投入就可天然生成，在很大程度上需要经济系统的参与，也是社会经济过程。它不仅是自然物质与自然物质之间的变换过程，而且是自然物质和经济物质之间的社会经济运动的物质变换过程，还是人与人之间相互交换活动的变换发展过程。生态旅游经济的健康运行是自然生态的演替进化和社会经济的变化发展的统一，但是，在生态经济统一有机体中，人类需要与生态系统的稳定既有统一的、协调的一面，又有对立的、矛盾的一面。当前生态旅游经济系统的基本矛盾是人类社会日益增长的生态旅游需求与自然生态系统的有限供给之间的矛盾，在实践中突出地表现为生态旅游经济行为主体的矛盾，尤其是保护生态与发展经济之间的冲突，要消除这种利益冲突和矛盾关系，主要取决于人类对生态旅游经济活动的干预和调节，适度限制经济系统的生产能力，合理发挥生态系统的供给能力，为实现生态旅游经济可持续发展的目标服务。当前生态旅游经济系统的矛盾客观上要求人类经济活动的调控作用达到这样一种程度：既能使生态旅游资源得到最大限度地开发利用，以满足生态旅游者的全面需求，又不至于破坏生态系统的稳定状态，维持自然（人文）景观的原有风貌，保证生态旅游资源的品级和生态环境质量，使生态系统具备正常功能和持续生产力。只要达到这个程度，生态旅游经济行为主体就能在生态旅游经济有机体中和自然生态和谐相处，从而推动经济系统的经济社会再生产和自然生态系统的生态自然再生产之间相互平衡和协调发展。

因此，生态旅游经济的发展既不能以追求利润和经济增长为基本目标，也不能以追求原始古朴的自然环境为基本目标，而是要以生产发展、生活提高、生态改善相统一为根本的战略目标，将生态旅游经济的持续稳定发展建立在自然生态系统的稳定进展演替的基础之上。生态旅游的核心理念就是要实现人与自然、社会经济与自然生态和睦相处、协同发展，在经济发展与生态环境之间，在自然界各生态因素之间，总存在着一个客观的比例关系和相对的平衡状态。只要不破坏自然界各生态因素之间的客观比例，和自然生态相互适应，那么社会经济发展和自然生态环境就能维持协调统一。如果把自然界视为生态旅游经济发展的异己，不合理的经济行为会造成在社会经济与自然生态方面都不利于人类的变化，即生态的不良循环和经济的不良循环，导致生态旅游经济运行的不良循环甚至恶性循环，与生态旅游发展的初衷背道而驰。相应地，如果人类在生态旅游经济的发展过程中，懂得尊重自然的价值和权利，遵循生态经济规律从事生态旅游生产和经营，也会获得经济发展和自然生态保护的“双赢”，即生态的良性循环和经济的良性循环，使生态旅游经济沿着良性循环的轨道不断发展。

因此，和谐统一的生态旅游经济关系是消除生态危机的途径，是生态旅游经济可持续发展的基础，在协调的生态旅游经济关系基础上才能重新构建生态旅游经济的发展模式。

第5章

生态旅游经济关系和谐发展的模式重构

生态旅游经济是生态文明建设的重要载体，具有良好、广阔的发展前景，生态旅游经济的可持续发展也是建设和谐社会的内在要求，但是在相关政策大力支持的背景下和生态旅游经济快速发展的实践中，反生态和非持续的现象却时有发生，直接危害到生态旅游经济的健康运行和可持续发展。因此，生态旅游经济建设期盼实现从混乱到规范的艰难转型，对生态旅游经济关系重构和谐发展模式提出了迫切要求。

5.1 生态旅游经济关系和谐发展的前提：生态要素的价值认识

人类生态意识的淡薄，生态价值观的缺失，人与自然关系的错位是生态危机产生的根源。对此，科学认识生态价值，是破解生态危机的基础和前提。生态要素是否具有价值的争论由来已久，反映了社会经济系统和自然生态系统两个系统之间的关系，正确认识生态要素的价值，是构建生态旅游经济可持续发展模式、消除不可持续的生态危机的根本前提。

5.1.1 生态价值的理论探讨

5.1.1.1 西方经济学对生态价值的认识

西方经济学对生态价值的认识经历了两个阶段。在生态要素对经济增长的制约性还不是十分明显的时候，自然资源和生态环境基本上是被看做没有价值的，属于“自由取用物品”。随着资本主义工业化大生产的发展，人类对自然生态的需求越来越大，原先看来似乎是随处可得的自然资源突然变得稀缺起来，而经济活动对自然生态的依赖又越来越强，于是，西方经济学开始从效用的角度来分析生态价值，试图用稀缺性和效用性来揭示生态要素的价值存在，并尝试用不同的计量方法给予生态要素以量的规定性。

但是，在西方经济学的视角中，社会经济系统是相对孤立的系统，社会生产与再生产过程是与生态过程毫不相关的甚至对立的纯粹的经济过程，因而人类劳动只能投入在经济系统内部，经过人类劳动过滤的也只有经济产品，自然生态的进化与演替完全由生态系统的自然力本身的作用所推动，与人类劳动无关。于是，人们理所当然地就把自然资源和自然环境的价值即生态价值排斥于国民经济运行与社会再生产价值运动之外。

西方经济学价值理论的核心是效用价值论，即效用是价值的源泉，稀缺性是价值的前提，边际效用递减是一般规律，边际效用决定价值。效用价值论在一定程度上反映了人与自然的关系，但其更多的是根据效用性和稀缺性，用人对自然生态的效用的主观评价来决定生态价值，然而，“生态价值是客观存在的，不仅仅具备所谓人们心理的满足而赋予的虚幻的价值”①。

虽然西方经济学承认了生态的价值，但是这种认识仍然是局限在社会经济系统内的对生态要素经济价值的认识，忽视了经济系统与生态系统的相互影响，没有把人类经济活动和生态环境作为一个有机整体来研究社会生态价值运动及其规律，因而生态过程就被排除在社会生产与再生产过程之外，是一种与生态相脱离的价值理论，导致生态价值被严重低估，生态要素的市场价格远远不能真正反映生态价值，生态成本的核算不足以体现生态资本的使用和耗减。

5.1.1.2 马克思劳动价值论对生态价值的看法

很多人根据马克思的劳动价值论认为，生态要素并没有人类劳动的凝结，因此不能被视为是有价值的，实际上这种理解是片面的。在马克思生活的历史时代，生态与经济的矛盾还没有成为严重深刻的社会问题，“天然存在的自然资源和自然环境多数是没有经过人的劳动过滤的，或没有经过人的劳动仔细挑选即未经人类劳动作用的而处于潜在使用价值的自然产品”②。因此，马克思在当时作出了自然资源和自然环境的生态因子这种自然（生态）产品只有使用价值没有价值的结论，符合当时的实际情况。但是，并不能因此而得出在马克思的理论体系中不承认自然价值的结论，马克思不仅没有否认生态要素的价值，而且对于劳动价值论的发展完全可以用来解释生态价值。

---

① 王娟、黄敏：《自然资源价值理论比较分析——效用价值论与劳动价值论》，商场现代化，2006 年第 12 期。

② 刘思华：《生态马克思主义经济学原理》，人民出版社，2006 年，第 158 页。

刘思华教授在劳动价值论基础上提出了生态经济价值论，按照劳动价值学说的观点，商品价值是物化在经济系统的某个商品中的社会必要劳动的表现，这是经济系统通过耗费活劳动和物化劳动在从生态系统中取走自然物质，并将它加工成经济物质的过程中凝结的社会必要劳动。生态价值是物化在生态系统的某种物品中的社会必要劳动的表现，这是通过在经济系统耗费活劳动和物化劳动而输入到生态系统中来，使生态系统的自然物质（包括自然资源和自然环境）具有符合人类生存和经济社会发展所需要的使用价值过程中凝结的社会必要劳动。

所以，无论是商品还是生态都具有价值，都是社会必要劳动创造的，都是为保证满足人的物质、文化、生态需要而创造符合人类生存和经济社会发展要求的使用价值的过程中由抽象的人类劳动形成的价值。劳动价值论不仅反映了经济关系，而且反映了生态关系，从而反映一种新的经济关系即生态经济关系。因此，生态经济价值就是物化在生态经济系统某种自然物质和经济物质中的社会必要劳动的表现，是商品价值和生态价值的辩证统一体，这是马克思的劳动价值论随着实践的发展而不断丰富和完善的重要表现。

5.1.1.3 生态旅游经济复合系统中生态经济价值的形成

任何将生态系统自然属性决定的生态价值和其资源属性决定的生态价值割裂的做法都是错误的。人类只有合乎自然规律地顺应生态系统的自然属性所表现出来的天然价值，才能求得经济规律顺应生态系统物质属性决定的经济价值，才能达到社会再生产与自然再生产相互关联，社会生产力与自然生产力相互协调，经济系统与生态系统相互耦合，最终实现人与自然和谐发展①。生态旅游经济复合系统中的生态要素，其价值的形成与量化也反映了人与自然、生态与经济之间的关系。

（1）劳动参与了生态价值的发现。人类社会发展到今天，对于自然生态系统影响的深度和广度已经大大超过从前，可以说，现在人类社会依赖的、供人类社会利用的自然资源都有人类活动的印迹，即使在天然的生态旅游资源和景观进入生态旅游经济系统的运行过程之前，也需要人们通过勘测、调查和研究等活动来认识和了解其具体使用价值。更何况，在社会经济系统与自然生态系统关系越来越紧密的今天，人类社会劳动对自然生态系统的渗透已经是一种极为普遍的生态经济现象，不仅那种和生态过程无关的纯粹的经济过程是不存在的，而且与社会经济无关的纯粹的生态旅游资源，或者说完全没有人类留下足迹的纯粹的生态旅游地，基本上也是不存在的。

---

① 娄成武等：《论人与自然和谐发展的生态价值观》，光明日报，2006 年 1 月 22 日第 7 版。

（2）劳动参与了生态价值创造。一旦人类了解和认识了自然生态旅游资源及环境的效用、功能和美感，更需要付出大量劳动寻求对旅游资源的开发利用，这其中既有适度改善旅游地可进入性和完善配套服务设施的具体的体力劳动，也有对生态旅游资源进行管理、规划和科学决策的脑力劳动的付出，劳动凝结形成了自然资源的价值，于是自然生态成为使用价值和价值的统一体。人类为开发保护和经营管理生态旅游资源、旅游环境和景观而投入的物化劳动和活劳动构成生态要素的价值实体，符合劳动创造价值的原理。

（3）劳动参与了生态价值再生产。生态旅游经济中生态要素的稀缺性及其还在不断恶化的状况，致使必须加速对其的再生产过程。在当今生态旅游资源日益短缺和环境质量逐渐下降的生态危机面前，人类认识到完全依靠固有的自然规律，通过自然生态系统的自然再生产，已经无法满足人类生态旅游经济活动对自然资源与自然环境的消耗，以及生态旅游者为追求身心放松、回归自然的日趋上涨的生态需求，在生态系统供给与经济系统需求之间的缺口越来越大，所以，人类必须付出一定的劳动参与生态环境的再生产，"进行勘测、调查、管理、保护、恢复、再生、更新、增殖、积累，扩大旅游资源的再生产，提高其稳定性与持久性，提高其承载能力，以满足社会经济发展对旅游资源日益增长的要求"①。这样才能再生产出达到维持现有生态旅游资源和环境所具备的，满足生态旅游经济生产和消费活动的使用价值。因此，当代人类的各种智力的、体力的、直接的、间接的劳动流转和凝结于生态系统之中，形成生态价值。劳动的投入使旅游经济发展与自然生态之间保持良性平衡，使自然生态再生产过程与经济社会再生产过程结合起来。

（4）劳动参与了生态价值提升。步入生态时代后，随着人类生态伦理意识的加强，人类不仅需要投入劳动，使生态旅游资源和环境保持其作为使用价值的必要的生态质量，而且还要投入劳动使可再生资源得以更新，用人工方法来促使其再生量逐步等于或超过其耗用量，比如保护区对大熊猫等珍稀动物的人工繁殖和培育。于是，重建、恢复、补偿、保护与建设生态旅游资源和环境的新型劳动越来越成为人类在生态旅游经济复合系统中劳动的主要形式，"这种重建、恢复、补偿、保护与建设生态环境，使之具有人类生存和经济社会发展所需要的使用价值的劳动，是创造生态环境价值的新型的劳动形式，已构成 21 世纪人类生态经济社会活动的最重要的内容"②。"人类为自然资源的保护和发展所耗费的劳动，就构

① 柳礼魁等：《旅游资源多维价值的生态探析》，资源开发与市场，2006 年第 22 期。

② 朱云峰：《建立生态价值论丰富马克思的劳动价值学说》，江汉大学学报，2005 年第 1 期。

成了自然资源的价值实体”①。

（5）由于生态旅游资源与自然生态环境的稀缺性和再生的困难性，人们必须不断地投入劳动，以获取、保护、改善生态旅游资源和环境，人类在创造生态环境、创造生态价值的同时，也生产出具有适应价值的生态旅游产品，创造经济系统的商品价值。因此，投入补偿、保护和建设具有一定使用价值的生态环境和旅游资源的全部劳动所形成的价值量就是生态经济价值量，正是由于耗费了劳动，才使生态旅游经济复合系统中的生态要素具有“生态经济价值”，当然，人类劳动在社会经济系统生产生态旅游产品的过程中，投入一定量的劳动创造商品价值的同时，也会创造生态价值，还会产生生态环境的负价值，给自然生态系统带来破坏性的影响，威胁生态旅游经济发展的自然基础。所以，正确处理人与自然、生态与经济之间的关系，使生态要素产生价值增值，避免出现商品价值为正而生态价值为负的现象，使生态价值量成为两者的总和而不是相互消长，是保证生态旅游经济可持续发展的前提。

5.1.2 生态要素的价值量化

5.1.2.1 基于效用价值论的旅游资源价值评估②

效用价值论通过反映消费者愿意支付的费用和价格来衡量资源和环境的价值，主要包括费用支出法、旅行费用法和条件评价法等。

费用支出法（EM）主要以游客为旅游而实际支出的有关费用总和作为旅游资源的经济价值。这种方法简单、方便、实用，但是未能体现消费者剩余，对于未开发的旅游资源的经济价值无法测定。

旅行费用法（TCM）通过调查游客的已付费用，建立旅游需求函数，进而测算消费者剩余。旅游资源经济价值为所有旅游者实际旅游费用支出与其消费者剩余之和。英国、泰国等先后利用旅行费用法（TCM）成功地揭示了森林、海滨、风景河流、峡谷、国家公园等旅游资源和游憩环境的户外娱乐价值。这种方法适用于客源市场较广，游客旅游费用差别较大，开发成熟的旅游资源的经济价值的评估，对于未被开发的旅游资源价值则无法测定。

条件评价法（CVM）常用于获取游憩环境的支付意愿，即获取游憩环境的经济价值，较多地用于计量娱乐、狩猎和美学效益、存在价值等。该方法对客源市场规模进行估计，并应用模拟市场技术，通过直接调查，诱导旅游者对于某旅游

① 唐本佑：《论资源价值的构成理论》，中南财经政法大学学报，2004年第2期。

② 本部分参考了万绪才等：《旅游资源价值及其货币化评估》，经济体制改革，2003年第6期以及李华敏：《制度安排与旅游资源价值的实现》，商场现代化，2006年第4期的部分内容。

资源的最大意愿支付量，以此来推算旅游资源的经济价值。运用这种方法旅游客源市场范围越小，评价效果越好，同时还要考虑旅游地的实际容量，避免夸大旅游资源的经济价值。

TCM 法和 CVM 法都必须借助于游客的问卷调查结果，可信度在很大程度上依赖于问卷结果与实际情况的吻合程度，如果使用不当，结果偏差将会很大。

上述这些方法虽然从不同角度对生态要素的价值进行了核算，但是这些方法的根本缺陷在于只看到了生态要素的外在价值——可为人类利用的社会经济属性所决定的价值，而忽视了生态要素的内在价值——由自然生态属性所决定的价值，而后者往往具有比前者更大的价值。据测算，森林的生态价值是其林木价值的 10 倍左右，印度加尔各答农业大学德斯教授对一棵树的生态价值进行了计算：一棵 50 年树龄的树，以累计计算，产生氧气的价值约 31 200 美元；吸收有毒气体、防止大气污染价值约 62 500 美元；增加土壤肥力价值约 31 200 美元；涵养水源价值 37 500 美元；为鸟类及其他动物提供繁衍场所价值 31 250 美元；产生蛋白质价值 2 500 美元。除去花、果实和木材价值，总计创值约 196 000 美元。因此，上述方法计算出来的生态价值仅仅是生态的外在价值，是不完整的。

5.1.2.2 基于外部性理论的边际机会成本定价法[①]

庇古的外部性理论为环境资源的科学定价确立了理论基础，现代资源经济学家在这一理论的基础上，建立起了环境资源价值的基本定价模型。

设环境资源产品即原料的价格为 P，则 P＝边际机会成本 MOC＝私人成本＋外部成本＝边际生产成本 MPC＋边际使用成本（或称边际耗竭成本）MUC＋边际环境成本（或称边际外部成本）MEC。

其中 MPC 可以通过企业的成本会计核算得到；MEC 可以通过“意愿调查法”来简单评定开发利用资源导致的环境损失；对 MUC 计量可通过以下模型取得：

假定边际开发成本 MC 和需求曲线 D 固定不变，时间跨度为 t 和 t+1 期，在自然资源的再生速度能满足开采需要的时期，t 期开发不能影响 t+1 期开发，因而不存在使用成本，MUC=0。

当资源总量不能满足两期开发总量时，t 期的开发造成 t+1 期可用开发数量减少，另外随着资源使用量越来越大，资源的稀缺性越来越明显，开发使用的难度加大，导致了 t+1 期开发难度的加大，于是在 t 期开发使用时就发生了使用成本，当 t 期开发量由 Q_t 增加至 Q_t' 时，因为资源的总量 Q 不变，所以 t+1 期的开发量只

① 本部分参考了张红英：《自然旅游资源价值的探析》，辽宁教育行政学院学报，2004 年第 9 期以及刘建峰：《自然资源价值计量初探》，现代经济探讨，2002 年第 1 期的部分内容。

能由 Q_{t+1} 降低至 Q'_{t+1}，造成 t+1 期的收益减少，其减少量的净现值即为 t 期开发量增加产生的使用成本 MUC，设 $D=a-bq$，MC=m，则

$$\text{MUC} = \int_{Q_t}^{Q_t'} (a - bQ - m)\mathrm{d}Q$$

5.1.2.3 基于地租理论和生产价格理论的收益资本化法①

按照经济理论，资源环境作为一种自然资产，它在未来一定年限内产生的物质性产品和功能性服务的价值，即预期的收益或租金，按一定社会贴现率折现为现值后，就转化为环境资产的价值。

环境资源本身的价值 P_1：根据地租理论确定。设 R_0 为环境资源垄断地租，R_1 为由环境资源差别决定的级差地租Ⅰ，i 为平均利息率和贴现率，则

$$P_1 = \frac{R_0 + R_1}{i}$$

人类劳动投入产生的价值 P_2：根据生产价格理论确定。设 C_0 为维持环境资源的一定质与量所投入的人类必要劳动和物质资料的价值，C_1 为自然资源的直接生产成本，R_2 为经营者追加投入而使环境资源升值产生的级差地租Ⅱ，Q 为受益环境资源总额，N 为收益年限，则该环境资源建设投资的每年单位资源量的分摊额为 $\frac{C_0 + C_1 + R_2}{N \cdot Q}$；设$\rho$为投入资本的平均利润率，即可求得环境资源每年因社会投入所产生的相当于 $C+V+M$ 的那部分价值 $\frac{(C_0 + C_1 + R_2)}{N \cdot Q}(1+\rho)$，设 i 为贴现率，则

$$P_2 = \frac{(C_0 + C_1 + R_2)}{N \cdot Q} \cdot (1+\rho) \cdot \frac{1}{i}$$

P_1+P_2 只是环境价值的基本值，在环境资产的实际交易中，再用稀缺性和时间价值加以调整，稀缺性调整主要考虑环境资源供给量 Q_s，供给弹性系数 E_s（$E_\mathrm{s} = \frac{\Delta Q_\mathrm{s}}{Q_\mathrm{s}} / \frac{\Delta P_\mathrm{s}}{P_\mathrm{s}}$），与环境资源需求量 Q_d，需求弹性系数 E_d（$E_\mathrm{d} = \frac{\Delta Q_\mathrm{d}}{Q_\mathrm{d}} / \frac{\Delta P_\mathrm{d}}{P_\mathrm{d}}$），调整后的环境资源价值为：

① 本部分参考了邓燕雯：《环境价值评估方法探讨》，经济师，2007 年第 2 期；苏广实：《自然资源价值及其评估方法研究》，学术论坛，2007 年第 4 期；方巍：《环境价值论》，复旦大学博士论文，2004 年 5 月，第 62 页的研究成果。

$$P_t = \frac{(1+i)^t}{i}\left[(R_0 + R_1) + \frac{(C_0 + C_1 + R_2)}{N \cdot Q}\cdot(1+\rho)\right]\cdot\frac{Q_d E_d}{Q_s E_s}$$

这种方法表明无论是否有人类劳动参与，所有生态环境系统都是有价值的，价值、使用价值和地租三者结合起来共同构成了自然生态价值，但是，这三者如何互相影响和作用，是否简单相加就是最终的生态价值，仍然是需要继续研究的问题。

这个公式反映了以下几种特殊情况：

当 P_2=0 时，P=P_1，代表没有任何劳动参与、完全天然的资源环境；

当 P_1=0 时，P=P_2，代表完全人造的自然资源；

如果 $Q_s \gg Q_d$，说明自然生态系统的资源环境供给量非常大，而经济系统对资源环境的需求量小，则 P_t 很小，甚至趋于 0；

如果 $Q_d \gg Q_s$，说明自然生态系统的资源环境供给量非常小，而经济系统对资源环境的需求量极大，则 P_t 很大，甚至成为无价之宝，生态旅游资源中的自然保护区、濒临绝种的动植物等都属于此。

以上两种方法在一定程度上考虑了生态因素本身具有的内在价值，而且也对人类社会经济过程对生态的影响有所考虑，不过，这种量化仍然基本局限在社会经济系统内考虑生态价值，对于人类活动可能引起的生态价值的负向变化，以及现有生态对于将来后代人的价值则考虑不够，因此，这两种计量方法还是不够全面。

5.1.2.4 基于可持续发展的资源环境经济学对生态价值的计量方法

可持续发展观强调对未来发展承担义务，可持续发展理论使环境资源的定价变得有利于长远发展。最早应用可持续发展原理评估环境资源价值的经济学家是克鲁梯拉（J.V.Krutilla）。克鲁梯拉认为，当代人直接或间接利用舒适型资源获得的经济效益是其“使用价值”，当代人为了保护后代人能够利用而做出的支付和后代人因此而获得的效益是其“选择价值”；人类不是出于任何功利的考虑，只是因为舒适型资源的存在而表现出的支付意愿，是其“存在价值”。这一理论为后来研究舒适型资源的经济价值奠定了理论基础。

1980 年代以后，随着可持续发展思想的广泛传播，越来越多的环境经济学家遵循克鲁梯拉的研究思路，对环境资源的经济价值进行了深入探讨，提出了许多环境资源价值的新概念。比较有代表性的是生态要素的总经济价值（TEV，Total Economic Value）由使用价值（UV，Use Value）和非使用价值（NUV，Non-Use Value）构成。

使用价值是当资源环境被使用或消费时，满足人们某种需要和偏好的能力，使用价值又分为直接使用价值（DUV，Direct Use Value）、间接使用价值（IUV，Indirect Use Value）和选择价值（OV，Option Value）。直接使用价值是指环境资源直接满足人们生产和消费需求的能力；间接使用价值是指人们从环境所提供的用来支持生产和消费活动的各种功能中间接获得的效益；选择价值是指当代人现在愿意为某一环境资源的使用所做出的支付意愿，这取决于环境资源供应和需求的不确定性以及人们对生态风险的态度，实际上包括未来的直接和间接使用价值。

非使用价值是指由环境资源内在属性所决定的固有效用，它同环境资源的使用与否及其方式无关，又分为存在价值（EV，Existence Value）和遗赠价值（BV，Bequest Value）。存在价值指人类为确保资源环境的存在而体现出的支付意愿，即存在价值是人们对资源价值的一种道德上的评判，资源越特殊稀有，其存在价值越突出。遗赠价值指人们为了保护某种资源而愿意进行支付，这种支付不是为了自己，而是为了把它留给后代人来进行享受其利用价值和非利用价值。遗赠价值是为了保障后代消费资源环境的权利而进行的支付，是人类要通过各种实践活动，如对资源环境的研究、开发和保护，投入到生态系统中的劳动所创造的那部分价值。

5.1.2.5 生态旅游经济复合系统中的生态要素价值评估

（1）方巍的环境资源价值耦合模型。方巍（2004）认为，环境污染对环境产生的负价值与环境保护对环境产生的正价值相互作用，互相抵消，在此运动过程中形成了环境耦合价值，体现了环境整体价值在人类经济活动中的具体演化形式。

人类在投入活劳动和物化劳动来进行环境保护时，其主要目标是要增加一些短缺的自然资源和重新恢复一些自然资源的使用价值，所以，环境保护的正价值量与体现在该活动中的劳动的量成正比，与这一劳动的生产力水平成反比[①]。

环境资源价值耦合模型表示如下：

$$V=(V_1+V_2)-(V_3+V_4)$$

其中，V 为环境的耦合价值；V_1 为环境的自然价值；V_2 为环境保护对环境产生的正价值；V_3 为生产生活中耗用的环境价值（包括资源价值和生态价值）；V_4 为环境污染对环境产生的负价值。

（2）胡芬、魏彦杰的生态经济价值核算[②]。胡芬（2006）和魏彦杰（2007）提出了最低代价生态成本内生化理论。魏彦杰认为，最低生态代价可持续经济发展

① 方巍：《环境价值论》，复旦大学博士论文，2004 年 5 月，第 76 页。

② 根据方时姣等：《生态环境成本内在化问题》，中南财经政法大学学报，2006 年第 2 期；胡芬：《旅游产业生态化发展研究》，中南财经政法大学博士论文，2006 年 11 月，第 43-47 页整理。

理论基于劳动价值论的基础，引入生态经济价值作为人类劳动向生态系统延伸的结果，强调人们的社会必要劳动和生态产品的结合创造了生态价值，强调人类劳动在经济系统中凝聚成正商品价值的同时也可能在生态系统中凝聚成破坏生态功能的负生态价值，强调恢复和保持生态环境使用价值的新型劳动是现代经济活动的重要内容。胡芬将此理论引入旅游经济的分析，建立了旅游生态环境成本与旅游生态经济价值的对应关系。将社会总劳动划分为"恢复和保持环境功能的新型劳动"与剩余的"其他类型劳动"两部分，新型劳动与其他类型劳动相比，不仅能生产正商品价值，且同时创造正生态价值，而其他类型劳动在生产正商品价值的过程中则不同程度地造成环境破坏与无福利贡献的产出。这样，旅游生态经济价值就可以表达为新型劳动成果与修正的其他类型劳动成果的总和，是社会总劳动中有效劳动的成果总和，表达了旅游生产的目的是实现商品价值与生态价值的共同增长。生态环境成本内生化的旅游生态经济价值表示如下：

$$U = z + y = \alpha_z L_z + \alpha_y \lambda L_Y$$

其中 $y=\lambda Y$； $\lambda \in [0,1]$； $\alpha_z, \alpha_y \geqslant 0$； $L_Z + L_y = 1$；

z 代表新型劳动在当期内所创造的最终产品；y 代表其他类型劳动在当期内所创造的最终产品 Y 扣除"无效劳动"限制的生态环境成本后的余值；α_z，α_y，L_z，L_Y 分别代表新型劳动和其他类型劳动的生产效率、新型劳动和其他类型劳动的劳动时间；λ代表其他类型劳动总成果 Y 与其中的有效成果 y 之间的转化系数。

此模型表明，旅游经济可持续发展的关键在于协调"防护性环境成本"与"虚拟环境成本"的比例，优化新型劳动和其他类型劳动的相互关系，提升新型劳动的生态环境保护功能并降低其他类型劳动对生态环境的破坏程度，以实现期间 T 内投入的自然资源价值 R 和生态经济价值 U 之间的有效转化，即旅游生态环境成本内生化条件下的可持续发展要求：

$$\sum_{i=1}^{T} \sigma_t U_t - \sum_{i=1}^{T} \sigma_t R_t > 0$$

其中 σ_t 为折现系数。

这两种方法的表达虽有所不同，但基本思路是一致的，都是在劳动价值论基础上的补充和扩展，充分认识了社会经济系统对于自然生态系统的双重作用，体现了在社会经济运行过程与自然生态演进过程交织中的真正的生态经济价值，反映了人与自然之间和谐统一的生态经济关系，是对生态经济价值进行量化的科学手段。

5.2 生态旅游经济关系和谐发展的经济学范式：生态内生化

5.2.1 经济发展观的演变：从单纯经济增长到可持续发展

5.2.1.1 以经济增长为中心的单纯发展观

单纯的经济发展观承袭西方经济学的理论传统，认为人类经济活动的根本目标是尽可能地促进国民财富的持续增长，评判经济活动的最基本标准是如何通过对有限和稀缺资源的有效配置，来实现物质财富的最大增加和 GNP 的最优增长。

以经济增长为中心的发展观，是“物本主义”的发展观，它以单纯的经济增长为价值目标，主要依靠外延要素的投入支撑经济增长，将经济发展的内涵局限于物质财富的增长，把经济系统看做是不依赖生态环境的孤立系统，只是社会发展的一种外在表现形式，总体上表现为经济价值理性的过度膨胀和生态价值理性的缺失。

5.2.1.2 以社会发展为中心的综合发展观

只重视经济增长的发展观激励人们为了增加物质财富而损害其他效用，使人们饱尝“有增长无发展”甚至“增长与发展负相关”的恶果。人们开始认识到经济增长和社会发展是不能等同的，出现了以社会发展为中心的“综合发展观”，明确增长和发展是两个不同的范畴，增长仅仅强调的是社会总产品量的增加，发展则在物质增长的基础上，侧重于质量的提高、结构的调整和发展的持续性等一系列社会目标。

但是，这种发展观仍然带有传统经济学的色彩和物质主义倾向，对于社会发展问题的关注，更多地体现在社会经济结构的变化和人民生活质量的改善，强调社会发展的公平性，但是对于经济社会发展与自然生态之间的关系考虑较少，甚至在很大程度上经济的发展、社会的进步是以牺牲自然生态为代价的，因此在经济繁荣和文明程度提高的同时，也导致了严重的生态问题和环境问题。

5.2.1.3 以人与自然全面发展为中心的可持续发展观

1980 年代，发展理论有了重大突破，可持续发展观以一种全新的视角重新审视人与自然、人与社会的关系，超越了传统经济发展理论所覆盖的内容，不仅追求经济的发展，而且解决资源与环境的再生性和永续性问题；不仅追求自然界的发展，而且关注人的全面发展，使经济系统、生态系统、社会系统得以协调互动。

在评价指标上，戴利设计了一个“可持续的社会国民生产净值”（SSNNP）

系统来替代 GNP 及 GDP，该系统将反映生态环境、社会结构等的指标与反映经济增长的指标并列起来，这说明可持续发展观强调经济和社会的发展不能长期超越自然资源的承载力，一种发展途径只有在确保总体资本性资产保持不变或在一段时间内增加时，才是可持续的，可持续发展是螺旋式上升的良性循环的发展过程①。

从经济增长到可持续发展观的演变可以看出：人类在对待与自然的关系上，转变了单向地向自然索取的“反自然”倾向，代之以追求人与自然的和谐相处，协调发展；在确立发展的终极目标上，转变强调物质财富积累的一元取向，代之以关注经济、社会、生态以及人自身的全面发展；在选择发展要素上，转变单纯强调物质资本的做法，代之以重视社会资本、生态资本和物质资本的协同作用。可见，在对以往发展观进行反思和总结的基础上，人们开始追求更合理的经济发展，自然生态逐渐成为决定经济可持续发展的必备要素。

5.2.1.4 我国三种发展观的历史变迁及对于生态旅游经济建设的意义

党的十六届三中全会提出了“坚持以人为本，树立全面、协调、可持续的发展观，促进经济社会和人的全面发展”的新发展观，说明可持续发展观已经成为主导当代社会经济发展的标帜，历史的经验和教训让我们在面对今天的生态危机忧患时，树立生态文明时代的新发展观，变更不可持续的经济发展方式。这对于新兴的生态旅游经济来说，也是缓解当前日益严重的生态危机的根本途径。

表 5-1 列举了自新中国成立以来我国发展观的历史变迁，我国发展观的演变基本上与上文中所列出的国际上的发展观演变一致，从片面的经济增长到经济社会发展，再到经济、社会、生态与人的全面发展，呈现出从单一价值到多元价值取向，从一维目标到综合目标，从外延发展到内涵发展的变迁轨迹，具有协调性、公平性和可持续性的新发展观的确立，对于生态旅游经济的发展无疑也将会起到促进作用。

社会发展不管以什么形式出现，其必然归宿都是人类的幸福、解放和全面发展。可持续的发展观要求改变生态旅游经济的发展方式和定位，不以经济利益为唯一导向，不以经济支柱和经济龙头自居，而是将社会、经济、生态与人全面纳入发展轨道，把人的发展作为社会发展的目的，通过强调人对自然的责任使人类自身的发展走向成熟。可持续的发展观要求改变生态旅游经济的生产方式，确保经济利益的获取不以牺牲生态旅游资源和破坏生态环境为代价，将生态旅游经济的发展规模和速度限制在合理的范围内。可持续的发展观要求改变生态旅游经济

① 张涛：《经济可持续发展的要素分析》，中国社会科学院博士论文，2001 年 4 月，第 25 页。

的消费方式，通过对旅游者的外在引导和内在约束，减少和降低由于旅游活动对生态旅游资源和环境造成的不利影响。可持续的发展观要求改变生态旅游经济的分配方式，经济收入除了用于资本积累外，还需以适当的比例投入对生态旅游资源和环境的保护与更新，以及扶持社区的经济发展和文明进步。

表 5-1　我国三代发展观的基本内容

	第一代发展观（1949—1978 年）经济增长导向型发展观	第二代发展观（1979—1994 年）经济发展导向型发展观	第三代发展观（1995 年以来）经济社会进步导向型发展观
发展目标	工业化	四个现代化	人的全面发展
发展标准	工农业总产值	国内生产总值	绿色国内生产总值
发展途径	增长优先	增长为主，发展为辅	发展优先
发展重点	重工业	工业	国民经济与社会
发展方式	外延式与粗放式	外延式与粗放式	内涵式与集约式
发展形式	积累优先	积累和消费并举	积累和消费并举
区域发展	均衡发展	非均衡发展	协调发展
发展动力	生产关系革命	体制改革与开放	社会全面进步
发展态势	赶超	赶超	和平发展
发展层面	经济	经济兼顾社会	经济、社会、人、生态

资料来源：赵凌云等：《新中国成立以来发展观与发展模式的历史互动》，当代中国研究，2005 年第 1 期。

5.2.2 经济增长模型的演变：从资本驱动到生态约束

5.2.2.1 现代经济增长理论中的经济增长模型

（1）哈罗德-多马经济增长模型。哈罗德-多马模型假定，一个经济只生产一种产品，而资本-产出比保持不变，同时，储蓄率、人口增长率保持不变，并且不存在技术进步和资本折旧。基本表达形式为：

$$G=\frac{s}{v}$$

式中，v——资本-产出比；

s——储蓄率。

模型表示，经济增长率与储蓄率成正比，与资本-产出成反比。

哈罗德-多马模型的主要结论是：为了实现经济的持续增长，经济的实际增长率取决于“人口增长率” g_N、“实际增长率” g_A 和“有保证的经济增长率” g_W 之间的关系，完全稳定的增长条件为 $g_N=g_A=g_W$。3 个增长率只有在偶然的情况下才会相等，因此现实的经济难以实现稳定增长。该模型还指出经济增长的根本动力源于积累，积累越多，增长速度越快。

（2）索洛-斯旺新古典经济增长模型。新古典增长模型假定资本和劳动两个生产要素能够互相替换，在任何时候，资本和劳动这两个生产要素都可以得到充分利用，基本表达公式为：

$$\frac{\Delta Y}{Y}-\frac{\Delta L}{L}=\lambda+a(\frac{\Delta K}{K}-\frac{\Delta L}{L})$$

式中，$\frac{\Delta Y}{Y}$——国民收入增长率；

$\frac{\Delta L}{L}$——劳动力增长率；

$\frac{\Delta K}{K}$——资本增长率；

λ——技术进步；

a——资本的收入在国民收入中所占的百分比。

索洛在模型中引入了技术因素变量，技术进步是长期经济增长的决定因素，经济增长不仅取决于资本增长率、劳动者增长率、资本和劳动对产量增长的相对作用的权数，而且还取决于技术进步。技术进步可以体现于物质资本（资本存量）之上，也可以体现于劳动者的技术水平的提高。只要技术进步是正数，它对经济增长率总是有利的。

索洛模型突破了以往人们一致认为的资本积累是经济增长最主要因素的观点，突出强调技术进步是经济增长的决定性因素，但是仍然假设技术是一种外生变量而将它排除在考虑之外，由于技术是外生的，因此技术进步也就带有很大的偶然性，对技术的使用不需要付出成本。于是，作为外生变量的技术与作为经济增长主要动力的技术之间的关系难以协调。

（3）罗默的技术内生增长模型。内生增长模型的基本观点是经济增长的长期驱动力是知识的积累，罗默的模型中，除了列入资本和劳动这两个生产要素以外，还有人力资本和技术水平。技术进步是推动经济增长的决定力量，而且技术进步本身是由经济系统内生决定的，技术的进步取决于知识资本或人力资本的积累和溢出。

罗默的经济增长理论对于经济增长的启示体现在：一国要取得经济增长的成就，必须重视知识的进步与知识的累积。对知识产权、专利的保护同样是经济增长中急需解决的问题。

罗默的经济增长理论自提出以后，在引起经济学界重视与赞许的同时，也受到一些批评。批评主要集中于技术内在化问题上，知识进步与技术进步之间的关系仍未被说清楚，因此罗默的理论尚有待于继续完善。

（4）AK 模型——凸显内生增长模型。这类模型强调经济增长的因素关键是资本积累（包括物质资本积累和人力资本积累）而不是技术进步。这类模型认为，资源约束并不构成经济增长的限制条件，而且自然资本与人为资本具有完全的替代弹性。即便自然资本为零，产量仍然可以保持不变，因为人为资本可作相应的补偿。所以，由于人们可以创造出人为资本替代自然资本，即使自然资本被完全消耗殆尽，也不会对经济发展造成威胁，从而实现经济可以永远保持持续性的增长①。

在上述这些经济增长模型中，资本、劳动、技术作为传统的要素得到研究者的重视，经济社会的发展基本是依靠上述要素的投入来获取，在这些因素的驱动和作用下，经济发展取得了前所未有的成就，社会经济系统的规模也日趋庞大，与之对应的是生态系统的破坏、环境的污染和资源的耗竭，而这种危机和退化反作用于社会经济系统，必然对社会经济产生制约和阻滞。

5.2.2.2 可持续发展视野中的经济增长模型

资源环境约束的经济增长模型

（1）彭水军、包群在资源约束条件下的经济增长模型②。彭水军、包群通过将存量有限且不可再生的自然资源引入生产函数，构建了一个内生增长模型，探讨人口增长、自然资源不断耗竭、研发创新与经济可持续增长的内在机理。指出如果缺乏有效的技术创新和合理的资源保护与利用，则可能出现负的稳态增长率，即在不可再生自然资源条件下无限制的增长是不可持续的。制约通过政府的宏观干预来扶持人力资本积累和有效提高研发产出效率，依靠科学技术进步和智力资本开发，使用更环保（资源密集度低）的生产活动来替代能源、资源和污染密集型生产活动，才能维持较高的、稳定的、具有可持续意义的经济增长。

这个模型考虑了自然资源对经济增长的约束作用，不过仍然将人力资本存量和研发部门的产出效率作为维持经济高速可持续发展的决定性因素。

（2）杜希饶、刘凌考虑环境质量的经济增长模型③。杜希饶、刘凌构建了一

---

① 汤琦瑾：《论自然资源价值及价值管理》，生产力研究，2005 年第 7 期。

② 根据彭水军等：《资源约束条件下长期经济增长的动力机制研究》，财经研究，2006 年第 6 期第 110-118 页整理。

③ 根据杜希饶等：《贸易、环境污染与经济增长》，财经研究，2006 年第 12 期第 106-119 页整理。

个开发条件下的内生增长模型，探讨了国际贸易、环境质量与经济持续增长三者的内在关系以及相互作用的动力机制，分析了平衡增长路径的经济增长率，以及在环境污染进入效用函数的情形下长期经济增长的内在机理，阐述了开发条件下贸易开放、环境污染、经济增长与福利效应之间的关系，指出在经济增长受到环境质量变化与污染排放的约束情形下，消费者环保意识的加强有助于提高长期稳态增长率；环境外部性对经济增长的影响效应依赖于消费者的跨期替代弹性，贸易自由化对环境质量和社会福利的影响是模棱两可的，对于发展中国家而言，贸易自由化政策往往意味着在经济增长与环境质量下降两者之间的权衡取舍。

（3）于渤等基于能源耗竭、污染治理的经济持续增长内生模型[①]。于渤建立了基于 R&D、同时考虑能源、资源耗竭、环境阈值限制与环境治理成本的可持续增长模型，探讨了可持续发展的必要条件，即能源资源耗竭速率、污染治理的投入比例与经济增长之间应该满足动态关系。

（4）王海建在资源环境约束下的内生经济增长模型[②]。王海建将耗竭性资源纳入生产函数，并考虑环境外在性对跨时效用的影响，讨论了资源利用、人均消费与环境质量在长期增长过程中的相互关系以及模型的稳态增长解。即假定社会在消耗其耗竭性资源存量的时间长河里，在环境污染并存的条件下要求维持可持续的人均消费，生产过程的耗竭性资源投入与人口增长率的比值应小于劳动力产出弹性与资源的产出弹性之比。

上述经济模型都将资源和环境等生态要素纳入了经济增长体系之中，并对生态要素对经济增长和可持续发展之间的关系进行了探讨，说明随着生产力的发展，科学技术的进步，生态要素对于经济长期发展的制约作用并未消退，相反还在逐步加强，人类社会经济系统的正常运行必须依靠自然生态系统来提高原动力，必须采取综合措施才能平衡在经济发展与生态保护之间的关系，实现可持续发展。

生态旅游经济可持续发展的要素分析及生态约束

（1）生态旅游经济可持续发展的要素分析。从上述经济模型的演变中，我们可以看到人们对于推动经济发展尤其是可持续发展的要素的认识在不断深化，如图 5-1 所示，经济可持续发展的要素经历了一个从最初对资本积累的完全依赖，到开始注意到人力资本和技术水平的能动作用，将技术进步作为推动经济发展的关键因素；再到制度学派认为“不涉及制度就不可能解释经济增长率上的持续差异”的演变过程，资本、劳动、技术进步、人力资本、制度创新等因素不断被纳

① 根据于渤等：《考虑能源耗竭、污染治理的经济持续增长内生模型》，管理科学学报，2006 年第 4 期第 12-16 页整理。

② 根据王海建：《资源环境约束之下的一类内生经济增长模型》，预测，1999 年第 4 期第 36-38 页整理。

入经济发展的体系。诚然，这些要素对于经济的发展功不可没，可是，在承认这些要素的同时，人们却忽略掉了最基本的生态要素——自然资源和生态环境对于经济发展的制约，没有这个基本前提的存在，资本、劳动、技术、制度等要素就无法发挥其功能。

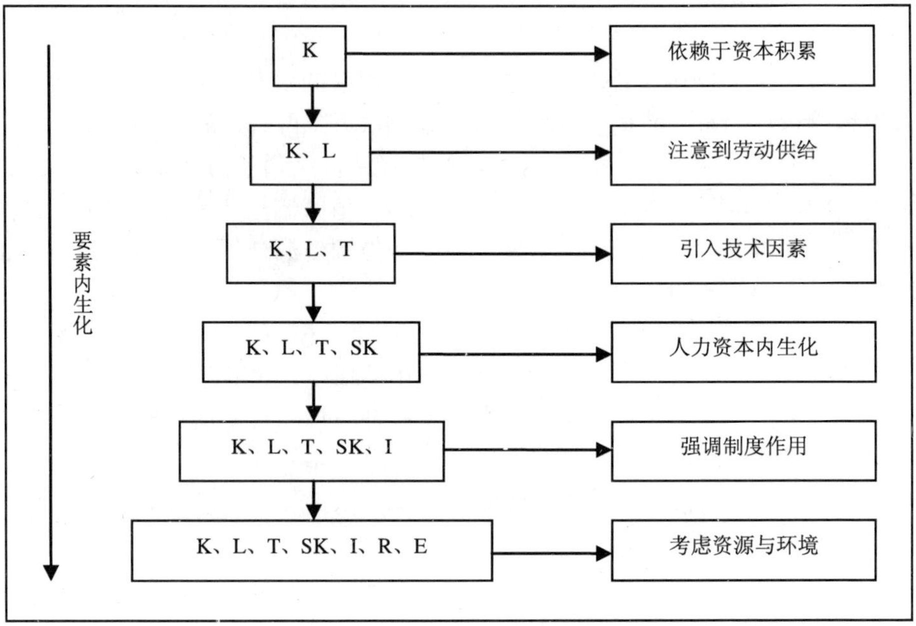

图 5-1　经济可持续发展的要素分析

注：K 表示资本；L 表示劳动力；T 表示技术；SK 表示人力资本；I 表示制度；R 表示自然资源；E 表示环境。

资料来源：张涛：《经济可持续发展的要素分析》，中国社会科学院博士论文，2001 年 4 月，第 47 页。

刘思华教授在《生态马克思主义经济学原理》一书中指出：传统经济学一般都是将自然生态环境置于市场经济体系和经济学理论框架之外，只是当做人类物质生产实践活动的外部条件即外部环境，是社会经济运行与发展的外在要素。自然生态环境排斥在劳动生产力构成要素之外，只是社会经济发展的外在因素。传统经济学是生态与经济相脱离的理论，这种人与自然、社会经济与生态环境相分离的内在理论缺陷，不仅把自然界视为一个不变因素，而且把经济看做是一个不依赖外部环境的孤立系统，完全否定了自然生态系统和社会经济系统之间的物质能量以及信息的交换这个劳动过程的本质特征，无法使得自然生态环境成为作为劳动过程的生产过程的构成要素，同时也否定了在劳动过程中“外部自然条件”随时随地转化为“内在自然要素”。

因此，自然生态要素对于生态旅游经济增长的影响不容忽视，在“可持续发展”已经成为人类共识的时代背景下，将自然生态要素纳入经济长期持续增长的分析框架更是必然。

（2）生态旅游经济可持续发展的生态约束[①]。要实现生态旅游经济的可持续发展，就必须正视生态旅游经济所面临的生态约束。

假设在生态旅游经济过程中产生的所有废弃物流量为 W，环境所吸收的废弃物数量为 A；生态旅游经济活动中可再生资源的利用数量为 R，不可再生资源的利用数量为 E，可再生资源和环境的自然再生产量为 G；则若以 S 代表环境退化率，有

$$\dot{S} = (W - A) + (R + E - G)$$

因为生态旅游资源的开发利用，以及生态旅游经济运行过程中产生的废弃物都是为了要提供消费 C，所以，W，R，E 都可看做 C 的函数，于是有：

$$W = W(C), W'(C) > 0, W''(C) > 0$$
$$R = R(C), R'(C) > 0, R''(C) > 0$$
$$E = E(C), E'(C) > 0, E''(C) > 0$$

上述 3 个函数对消费 C 的一阶导数和二阶导数都大于零，说明随着消费的增加，对于生态旅游资源的开发利用，以及向环境所排放的废弃物都在增加，而且增加的速度越来越快。

再将 X 作为度量生态环境的指标，也可以将环境的废弃物吸收能力和再生产能力看做是 X 的函数，于是有：

$$A = A(X), A'(X) > 0, A''(X) < 0$$
$$G = G(X), G'(X) > 0, G''(X) < 0$$

则 S 可以表示为：

$$S = (W - A) + (R + E - G) = (W + R + E) - (A + G) =$$
$$[W(C) + R(C) + E(C)] - [A(X) + G(X)] = N(C) - Q(X)$$

其中，N（C）为由于生态旅游经济过程中的各种资源需求所导致的生态退化加剧的程度；Q（X）为面对社会经济系统的需求，自然生态系统的恢复能力。

① 本部分参考了张锦高：《可持续发展经济学》，湖北人民出版社，2003 年，第 98-100 页的部分内容。

$$N(C)>0, N'(C)>0, N''(C)>0, (C>\underline{C})$$
$$N(C)=0, (C=\underline{C})$$

其中，$\underline{C}$ 指经济系统只消耗积累所增加的资源存量时所提供的消费，此时生态系统压力减轻，$W=0$。因此，处于消费水平 $\underline{C}$ 的经济系统对生态系统不产生任何新增加的资源需求。

$$Q(X)>0, Q'(X)>0, Q''(X)<0, (X>\underline{X})$$
$$Q(\underline{X})=0, (X\leqslant\underline{X})$$

其中，$\underline{X}$ 是最低的可持续发展的环境质量，如果环境质量降到 $\underline{X}$ 以下，生态系统不再有能力吸收废弃物，也没有再生产的能力。

假定 $\dot{S}$ 和 $\dot{X}$ 之间具有反向关系，随着时间推移，环境退化加剧，环境质量也就下降。

$$\dot{X}=-a\cdot S=a\cdot[Q(X)-N(C)]$$

用效用函数 U 来度量社会福利，则 U 是 C 和 X 的函数，

$$U=u(C,X)$$

$$u_c>0, u_{cc}<0, u_{cx}=0, \lim_{c\to 0}u_c=\infty, \lim_{x\to 0}u_x=\infty$$

所以，$\dot{S}$ 和 $\dot{X}$ 就是构造出来用于反映生态旅游经济的生态约束的条件。生态旅游经济能够长期可持续下去的最低条件是 $S\doteq 0$，即 $W=A, R+E=G$，这个条件可以保证生态系统不会发生退化。$\dot{S}$ 和 $\dot{X}$ 还表示，只要有生态退化的现象发生，生态质量将持续下降，包括生态旅游资源的匮乏耗竭以及生态环境的污染和破坏。所以，在 $Q(X)$ 的表述中，对于生态系统的利用有一个最低极限，如果 $X\leqslant\underline{X}$，资源和环境的退化将破坏生态系统的自然清洁能力和旅游资源的再生过程，也就是说，生态自然系统会走向崩溃，以自然生态系统的崩溃为代价的生态旅游经济的发展是不可持续的发展。因此，自然生态要素必须成为生态旅游经济发展的内在要素。

生态旅游经济可持续发展的生态经济效率

生态旅游经济的可持续发展建立在对生态要素的可持续利用的基础之上，而在实践中生态旅游开发和保护的矛盾直接决定了自然生态要素的可持续利用的状态和程度。在图 5-2 中，分析了生态要素的可持续利用状态。如图 5-2 所示，纵轴代表了生态旅游经济开发利用生态要素所产生的经济效益，横轴代表了生态旅游经济对生态要素的保护和投入所产生的生态效益，表现为自然生态效益和人文生态效益，O 点表示现时生态要素利用的生态经济状况，虚线和实线都代表生态

要素利用的生态经济效率。

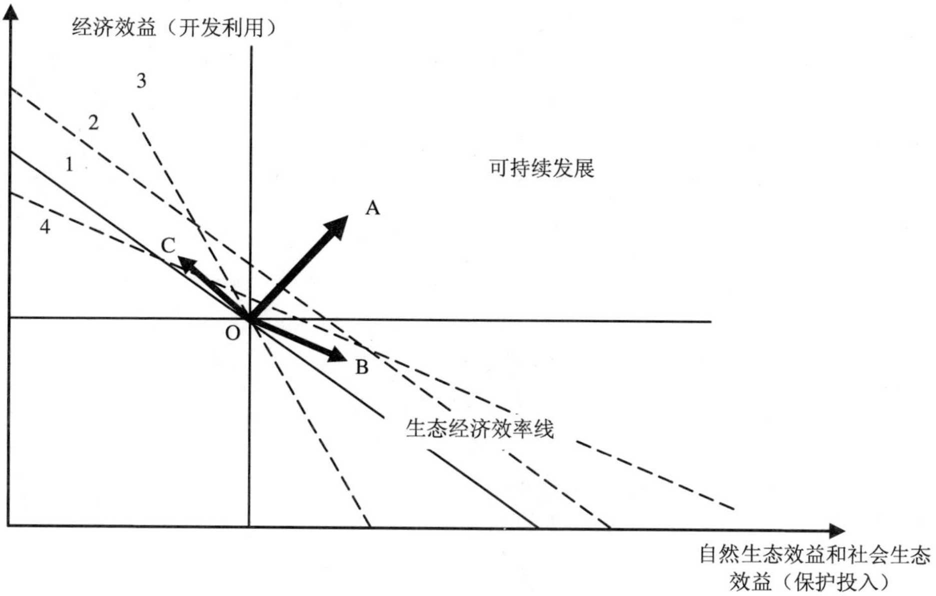

图 5-2　生态要素的可持续利用

资料来源：根据李秉祥、黄泉川：《基于可持续发展的环境资源价值与定价策略研究》，社会科学，2005 年第 7 期一文中的图形修改。

如图 5-2 所示，当生态旅游的开发经营行为促使生态经济效率线整体移动时，如由实线 1 向虚线 2 移动时，说明生态经济效率的整体水平得到提高；而当生态旅游经济效率线表现为虚线 3 和虚线 4 时，说明经济效益和生态效益的实现是不同步的，经济和生态没有取得和谐的发展，一方的发展以另一方的牺牲为前提，从长远来看将导致生态要素利用和生态旅游经济发展的不可持续。实线 1 向虚线 3 的移动表示，生态旅游的开发过度，对生态要素的保护不足；实线 1 向虚线 4 的移动表示，生态旅游过于注重保护，没有使生态要素的经济价值得到充分体现。所以，图中所示箭头 B 和箭头 C 的方向，都代表了片面的发展，不是生态要素利用的理想状态，只有箭头 A 代表的方向，才是兼顾经济效益和生态效益的生态经济协调发展的生态要素可持续利用的发展方向。而要达到这个目的，就必须使生态要素的开发和保护处于动态平衡之中，只有通过建立生态内生化的生态旅游经济可持续发展模型，协调在生态旅游开发经营中的生态、经济和社会效益的矛盾，才能促使这种平衡的实现。

5.2.3 生态要素是生态旅游经济可持续发展的内在因素

5.2.3.1 自然生态环境是生态旅游经济发展的自然形式与自然基础

刘思华教授在其著作《生态马克思主义经济学原理》中已经明确指出：社会经济的发展是自然生态因素作用的自然生态过程和社会历史因素作用的社会历史过程相统一的自然历史过程，社会经济形态发展中始终存在着自然基础，生态环境因素始终在起作用。不管经济社会形态如何，它的发展总表现为自然生态形式和社会历史形式相互融合和相互作用的社会经济运动过程，这是一种自然历史过程。作为社会经济运动中的自然联系的生态环境因素必然会表现为人类物质生产实践活动的基础、前提、条件，构成社会经济发展的内在要素①。

生态要素是生态旅游生态经济价值的承担者，原始生态、自然景观、山水风光是生态旅游生产的对象，都存在自然生态环境条件与界限的制约。就是生态旅游的生产者自身，也有使用的自然条件与界限，劳动使人的自身的自然潜力发挥出来，而劳动力的发挥是一般人类劳动的耗费，亦即人的自身的自然的耗费，是人身上的自然力的耗费，这是一种特殊的自然力、自然生态因素的耗费。所以，劳动力的使用必然要受到自然生态条件的制约，也就同时是价值形成与增殖所受到自然生态条件的制约。

生态要素是生态旅游生产发生的物质基础与先决条件，自然不仅是人的身外自然，而且包括人的自身的自然，劳动正是人的自身的自然作用于身外的自然，没有自然生态，就没有生态旅游产品的生产。

生态要素也是生态旅游消费的自然基础，旅游者追求生存与发展的自然需要，追求回归自然和自我实现的生态需求，是推动生态旅游经济发展的强大动力，没有自然生态，就没有生态旅游产品的消费。

生态要素还是全人类生活的共同前提条件，人类的生存、生产与生活都是受自然生态环境的直接影响的。不同的自然生态环境条件直接影响着人们的生活方式和经济生活，甚至精神面貌以及社会状况。没有自然生态，就没有生态旅游经济整体发展的生态环境。

5.2.3.2 自然生态环境是生态旅游经济过程的内在要素

生态旅游经济的生产过程是人与自然直接的物质变换过程，自然生态环境是生态旅游生产、劳动过程的一个构成要素，是物质财富的源泉。自然生态环境不仅是生态旅游经济发展的自然基础，而且是已经进入生态旅游经济生产实践的自

---

① 刘思华：《生态马克思主义经济学原理》，人民出版社，2006年，第123页。

然形式、自然要素，是生态旅游经济运行与发展的内在要素。

生态旅游经济的劳动对象包含自然因素，它们都是天然自然物或人工自然物，而劳动能力本身也是以人的“自身的自然”进入劳动过程，是人的活的劳动的消耗，即人的“自身的自然”的耗费，它是以生产劳动活动中的一种自然因素的消耗，构成为劳动过程的一个要素。因此，进入作为劳动过程的自然环境与生态基础构成的物质生产的自然生态要素，不仅是指人的“身外的自然”，还包括“人身的自然”，两者都是生态旅游生产劳动活动的内在要素。

劳动成为生态旅游经济的财富源泉的前提，是将自然生态纳入劳动过程，在生产过程中使劳动和自然界一切共同发挥作用，所以，生态旅游的生产劳动是具有“自然制约性”的，并非“一种超自然的创造力”。忽视劳动的自然制约性，不承认生态旅游经济运行与发展所受到的自然制约，必然导致自然界对人类的无情惩罚。

自然生态环境不仅仅是人类生态旅游经济活动的外部条件即外部环境，最主要、最根本的是人类生态旅游生产实践活动的内在要素，并且是两者互相交织在一起，统一于人类社会的经济发展过程中，形成人与自然的生态关系和人与人的经济关系的统一。

5.3 生态旅游经济关系和谐发展的模式重构——生态内生化的生态旅游经济可持续发展模型的建立

所谓内生化，就是将传统增长理论中作为外生变量处理的一些因素放到增长模型里作为内生变量来研究。以内生增长理论为代表的新增长理论，还未将生态环境的约束有效地纳入经济增长模型，也未与可持续发展规范相结合，因此，本书尝试将生态旅游资源纳入生产函数，并考虑环境外在性对跨时效用的影响，以动态优化作为基本分析工具，讨论耗竭性资源利用、人均消费与环境质量在长期增长过程中的相互关系以及模型的稳态增长。

5.3.1 生态旅游经济的生产函数

假定 1：生态旅游资源流量和生态旅游环境质量是生态旅游经济过程中的投入要素；

假定 2：生态旅游经济的发展与生态环境、生态系统、生物多样性、自然景观、文化遗存和民俗风情等生态旅游资源的存量水平，以及生态旅游经济活动对环境污染程度大小所导致的生态环境质量密切相关，构成了生态旅游对旅游者的吸引要素，生态旅游资源和生态环境的级别和质量越高，对生态旅游者的吸引力越大，越能提高生态旅游经济的生产能力；

假定 3：生态旅游资源大多是珍贵的和脆弱的，一旦破坏，将会造成不可逆转的影响，虽然生态旅游资源具有一定的可替代性，而且森林、珍稀动植物等资源具有自然生长的特性，人工方法也可促使其生长繁殖，但是其更新的周期很长，人工繁殖的能力有限，尽管生态旅游经济的发展对生态旅游资源的消耗并不像工业经济对不可再生资源的消耗那样巨大，但是为了研究方便，假定生态旅游资源具有不可再生性；

假定 4：生态旅游环境具有一定的自净能力，可以对其投入和改善；

假定 5：忽略生态旅游经济过程中的劳动力投入和技术进步因素。

在此基础上建立考虑环境约束的生产函数

$$Y_t = z_t K_t^{\alpha} R_t^{1-\alpha}, \quad z \in (0,1] \tag{1}$$

其中，K 代表物质资本投入；R 代表生态旅游资源投入；z 用来度量污染强度。

在不考虑环境影响时，z=1，此时生态旅游经济的产出值最大，如果考虑环境因素的影响，则 z<1，生态旅游经济的产出值低于其潜在产出。对于在生态旅游经济生产过程中产生的污染作如下描述：

$$P_t = z_t^{\frac{1-\alpha\beta}{\alpha\beta}} Y_t = z_t^{\frac{1}{\alpha\beta}} K_t^{\alpha} R_t^{1-\alpha}, \beta \in (0,1) \tag{2}$$

根据式（1）、式（2），生态旅游经济的生产函数可以表达为如下形式：

$$Y_t = P_t^{\alpha\beta} (K_t^{\alpha} R_t^{1-\alpha})^{1-\alpha\beta} \tag{3}$$

以后对于函数的表达为书写简便，省略下标。

5.3.2 生态旅游资本、环境和资源的变化方程

5.3.2.1 生态旅游资本的变化方程

生态旅游管理者和生态旅游提供者出于促进生态旅游经济可持续发展的目的，也会对生态要素进行投资，以维护生态资本的非减性。因此，生态旅游经济的收益除了用于消费 C 和积累 K 的部分外，也有部分用于对生态环境资源的再投资，实现生态再生产，为生态旅游经济的再生产提供生态基础。如果将改善生态旅游环境的投资定义为 I，则生态旅游经济的资本积累随时间的变化率为：

$$\dot{K} = Y - C - I$$

5.3.2.2 生态旅游环境的变化方程

生态旅游经济活动会对生态环境造成破坏，影响生态环境的质量，但是，对生态要素的投资又会保护生态系统，提高环境质量。E 代表生态旅游环境的质量状态，对生态系统的污染与生态旅游经济的产出水平有关，当然环境也有一定的自净能力，改善生态旅游环境的投资 I 也会对环境污染有治理作用。

因为，人类对生态系统的投资可以改善环境质量，假定环保投入和治理比例与当期产出 Y 有关，根据于渤（2006）的模型，为了得到系统的收敛解，假定 I 是τ的凸函数，则 $I=(b_0+b_1\tau^b)Y$ 。

其中，τ 为治理比例；b_0,b_1,b 为常数；$b_0,b_1\in[0,1],0<\tau<1,0<b_0+b_1<1$；设环保投入对环境改善的贡献为 $R(I)=c_0E$，$R'(I)>0,\lim\limits_{I\to\infty}R(I)=+\infty$ 。

由于没有考虑技术进步，假定环保投入的技术水平也不变，即环保投入对环境改善的边际贡献率 $R'(I)$ 以及环保投入对每单位环境质量的贡献率 $R(I)/E$ 都为常数 c_0。

为了研究方便，假设环境质量存在一个上限值，将环境质量 E 定义为实际的环境质量与环境上限值之差，因此恒为负数。于是，生态旅游环境质量随时间变化的方程为：

$$\dot{E}=(1-\tau)P-\theta E+c_0E=(1-\tau)z^{\frac{1-\alpha\beta}{\alpha\beta}}Y-\theta E+c_0E$$

因为环境质量存在下限值，一旦环境质量低于这一水平，生态系统会面临不可恢复的环境危机，所以 E 还要遵循以下约束条件：

$$E_{\min}\leqslant E\leqslant 0$$

5.3.2.3 生态旅游资源的变化方程

假定生态旅游资源具有不可再生的性质，因此生态旅游资源存量 S 的变化率是资源开发流量 R 的函数。

$$\dot{S}=-R$$

5.3.3 社会福利函数

将生态要素作为生态旅游经济发展的内生变量来考虑，则生态旅游经济的社会福利会受到生态旅游资源和生态环境的影响，社会福利值的大小取决于消费水平、生态环境的质量以及生态旅游资源的存量水平，表示为：

$$u(C,S,E)=\frac{C^{1-\varepsilon}-1}{1-\varepsilon}+\frac{S^{1-\omega}-1}{1-\omega}-\frac{(-E)^{1+\varphi}-1}{1+\varphi}$$

其中，C 为消费水平；S 为生态旅游资源环境的存量水平；E 为生态环境质量；ε,ω 表示风险系数，φ 表示环境意识参数，$\varepsilon,\omega,\varphi>0$。

5.3.4 模型构建

假设存在一个理性的社会计划者，其目标是使跨期效用最大化，这样就建立了一个时间连续条件下同时考虑生态旅游资源利用和生态环境质量的动态模型如下：

目标函数 $\max U=\max\int_0^{\infty}\mathrm{e}^{-\rho t}u(C,S,E)\mathrm{d}t$

ρ 为时间偏好率，指在保持总体社会福利不变的前提下，减少当前 1 单位的消费而需要在将来对经济主体进行多少单位的消费补偿。

约束条件：

$$\dot{K}=Y-C-I=(1-b_0-b_1\tau^b)zK^{\alpha}R^{1-\alpha}-C$$

$$\dot{S}=-R$$

$$\dot{E}=(1-\tau)P-\theta E+c_0E=(1-\tau)z^{\frac{1-\alpha\beta}{\alpha\beta}}Y-\theta E+c_0E=(1-\tau)z^{\frac{1}{\alpha\beta}}K^{\alpha}R^{1-\alpha}-\theta E+c_0E$$

$$E_{\min}\leqslant E\leqslant 0$$

其中，K，S，E 为状态变量；C，R，z 为控制变量。

5.3.5 模型求解

根据模型建立汉密尔顿函数：

$$H=U(C,S,E)+\lambda_1[(1-b_0-b_1\tau^b)zK^{\alpha}R^{1-\alpha}-C]+$$
$$\lambda_2(-R)-\lambda_3[(1-\tau)z^{\frac{1}{\alpha\beta}}K^{\alpha}R^{1-\alpha}-\theta E+c_0E]$$

其中，$\lambda_1,\lambda_2,\lambda_3$ 分别为资本、资源和环境的影子价格。

3 个控制变量的一阶条件为：

$$C^{-\varepsilon}=\lambda_1 \tag{4}$$

$$(1-\alpha)\cdot\frac{Y}{R}[\lambda_1(1-b_0-b_1\tau^b)-\lambda_3(1-\tau)z^{\frac{1-\alpha\beta}{\alpha\beta}}]=\lambda_2 \quad (5)$$

$$\lambda_1(1-b_0-b_1\tau^b)=\frac{1}{\alpha\beta}\lambda_3(1-\tau)z^{\frac{1-\alpha\beta}{\alpha\beta}} \quad (6)$$

或

$$\frac{\lambda_3(1-\tau)P}{\lambda_1(1-b_0-b_1\tau^b)Y}=\alpha\beta \quad (7)$$

3 个状态变量的欧拉方程为：

$$\rho\lambda_1=\alpha\cdot\frac{Y}{K}[\lambda_1(1-b_0-b_1\tau^b)-\lambda_3(1-\tau)z^{\frac{1-\alpha\beta}{\alpha\beta}}]+\dot{\lambda}_1 \quad (8)$$

$$\rho\lambda_2=S^{-\omega}+\dot{\lambda}_2 \quad (9)$$

$$\rho\lambda_3=E^{\varphi}+\lambda_3(\theta-c_0)+\dot{\lambda}_3 \quad (10)$$

由式（4）可得：

$$-\varepsilon g_c=g_{\lambda_1} \quad (11)$$

由式（6）变形可得

$$\frac{\lambda_3 z^{\frac{1-\alpha\beta}{\alpha\beta}}}{\lambda_1}=\alpha\beta\cdot\frac{(1-b_0-b_1\tau^b)}{(1-\tau)} \quad (12)$$

易知式（12）右端为常数，取对数求导可得：

$$g_{\lambda_3}+(\frac{1-\alpha\beta}{\alpha\beta})g_z=g_{\lambda_1} \quad (13)$$

将式（5）代入式（8）并整理可得：

$$g_{\lambda_1}=\frac{\dot{\lambda}_1}{\lambda_1}=\rho-\frac{\alpha}{1-\alpha}\cdot\frac{\lambda_2 R}{\lambda_1 K} \quad (14)$$

在稳态经济增长中增长率为常数，所以上式中 $\frac{\lambda_2 R}{\lambda_1 K}$ 也为常数，于是：

$$g_{\lambda_2}+g_R=g_{\lambda_1}+g_K \quad (15)$$

又 $g_K=\frac{\dot{K}}{K}=\frac{Y-C-I}{K}$，在稳态增长中 $\frac{Y}{K}=zK^{\alpha-1}R^{1-\alpha}$ 也为常数，因此：

$$g_z+(\alpha-1)g_K+(1-\alpha)g_R=0 \tag{16}$$

式（9）和式（10）分别变形有：

$$g_{\lambda_2}=\frac{\dot{\lambda}_2}{\lambda_2}=\rho-\frac{S^{-\omega}}{\lambda_2},g_{\lambda_3}=\frac{\dot{\lambda}_3}{\lambda_3}=\rho-\frac{E^{\varphi}}{\lambda_3}+(\theta-c_0)$$

同理可得：

$$-\omega g_S=g_{\lambda_2} \tag{17}$$

$$\varphi g_E=g_{\lambda_3} \tag{18}$$

在稳态经济增长中存在：

$$g_Y=g_K=g_C=g^0 \tag{19}$$

又 $g_E=\frac{\dot{E}}{E}=\frac{(1-\tau)z^{\frac{1}{\alpha\beta}}K^{\alpha}R^{1-\alpha}}{E}-\theta+c_0$

因为 g_E 为常数，所以上式中 $\frac{(1-\tau)z^{\frac{1}{\alpha\beta}}K^{\alpha}R^{1-\alpha}}{E}$ 必须为常数，同理可知：

$$\frac{1}{\alpha\beta}g_z+\alpha g_K+(1-\alpha)g_R=g_E \tag{20}$$

将式（7）代入式（5）并整理可得：

$$\frac{\lambda_2R^{\alpha}}{\lambda_3K^{\alpha}z^{\frac{1}{\alpha\beta}}}=1-\tau \tag{21}$$

可知式（21）右端为常数，同理可知：

$$g_{\lambda_2}+\alpha g_R=g_{\lambda_3}+\frac{1}{\alpha\beta}g_z+\alpha g_K \tag{22}$$

联立式（11）、式（13）、式（15）、式（16）、式（17）、式（18）、式（19）、式（20）、式（22）可得：

$$g_R = \frac{(1-\alpha)(1-\alpha\beta)(1+\varphi)+\alpha\beta(\varepsilon+\varphi)}{(1-\alpha)(1-\alpha\beta)(1+\varphi)} g_K =$$

$$[1+\frac{\alpha\beta(\varepsilon+\varphi)}{(1-\alpha)(1-\alpha\beta)(1+\varphi)}]g^0 > g^0 \tag{23}$$

污染的增长率为：

$$g_z = (1-\alpha)(g_K - g_R) = -\frac{\alpha\beta}{1-\alpha\beta}\cdot\frac{\varepsilon+\varphi}{1+\varphi}g^0 < 0 \tag{24}$$

生态旅游环境质量的增长率为：

$$g_{(-E)} = -g_E = -[\frac{1}{\alpha\beta}g_z + \alpha g_K + (1-\alpha)g_R] = -(\frac{1-\varepsilon}{1+\varphi})g^0 \tag{25}$$

5.3.6 结果分析

由式（23）可知，$g_R > g_K$，意味着生态旅游资源要保持较高的积累速度，生态旅游经济是资源导向型的，生态旅游资源是其存在和发展的基础，虽然在模型的假定中，生态旅游资源具有不可再生性，但是在实际的生态旅游经济运行过程中，人类对生态系统的保护、更新和投入可以实现生态资本的增加，而且社会经济系统对生态旅游资源的利用和消耗同工业经济有所区别，主要是开发和观赏，不是改变形态和面貌，因此，生态旅游经济的增长如果能够注意对生态旅游资源的节约使用，同时增大对生态旅游资源的投资，提高其繁殖和更新能力，就能使以生态旅游资源为基础的生态资本维持非减性，使生态旅游经济的可持续发展具备生态基础。

由式（24）可知，在稳态的生态旅游经济增长中，污染强度的增长率小于零，说明生态旅游环境质量不断得到改善，达到“生态乐园”的状态，使生态旅游经济的可持续发展具备生态前提。

由式（25）可知，要使 $g_{(-E)} > 0$ 必须保证 $\varepsilon > 1$，ε 为边际效用弹性参数，是跨期替代弹性的倒数；ε 越大，意味着消费者越偏好平滑型的消费模式，投资于生态旅游环境质量改善的社会报酬越大。这说明在效用函数中，当生态旅游消费和生态旅游环境质量互补时，生态旅游产出的增长带来生态旅游环境质量的提高，则生态旅游经济的可持续的增长得以实现；当生态旅游消费与生态旅游环境质量互为替代时，生态旅游产出的增长以降低生态旅游环境的质量为代价，则生态旅游经济可持续增长的路径会越来越“窄”。

本模型的结论重新揭示了在社会经济发展和自然生态系统运行之间的关

系，生态旅游经济的可持续发展并非不可能实现，生态旅游经济的可持续发展不否定经济增长和经济利益，相反只有生态旅游经济的建设和发展才能摆脱贫困，为解决生态危机提供必要的物质基础，从而才能最终打破贫困加剧和环境破坏的恶性循环。但是，具有可持续意义的生态旅游经济的增长，必须转变传统的发展观念，建立在对生态旅游资源的节约使用和对生态旅游环境的保护的基础上，变革在大众旅游经济中“高污染、高消耗、高投入、低质量、低效益、低产出”的旅游生产和消费模式，减少社会经济系统对自然生态系统造成的生态压力。生态旅游经济的可持续发展是建立在生态旅游资源和环境的可持续性基础之上的，随着社会经济的不断发展，生态旅游资源与环境稳定持久的供给能力越来越受到重视，它不仅构成生态旅游经济增长的物质条件，而且成为生态旅游经济可持续增长的约束条件。因此，生态旅游经济的可持续发展要以生态旅游资源为基础，与生态旅游环境相协调，经济社会的发展不能超过自然生态系统的承载能力，因此，在开发和利用生态旅游资源时，要对自然生态系统进行补偿和投资，对自然生态系统进行保护、恢复和更新，使自然生态系统的运行保持完整的持续的秩序和良性循环，使自然生态过程和社会经济过程内在统一。

5.3.7 生态旅游经济关系和谐发展的一个实证①

吴伟光等（2003）采用参与性调查和实地调查相结合的方式，对浙江省临安市临目乡太湖源的生态旅游开发进行了实地调查，对生态旅游开发和当地的经济、生态和社会可持续发展的关系进行了实证分析，其主要结果如下：

从此案例中可以看出，太湖源白沙村的生态旅游经济建设呈现了可持续发展的特征，在经济发展，收入水平大幅度提高的同时，生态环境也得到了保护和改善，同时，对教育的重视程度以及社会关系都有较大的提高，说明自然生态系统和社会经济系统实现了协调发展，进一步验证了本模型中的结论。

① 本实证中的数据来源于吴伟光等：《生态旅游与乡村可持续发展实证研究——以临目乡太湖源生态旅游开发为例》，林业经济问题，2003 年第 6 期。

表 5-2　白沙村生态旅游开发前后的经济指标、生态指标、社会指标变化

年份	经济指标变化							生态指标变化			社会指标变化			
	人均收入/万元	就业结构/人			产值结构/万元			森林覆盖率	森林采伐指标/m³	森林实际采伐/m³	家庭总收入/元	家庭总支出/元	教育支出/元	教育支出的比例
		第一产业	第二产业	第三产业	第一产业	第二产业	第三产业							
1997	3 273	238	30	50	200	30	40	—	100	100	13 465	8 744	840	9.6%
2000	5 261	138	30	150	150	25	130	97%	40	0	21 643	12 487	1 680	13.5%
变化率	+60.7%	−10.4%	0.0%	+200.0%	−25.0%	−16.7%	+225.0%	—	−60%	−100%	+60.7%	+40.7%	+100%	+40.6%

表 5-3　白沙村生态旅游开发前后生态环境和乡村文明程度的评价结果

评价结果	生态环境						乡村文明			
	水质	空气	森林	动物	环境卫生	噪声	家庭关系	邻里关系	社会交往	妇女、老人经济地位
改善/%	41.86	41.86	90.70	55.81	69.77	0.00	87.5	75.0	75.0	87.5
恶化/%	37.21	2.33	0.00	11.63	13.95	53.49	12.5	25.0	25.0	12.5
无变化/%	20.93	55.81	9.30	32.56	16.28	46.51	0	0	0	0

第6章

生态旅游经济关系和谐发展的可持续管理

生态旅游经济关系的和谐发展，还有赖于生态旅游经济关系中的各利益主体建立科学完善的可持续管理体系。从政府部门到生态旅游企业，从生态旅游社区到生态旅游者，都要转变管理意识，树立可持续发展观念，注重生态旅游经济发展中经济效益、社会效益和生态效益的有机融合，缓和与消除生态旅游经济建设中的矛盾冲突，推动生态旅游经济关系的健康、有序地发展。

6.1 以政府为主体的生态旅游经济关系管理

生态旅游经济的宏观管理应该在社会、经济、文化、自然与人类自身的全面发展的大背景下，兼顾公共服务、综合福利和生态保护的价值取向，从人与自然协调发展的角度来处理、协调和解决在生态旅游经济发展过程中的种种矛盾和问题。

6.1.1 统筹生态旅游经济的宏观发展

6.1.1.1 制订生态旅游经济可持续发展规划

生态旅游经济的可持续发展，必须有一个明确的发展规划，按照可持续发展的原则，最大限度地实现潜在环境和经济利益，同时使可能发生的环境或文化破坏降低到最小限度。

生态旅游经济的发展规划要在对生态旅游市场供需充分分析的基础上，综合考虑发展生态旅游经济的生态潜力与生态限制条件，指导生态旅游经济的空间适宜性分布，以及生态旅游经济发展的政策与措施。

对于生态旅游资源的利用类型、模式、广度、深度和数量等，进行科学严密的考察和论证，在保护好的前提下进行有序开发。对于生态旅游开发的环境影响，考虑到旅游综合环境条件的差异，以及生态旅游活动对自然资源、生物多样性的负面影响和消除负面影响的能力局限性，在生态旅游资源的开发决策之前作全面的环境影响评估。对于生态旅游产品的发展潜力，要从主要资源（土地、水源、交通等）、环境要素（生态系统的健康和生物多样性）和文化要素评估；制订一个长期与短期相结合的旅游发展规划，使旅游保持适度规模，促进生态旅游经济持续、稳定、健康的发展①。

生态旅游经济的规划应该同当地经济、文化、社会的发展有机结合起来，促进当地社区和生态旅游经济的共同发展。所有生态旅游经济的开发项目和具体内容应符合当地社会经济发展的需求，并与社会道德规范和当地文化背景一致，致力于提高社区居民的生活水平和改善社区居民的生活质量，有利于保护地方传统文化，并增进社区与外界的经济文化交流，帮助社区居民提高综合素质，实现全面、协调、可持续发展。

6.1.1.2 加强生态伦理道德教育

生态伦理道德教育是建立良好的社会经济秩序的重要手段，在市场经济体制下，加强可持续发展的生态伦理道德教育，有利于在全社会的范围内树立公开、公平、公正与和谐的市场经济伦理，防止生态旅游活动过程中不良的经济秩序和个人表现的不良作风，实现生态旅游经济的可持续发展。

生态伦理道德教育是一项具有综合性、广泛性和长期性的系统工程。首先，针对旅游地的政府官员、开发商、旅游管理人员和从业人员进行培训，使他们在生态旅游开发经营中自觉运用生态学原理，推出真正的生态旅游产品，满足生态旅游市场需求。其次，提高游客的生态意识、环境意识和可持续发展意识，使他们自觉用生态学原则指导旅游活动，成为负责任的生态旅游者。再次，对社区居民进行生态和环保意识教育，促成他们放弃不利生态环境保护的生产方式和生活习惯，支持生态旅游经济的发展，积极参与生态旅游开发和经营。最后，对全体社会公众进行宣传，通过标本、图片、影视、录像及宣传资料普及生态旅游知识，使生态旅游活动真正成为促成人与自然和谐统一的桥梁，起到提高公众生态意识和环保观念的作用，促进生态旅游经济的可持续发展。

6.1.1.3 完善生态旅游经济可持续发展的法律保障

生态旅游经济的健康发展需要完备的法律法规来进行规范，现行《自然保护

---

① 唐飞、陶伟：《建立旅游可持续发展的复合系统》，东北财经大学学报，2001 年第 2 期。

区条例》《环境保护法》《森林法》等已不能满足其发展要求，为此，必须制定综合完善、具有层次性的各级各类法规，全面保障生态旅游经济的可持续发展。

（1）旅游基本法。旅游基本法主要明确旅游经济（包括生态旅游经济）的功能、地位、属性和发展目标，在可持续发展战略思想的指引下，规范旅游资源（生态旅游资源）的保护及合理地开发利用，保障旅游经济（生态旅游经济）的永续发展。

（2）生态旅游资源相关的法律。鉴于生态旅游经济的特殊功能及其在实现旅游经济可持续发展战略目标中的重要地位，尤其是对于那些列入重点保护对象的、不可再生的、宝贵的、脆弱的生态旅游资源，要通过法律来实施严格的保护制度，不仅注重生态旅游资源的经济价值，还应对生态旅游资源的生态价值和社会价值引起足够重视，平衡地方政府和生态旅游开发经营者在生态旅游经济发展过程中的经济导向、生态导向和社会导向。

（3）与生态旅游区直接相关的法律。例如，通过对生态旅游区环境的立法，加强对环境的监测评估以及环境影响评价等工作，制定生态旅游环境标准，为生态旅游环境的管理与评估工作提供具有法律意义的评价标准和技术依据①。把严格保护、合理开发和科学管理纳入法制化轨道，积极探寻生态旅游经济与社会文化、生态环境协调发展的模式，促进人与自然之间和谐共进。

6.1.2 遏制生态旅游的泛化现象

生态旅游的泛化以及成为扭曲的生态经济关系在生态旅游实践中的直接反映，经济社会系统膨胀的生态需求使得“生态”二字成为“救市稻草”，社会经济关系超越自然生态关系成为生态旅游经济发展的主导，被压制的自然生态关系在重负之下面临着破裂的危险。一旦自然生态关系无法恢复，社会经济关系也就不复存在。在“市场失灵”的时候，政府管理部门应该适当地介入和干预，整顿生态旅游市场秩序，遏制生态旅游的继续泛化。

6.1.2.1 扶持生态旅游经济的发展

通常生产严格生态旅游产品的供给者，其生产成本会高于一般的旅游产品，要降低生态旅游提供者的这部分额外成本，除了依靠供给者自身的技术研发和创新之外，政府管理部门也可制定一些优惠措施，给予这些生态旅游提供者以必要的帮扶；同时，生产一般旅游产品的供给者生产成本较低，但是其生产行为可能导致的外部性成本（包括环境污染和资源退化所造成的成本），一直未由其承担，

① 李雄华：《旅游资源立法比较分析》，求索，2005 年第 3 期。

对此，政府要加强对污染治理的力度，制定相应的处罚措施，使这些外部性成本由制造者承担；另外，政府还要加强对生态旅游的宣传，让旅游者了解生态旅游的内涵和原则，加强生态伦理教育，鼓励旅游者提高生态旅游倾向。

6.1.2.2 保障生态旅游者的权益

针对生态旅游鱼龙混杂的局面，为避免那些提供“伪生态旅游产品”的“搭便车”行为，以及“劣币驱逐良币”现象的发生，行政管理部门可以采取必要的措施增加“虚假生态旅游产品”的提供成本，对真正的生态旅游提供者则给予支持与帮助，以使生态旅游者能够购买和消费合格的生态旅游产品。

为了让虚假生态旅游产品的提供者的行为受到约束，除了依靠相关法律法规的强制规定以外，使旅游者通过可靠的维权手段对供给者形成制约也是解决问题的途径之一。所以，政府部门应该完善消费者的维权渠道，在消费者购买到虚假生态旅游产品后有妥善的投诉方式和处理办法，追求提供者的违约责任，这样既有助于维护消费者的权益，也让提供者必须考虑如果提供虚假生态旅游产品将会产生的后果。

6.1.2.3 提高虚假生态旅游产品的“伪装”成本

如果虚假生态旅游产品的“伪装”成本很小，政府管理部门对其不采取任何措施，那就意味着供给者“以次充好”几乎不需要付出任何的代价，在经济利益的驱动下，市场上真正的生态旅游产品越来越少，虚假生态旅游产品的概率增加，旅游者的期望收益越来越低，直至假品将所有的真品赶出市场。所以，政府管理部门应对虚假生态旅游产品的生产和销售采取治理措施，如开征旅游环境调节税、实行生态补偿制度等，利用法制、行政和经济手段的力量淘汰假冒伪劣的虚假生态旅游产品，追究虚假生态旅游产品提供者的责任或者科以重罚，增大其生产和出售的风险成本。

6.1.2.4 严格生态旅游的准入制度

生态旅游资源的有限性和不可再生性决定了生态旅游产品的开发经营具有垄断性，即对生态旅游资源的开发不可能有多家同时进行，只能是少数几家。政府要对生态旅游提供者实施准入与淘汰机制，通过准入机制决定其是否具备生态旅游从业资格，将那些不符合和不具备生态旅游开发经营条件的企业拒之门外，保护有限的生态旅游资源，保证生态旅游产品的质量，从源头上杜绝非生态经营开发的行为和现象。同时，通过淘汰机制实现对生态旅游提供者的动态监督管理，使那些已经名不符实的“生态旅游提供者”得到及时的清理，避免生态旅游市场上的鱼目混珠。目前，已经有许多国家采取了“生态旅游经营资质年检复查”和“等级升降”等办法，对从事生态旅游开发和经营的市场主体做到优胜劣汰，保障生态旅游经济的健康发展。

6.1.2.5 推行生态旅游认证

生态旅游认证活动的开展对于生态旅游经济的可持续发展具有重大意义，行政管理部门要加强和国际知名生态旅游认证的合作与交流，营造生态旅游认证的良好氛围，鼓励生态旅游景区和企业积极参与生态旅游认证。

对于认证机构，行政管理部门要进行资格认定和授权，评审认证机构的能力、水平和工作表现，监督管理认证过程，约束认证机构和认证企业的行为，制止违法舞弊行为的发生，使认证具有权威性和说服力。

对于生态旅游提供者，给参与生态旅游认证的景区和企业一定的优惠措施，在财政和税收政策上给予这些景区和企业一定的支持，刺激他们生态旅游认证行为的主动性。

对于旅游者，使旅游者了解生态旅游认证的内涵，树立根据认证标志选择生态旅游产品的意识，帮助旅游者避免购买泛化和伪劣生态旅游产品的危险，促进旅游者对生态旅游景区和企业生态旅游认证的需求，客观上推动旅游景区和企业的认证行为，规范生态旅游市场的秩序。

6.1.3 制定促进生态旅游经济可持续发展的配套政策

6.1.3.1 经济政策

将对生态环境和旅游资源的保护纳入国家财政预算，各级政府对生态环境和旅游资源保护的投入要作为财政支出的重点并逐年增加。支持发展环境友好型和资源节约型的生态旅游项目，生态旅游开发单位必须向环境保护主管部门缴纳一定数额的保证金，作为对不破坏以自然环境、生物多样性和传统文化为代表的生态旅游资源的经济约束，如果在规划和开发中出现了破坏生态旅游资源的行为，要接受相应的经济制裁和处罚。

正确认识生态旅游资源保护培育与生态旅游经济发展之间的相互关系，保证因生态旅游资源开发取得的收益在资源培育、管理和开发等几个方面得到公正、科学、合理的分配，促进生态旅游资源保护、培育与开发的可持续发展。

充分利用税收和价格杠杆，约束旅游者和旅游生产者的行为，使之共同分担维护景观资源价值的成本，从而使当地社区居民也成为生态旅游经济的受益者，促进经济、社会和生态的共同可持续发展。

广泛推广绿色核算，将生态旅游经济的经济增长状况和生态旅游资源及环境状况纳入统一的核算体系，减少资源浪费和环境破坏。

促使传统旅游消费向绿色旅游消费转变，绿色旅游消费能够促进生态旅游经济的进一步增长，而绿色消费政策的完善和消费法规的落实是提高生态旅游者绿色旅游消费质量的有力措施[①]。

6.1.3.2 生态环境政策

目前在一些地区，由生态旅游开发和生态旅游行为带来的旅游性污染与环境损害已较严重，有的甚至已经影响了生态旅游资源的开发与利用。要改变这种状况，还需依靠有效的环境政策来对旅游区域的环境状况加以保护。政府要采取积极有效的干预措施，既要考虑生态旅游资源开发建设、合理布局设施和维护生态平衡等，又要紧密与区域所在地的重点发展项目、相关行业配套，减少实施中的盲目性、局限性和短期性造成的不必要损失，努力消除生态旅游经济发展过程中的外部不经济承担保护生态环境和旅游资源的责任。

环境保护部门要对生态旅游区已经存在、在建、拟建的每一个项目进行严格的环境影响评价，不符合环境标准的项目，坚决予以取缔。在较为脆弱的生态旅游区（如自然保护区）严格按照功能分区的规定，规划重点保护核心区、缓冲区、外围保护区，区别对待：核心区禁止任何单位和个人进入，除依法定程序和条件经批准外，也不允许进入从事科学研究活动；缓冲区只准进入从事科学研究观测活动；外围保护区可以进入从事科学试验、教学实习、参观考察、旅游等活动。至于那些暂时无法利用现有的技术手段对自然性、多样性加以保证的可持续景区，则应明令禁止开发。

6.1.3.3 社会文化政策

生态旅游经济的受益群体不是特定的旅游者、居民个人或群体，而是覆盖与生态旅游资源有着各种联系的所有个人、群体和组织。生态旅游经济不仅要使当代的旅游者和当地居民受益，而且要使未来的旅游者和居民能继续分享旅游带来的效益。这两方面体现了生态旅游经济发展的代际公平和代内公平原则。为此，政府部门的社会文化政策必须充分研究生态旅游活动的开展对旅游地和旅游者的非经济影响，以保持传统文化的多样性和独特性为最高目标。旅游者和当地居民的社会活动必须与旅游景观的结构、功能及其内在价值相协调，同时，旅游活动的开展必须以不损害当地居民的社会文化价值和生活习惯为前提。在生态旅游的具体规划过程中，应该吸取当地居民的意见，以防出现外界强加旅游产业发展规划给当地居民，从而导致“主人与客人”之间“冷漠与对抗”的发生。

---

① 司金銮：《中国可持续旅游产业理论问题探讨》，福建论坛，2001 年第 6 期。

6.2 以企业为主体的生态旅游经济关系管理

6.2.1 生态旅游景区的绿色管理

生态旅游景区主要包括自然保护区、风景名胜区、国家公园、森林公园以及生态实验站；从景观生态角度来看，主要包括山地、森林、草地、各种水域、沼泽等景观生态类型。这类旅游景区的共同特点是保持着大自然的原有风貌和良好的生态环境，有些还有丰富独特的人文积淀、浓郁的风俗民情。生态旅游景区正受到越来越多人的青睐，成为人们回归自然及开展可持续旅游的理想境地。

然而，生态旅游景区属于自然和人文生态环境敏感区，旅游经济的发展极易对其生态环境造成破坏。因此，在生态旅游景区建立一种合理有效的旅游发展和管理模式，最大限度地减少生态旅游经济对区域生态环境的破坏是生态旅游景区可持续发展的基本目标，是实现生态旅游景区资源可持续利用、生态环境保护和经济发展三位一体相互协调的一条重要途径。

6.2.1.1 生态旅游景区的自然生态管理

（1）自然生态旅游资源的管理。自然生态旅游资源是进行生态旅游开发和开展生态旅游活动的依托和基础，也是生态旅游经济得以持续的自然生态前提。对于生态系统相对较为脆弱的生态旅游景区而言，维持和保护自然生态资源的完整性和原始性，在生态旅游项目的开发规划和生态旅游活动中，尽量减少对资源的损耗与破坏，是景区自然生态管理的重要内容。

生态旅游景区的可再生旅游资源，管理的主要目标是致力于资源再生能力的维护和促进，使资源的循环再生过程呈现出一个螺旋上升的良好态势。

生态旅游景区的不可再生旅游资源，则主要致力于对其外部和内部结构完整性、功能健全性等的保护，遵循保护重于开发的原则，实现自然资源的可持续利用，在一个较长的时间周期内，实现资源的完整性能够得到最大的保护，其本质的资源特色和原始状态也能够得到较好的保留。

（2）生态旅游环境的管理。我国的许多生态旅游地环境管理普遍较薄弱，生态旅游破坏生态的现象屡见不鲜，所以须加强其环境管理。随着时间推移，生态旅游环境在结构和功能方面会发生变化，包括自然变化和人为干扰情况下环境的变化，而且人为干扰在环境变化中起着越来越重要的作用，因此生态旅游环境管理重点考虑后者。生态旅游环境变化可细分为景观变化与环境质量变化，前者一般采用生物多样性、植被覆盖率、景观破碎度、土壤扰动及地表侵蚀、水文特性的变化及由此引起的旅游景观价值、生态保护作用、生态服务功能的变化等指标表示，后者采用环境评价因子，如对水体、土壤、大气、噪声等污染指标进行评价。

为了控制环境恶化并使其质量达到一定的标准，必须确定生态旅游区环境变化的控制指标。这些指标主要包括生态指标、环境指标、设施建设和布局标准、环境美化标准、客流量指标等。

6.2.1.2 生态旅游景区的文化生态管理

（1）历史文化景观的管理。在景区内构建现代化设施的同时，充分发掘保护和发展旅游地的传统特色和历史风貌。在景区环境管理中，除了要不断创新，及时赋予景区以新的时代特色之外，尤其要精心保护和管理代表旅游地历史文化的标志性建筑物、文物等历史文化景观。

（2）特色民俗风情的保护和管理。生态旅游经济的发展会对生态旅游景区所在地的文化形成冲击，对其产生深远的影响，尤其是在社会经济不够发达的地区，由于对旅游经济的过分依赖，容易导致原有文化的退化和变质。

景区开发者对那些生存领域窄、本土文化代表性强的原生文化应予以重点研究和保护，在充分尊重当地文化的基础上，将当地的民俗风情加以提炼，以此为依托，在景区内整修一些典型的民俗载体，控制景区内的建筑现代化和城市化倾向。

游客的旅游活动要尽量减少对当地社区原生文化的负面影响，认识和尊重当地生活方式和生存价值观、历史传统、语言、文学和传统艺术、宗教信仰，使旅游成为恢复和强化地区文化的一条可行之道。

（3）文化氛围的保持和营造。注重景区内文化氛围的营造，在景区内建筑装修、店铺门面、园林绿化、环境卫生、广告标志、交通工具等景区综合风貌上凸显文化品位。在保存、修缮和利用的过程中，尽可能地保证文化资源原材料设计、材料、工艺和环境的完整与真实，避免旅游的发展对旅游区文化的负面影响，避免伪民俗化、过度商业化、城市化等情况的出现，保护、挖掘本地文化资源的宝贵财富，让本地文化资源和文化的内涵能够在旅游发展过程中得到有效的保护，实现与旅游的协调、同步发展。

6.2.1.3 生态旅游景区的经济收益管理

控制和降低景区生产成本

（1）生态成本的控制和降低。由于引进新的环保设施、新的环保技术，增加一些必需的再循环环节等，而使得生态旅游区经营成本上升；但应该注意的是，在实际情况中，生态旅游区经营者都会根据自身情况，选择与自身承受能力相适应的环保措施，并且由于环保措施的实行，降低了生态运营成本，从远期来看总成本的量得到了有效的控制。

（2）经济成本的控制和降低。通过实行减量化、再利用的改革措施，实现减少一次性用品的使用量，降低水、电等的使用量，降低旅游区服务成本等目标，从而实现成本的降低，同时由于自身的绿色生态形象还能带来额外的收益进行弥补，从而在实际上提高了经营效益①。

（3）社会成本的控制和降低。通过在生态旅游景区实现绿色管理，改善了生态环境，教育了旅游者，激励和加强了科研水平，倡导健康生态旅游等，从而促进人的全面发展。景区绿色管理对环境治理的要求为社会带来了新的就业机会和环保技术的进步与发展，对生态旅游者所提出的绿色消费、健康旅游的观念也带动了全社会的消费观念的转变和绿色健康潮流。

促进景区收益的协调

（1）经济收益与生态收益的协调。生态旅游的经济收益和生态收益之间确实存在一定的矛盾，但是只要坚持可持续发展的原则，树立生态旅游资源的忧患意识，坚持对旅游规模的控制，保持生态环境容量的动态平衡，就可以向市场提供货真价实的生态旅游产品，满足不断增长的生态旅游市场需求，实现生态旅游产品的市场价值，也给生态旅游的开发经营者带来相应的经济收益，保障生态旅游经济在经济上的持续性。

同时，对生态环境和旅游资源的保护也避免了对景区生态效益的冲击，使优美的生态环境得以维持，高品位的生态旅游资源不致退化，让后代人也能分享由其带来的生态体验和美学体验，实现生态旅游经济收益和生态收益的协调，保证生态旅游经济在生态上的持续性。

（2）经济收益与社会收益的协调。生态旅游景区通过向市场提供生态旅游产品和向游客提供高质量的服务来实现经济收益，通过对景区生态旅游资源及其他要素的合理配置，充分体现景区的生态优势，营造独特的旅游氛围，创造和谐的人文环境，让生态旅游者的需求得到全面满足，享受自然美景和人类文明的成果，生态旅游者对于生态旅游产品的需求将会持续增长。

生态旅游经济的发展，也增进了景区和景区所在地与外界的经济文化科技交流，社区居民能够分享从生态旅游经济发展中带来的收益，促进社区经济发展、生活富裕和社会进步，反过来也为生态旅游景区的长远发展提供了良好的人文基础。从这个角度来看，生态旅游景区主动承担社会责任，可以促成经济收益和社

① 邱膑扬等：《基于循环经济理念的生态旅游区目标管理运行模式的构建》，环境保护，2005 年第 12 期。

会收益的协调，实现人类和睦相处和整体进步，推进人类文明发展。

实现景区经济收益的合理分配

生态旅游景区的发展与社区的发展是相辅相成的，社区利益与旅游景区利益的分配是否适当，能否实现社区与旅游景区的同步发展是影响生态旅游景区可持续发展的一个重要因素。

当地社区居民是构成生态旅游社会环境的重要组成部分，社区居民对于生态旅游经济发展的态度如何，以及与生态旅游者之间的关系是否和谐，直接关系到生态旅游景区能否实现经济效益、社会效益和生态效益协调发展的目标。通过生态旅游经济的发展来提高经济收入、改善生活水平是景区当地社区居民的迫切要求，也是提高社区文明程度、促进生态环境保护的物质前提和现实基础。

生态旅游景区的绿色管理应注意保护社区的利益，避免旅游对社区原生文化的冲击，保护和尊重当地的文化观念和价值观，保持社区群体的正常生活状态，重视社区的参与，尽可能使用当地劳动力，可通过必要的培训，采取与当地文化与用工惯例一致的人力资源管理政策等，给社区带来直接的收益，实现社区总体利益的提高。社区居民个人条件的差异，会影响他们对景区生态旅游发展的参与方式和参与程度，也会导致利益分配的最终结果不同，景区要拓宽社区居民参与渠道，加强其参与能力，逐步调整，建设较完善的社区居民的利益分配机制。

6.2.2 生态旅行社[①]的绿色管理

6.2.2.1 提高旅行社生态旅游产品的绿色质量

（1）旅行社生态旅游产品的绿色采购。生态旅行社在组合生态旅游产品时，为保证产品的绿色质量，要按照循环经济和绿色标准要求，择优选择各类旅游要素供应商，建立全面覆盖的对生态负责的绿色旅游供给网络。

按照循环经济和绿色标准选择景点、酒店、餐饮、车辆、购物、娱乐等合作企业，如安排游览行程要优先选择节约型、环保型、生态型的景区景点，安排游客住宿要优先选择获得“绿色饭店”称号的旅游酒店，安排旅游交通要优先选择符合绿色环保要求的旅游车辆等。对于引进 ISO 14000 环境管理体系的旅游供应商，要重点向游客宣传推广。

生态旅行社组织的生态旅游活动，要将对自然生态和社会文化生态的负面影

① 杨桂华等（2000）提出了生态旅行社的提法，并将其作用概括为以下三点：旅行社是生态旅游经济各项产品的组织销售者；旅行社是生态旅游者和生态旅游企业之间的媒介和协调者；旅行社是生态旅游者顺利完成生态旅游计划的执行者。

响降到最低限度，考虑自然环境的承载力以及社区经济发展的总体水平及政治、经济、文化、风俗习惯、当地居民的心理承受能力等因素，慎重选择旅游目的地和安排旅游路线，旅行团队人数要控制在适当范围之内（建议最好是15人左右的小团队）。

（2）旅行社生态旅游产品的绿色功能。目前，生态旅游作为一种新兴旅游产品并未完全为人们所认识和了解，尤其是生态旅游产品的教育功能，很多旅游者还没有这方面的意识，因此旅行社有责任在推介其生态旅游产品的过程中，使旅游者从中受到生态教育和启迪，让旅游者了解保护生态环境是生态旅游活动的重要原则，也是游客在旅游中应该遵循的规范。

在旅游活动中，旅行社要安排健康向上的生态旅游项目，将有形的旅游景观与无形的精神文化相结合，与当地社会文化相适应，并促进地方精神文明的发展。从生态伦理和专业知识两方面逐步普及生态环境科学领域知识，提高经营者和服务者的环保意识与处理事故的技能水平。同时，宣传教育旅游者不损害和污染自然环境，促进旅游者生态道德观的建立。教育的内容应包括：生态保护的重要性，旅游目的地的自然人文概况，生态旅游的行为规范及注意事项，旅游目的地的环保政策法规，行李物品的携带措施，垃圾处理措施，有助于生态旅游区的生态保护和经济发展的援助计划等。

对那些在生态旅游需求上有潜在意愿的旅游者，旅行社可利用其宣传手册、促销材料、工作人员等向他们介绍生态旅游活动的开展，使他们了解生态旅游的知识和特殊要求以及旅游中应该注意的问题，使潜在的生态旅游者意识到参与生态旅游，是一种对环境、文化、生态负责任的行为，是一种更高层次的旅游消费，从而在吸引消费者购买本社生态旅游产品的过程中，提高消费者的环境保护意识。

6.2.2.2 突出生态旅游导游的作用

（1）明确生态旅游导游的主要职责。导游在旅行社员工中与游客接触最为频繁，除了传统的服务功能之外，对于生态旅游的教育功能也应承担其较多的责任，如引导游客成为负责任的旅游者，培养游客的环保意识，帮助游客学习和了解一定的生态知识，倡导游客的绿色消费行为等。但是目前生态旅游导游存在的共同问题是生态知识的匮乏和环境意识的淡薄，没有接受专门的生态旅游知识培训，在旅游中履行的基本是传统大众旅游的职责。

从表6-1中可以看出，生态旅游导游的角色相比传统导游，有较大的不同。在生态旅游活动正式开始前，旅行社要对游客进行事前教育，让游客作好心理上和物质上的准备，以保证生态旅游的顺利实施，教育的内容包括：本旅行社制定的有关生态旅游的行为规范及注意事项，旅游目的地的环保政策法规，以及行李物品的携带措施、垃圾处理措施等。

表 6-1　导游在生态旅游和传统大众旅游中的角色比较

		传统旅游中的导游	生态旅游中的导游
游客	讲解内容及要求	主要从人文学科角度讲解，突出景点传说，对自然地理、生态环境方面的知识不作要求，强调趣味性、娱乐性	从人文、自然学科两方面讲解，涉及景点传说、地质地貌、动植物和生态环保知识，强调趣味性、知识性，以及对游客的环境教育
	对游客爱好的满足程度	以满足游客爱好为中心	满足游客正当爱好
	对游客行为的约束程度	除安全、法律问题外，对游客行为没有特别要求	除安全、法律问题外，要求游客行为不影响动植物栖息地和污染生态环境
旅游地		对旅游地负有若干经济方面的联系或责任	对旅游地不仅有若干经济方面的联系或责任，对其生态环境、旅游地形象、社会影响均负有道义上的责任
社区		一般对游客与当地居民是否交往、交往的方式均不作考虑	对游客与当地居民交往持鼓励和支持的态度，并提供必要的帮助。倡导双方相互尊重对方的文化，平等交流，相互受益
目标		以顺利完成游览活动，取得预期经济收入或最大经济收入为目标	除顺利完成游览活动，取得相应经济收入外，还关注生态、经济、社会三者整体效益的最佳发挥

资料来源：肖光明：《生态旅游中的导游问题》，旅游科学，2004 年第 3 期。

生态旅游导游要追踪、监察游客活动，及时制止旅游者不文明的行为，并告知游客这些行为可能对环境产生的严重后果，引起旅游者的警戒。导游人员还可以采取一些预防措施，比如预先告知游客正确的旅游行为，或者通过事前控制的手段，组织游客参与一些环保活动，如在出发前给游客发放废品收集袋，旅游结束时收回等，防止游客不文明行为的发生，引导减少破坏环境的行为，以确保游客对周围环境的欣赏与理解，并使游客在旅游中受到教育，得到提升。

生态旅游导游人员具有倡导游客举行绿色消费的责任，鼓励游客不使用一次性用品，节约水、电，减少垃圾产生，实现绿色餐饮，不购买对生态环境会造成负面影响的纪念品等。

此外，导游人员还要指导游客与生态旅游地的居民进行交流，使游客通过恰当的方式适度地参与当地居民的生活与各种活动，以便使旅游者更好地理解当地的自然与人文景观。

通过整个旅游过程中生态旅游导游和游客的交流、互动和沟通，使游客对于环境保护的观念进一步加强，不仅在旅游的过程中能够自觉维护生态环境，减少自己的旅游获得对生态环境造成的危害，即使在旅游结束后，也能在日常生活中，主动实施绿色消费，成为社会生活中的负责任的消费者，有健康的生活和消费方式，这样，生态旅游的教育意义就显得更加突出。

（2）强化生态旅游导游培训。生态旅游导游要履行上述职责，自身首先要具备生态学和环保的有关知识，能生动恰当地展示周围环境，在旅游过程中通过讲解，使游客对自然生态或人文生态景观的生态价值和美学价值有深刻的感受和体验，使游客能真正受到生态教育，增进对自然的了解，重新认识人与自然的关系，激发和强化生态意识和环保观念。

鉴于生态旅游对导游和旅游者提出的要求，结合我国当前的现实，大部分国民的文化素质普遍不高，而生态意识、环保意识尤待加强，导游作为生态旅游经济发展中联系生态旅游产品和生态旅游者的重要桥梁，旅行社要保证生态旅游产品的教育功能和意义，应重视对导游的培训工作。培训内容包括可持续发展观念、生态伦理道德、生态学和自然地理学科、生态旅游基本知识等。

培训工作可以寻求政府相关主管部门的配合，开展对生态旅游导游资格的认证工作，除了一般导游的知识外，专门对生态旅游导游的资质进行认定和评价，并通过向游客发放满意度问卷调查表（包括对生态旅游产品），了解生态旅游导游的实际工作状态。

6.3 以社区为主体的生态旅游经济关系管理

6.3.1 生态旅游社区参与的实地调查分析

2008 年 9—11 月，笔者在广东、江苏等地发放了“生态旅游经济社区影响感知及社区参与调查问卷”，发出问卷 120 份，收回 104 份，有效率为 86.67%。调查统计结果见表 6-2 至表 6-5。

6.3.1.1 参与调查者的人口统计特征

表 6-2　参与调查者的人口统计特征

人员性别构成			人员年龄结构			从事的职业			受教育情况			月收入情况		
性别	人数	比例/%	年龄	人数	比例/%	职业	人数	比例/%	教育程度	人数	比例/%	月收入	人数	比例/%
男性	46	44	15～24 岁	50	48	学生	6	5.77	初中及以下	68	65.38	800 元以下	45	43.27
女性	58	56	25～34 岁	36	35	政府机关/事业单位职工	6	5.77	高中	34	32.69	801～1 500 元	25	24.04
			35～44 岁	16	15	企业职工/公司职员	24	23.08	大专及大学	2	1.92	1 501～2 500 元	12	11.54
			45～54 岁	2	2	个体职业者	16	15.38	研究生	0	0	2 501～3 500 元	10	9.62
						农民	48	46.15				3 501～5 000 元	8	7.69
						待业下岗	4	3.85				5 000 元以上	4	3.84

6.3.1.2 社区居民对生态旅游经济影响感知的调查结果

表 6-3　居民对生态旅游经济正负面影响的感知

	问题条目	得分					均值
		5	4	3	2	1	
正面影响	1．促进了本地经济的发展	1	1	1	26	23	1.673 1
	2．增加了本地的财政收入	1	2	3	26	20	1.807 7
	3．增加了本地居民的工作机会	2	2	2	31	15	1.942 3
	4．增加了本地居民的收入	2	2	7	26	15	2.038 5
	5．改善了本地的外观	2	3	10	25	12	2.192 3
	6．促进了本地自然遗产和文化遗产的保护	1	3	18	22	18	2.365 4
	7．促进了本地文化活动的多样性	3	7	4	32	6	2.403 8
	8．改善了本地基础设施（水电通信等）	2	2	7	31	10	2.134 6
	9．改善了本地服务设施（交通、污水处理等）	2	3	9	28	10	2.211 5
	10．保护了本地的生态环境	3	9	17	14	9	2.673 1
	11．改善了本地的治安状况	5	14	20	10	3	3.153 8
	12．提高了本地居民的生活质量	0	5	10	33	4	2.307 7

	问题条目	得分					均值
		5	4	3	2	1	
负面影响	1．提高了本地商品和服务的价格	1	2	8	35	6	2.173 1
	2．导致了本地房价和地价的上涨	1	3	6	35	7	2.153 8
	3．提高了本地的生活成本	1	3	11	30	7	2.250 0
	4．增加了犯罪、抢劫等破坏活动	2	4	15	25	6	2.442 3
	5．增加了赌博和非法娱乐活动	3	4	21	19	5	2.634 6
	6．导致了本地的交通拥挤	2	6	9	27	8	2.365 4
	7．导致了本地户外娱乐设施拥挤	1	6	12	26	7	2.384 6
	8. 导致了本地文化传统的破坏和风俗人情的同化	1	3	15	22	11	2.250 0
	9．加剧了环境污染（垃圾、水、空气和噪声）	2	1	11	29	9	2.192 3
	10．破坏了野生动物的生存环境	1	1	15	27	8	2.230 8
	11．破坏了自然环境和景观	1	1	20	20	10	2.288 5
	12．破坏了本地的生态系统	2	3	21	19	7	2.500 0

注：5 代表非常不同意；4 代表不同意；3 代表不太同意；2 代表同意；1 代表非常同意。得分越接近 5，代表越不认同；得分越接近 1，代表越认同。

6.3.1.3 社区居民对生态旅游社区参与的认识的调查结果

表 6-4　生态旅游社区参与认识调查

问题条目	得分					均值
	5	4	3	2	1	
1．本地居民拥有机会学习新的事物	1	1	3	39	8	2.000 0
2．本地居民拥有机会培养新的技能	1	2	4	35	9	2.057 7
3．本地居民拥有机会从事一些高技能的工作	2	5	16	24	5	2.519 2
4. 本地居民拥有决定是否将本地风俗文化与旅游者共享的权利	2	10	12	23	5	2.634 6
5．本地居民有权利参与有关旅游发展的决定	3	3	4	33	9	2.192 3
6．本地居民有权直接决定有关旅游规划的问题	4	9	17	16	6	2.788 5
7．本地居民要主动阻止其他人破坏自然环境	1	1	0	23	27	1.576 9
8．本地居民要同政策的制定者讨论环境问题	1	1	2	30	18	1.788 5
9．本地居民要承担保护本地自然环境的重任	1	3	5	24	19	1.903 8
10．与旅游有关的好工作不能全为外来者拥有	2	5	3	29	13	2.115 4
11．旅游所产生的利益要在当地广泛分配	3	4	4	26	15	2.115 4
12．旅游所需的产品和服务应尽量由当地提供	2	3	10	27	10	2.230 8
13．本地居民应该免费享有本地的旅游资源	1	8	15	19	9	2.480 8

注：5 代表非常不同意；4 代表不同意；3 代表不太同意；2 代表同意；1 代表非常同意。得分越接近 5，代表越不认同；得分越接近 1，代表越认同。

6.3.1.4 社区居民对生态旅游经济发展态度的调查结果

表 6-5　社区居民对生态旅游经济发展态度的调研

问题条目	得分					均值
	5	4	3	2	1	
1．我认为生态旅游经济给本地带来的好处多	1	2	7	30	12	2.038 5
2．我对本地生态旅游经济的发展现状感到满意	3	15	20	11	3	3.076 9
3．我支持生态旅游经济在本地的发展	1	1	5	32	13	1.942 3

注：5 代表非常不同意；4 代表不同意；3 代表不太同意；2 代表同意；1 代表非常同意。得分越接近 5，代表越不认同；得分越接近 1，代表越认同。

6.3.1.5 生态旅游社区参与调查结果的分析结论

根据对以上结果的整理和分析，并结合接受调查的社区居民的人口统计特征，可以得出以下结论：

（1）社区居民的收入水平普遍不高，教育程度较为低下，这种状况一方面说明了社区在经济发展和社会文明上的落后状态，另一方面也显示出目前生态旅游经济在经济、社会、生态方面的综合效应未得到完全体现。

（2）社区居民对于生态旅游经济的影响的感知是两方面的，对于正面影响感受较为突出的是对于当地经济发展的推动和促进作用，不太明显的是生态保护和社会进步；对于负面影响的感知最明显的是物价和房价的上涨以及环境污染的加剧；综合起来看，生态旅游经济发展对社区的作用主要是经济效益，但是对个人收入的改善是有限的，说明经济收入的增加并没有惠及社区的大多数居民，社区居民分享的经济利益不足；另外，生态旅游经济的生态功能和社会功能没有得到显著体现，说明生态旅游经济带来的生态环境的一些负面影响的成本由社区居民承担，外来游客的增加、外来文化的影响和冲击还导致了社会问题的出现，但是社区的落后状态却未得到实质性改善。

（3）在生态旅游经济的发展过程中，社区居民普遍具有一定的生态环境保护意识，并有自觉的保护行为，但对于本地的传统风俗文化的保护意识不够，可能会出现商业化倾向，导致传统文化民俗的失真变味。在参与意识和参与程度上，还处于初级阶段和简单层次，对于生态旅游经济发展的规划决策的参与意识不强，依靠出售简单形式的商品和劳务来获取经济收入，对于一些需要技能的较为复杂的高级的工作，社区居民还应努力学习和培训，争取类似的工作机会。

（4）社区居民基本认可并支持生态旅游经济在当地的发展，但是同时又对生态旅游经济的发展现状感到不满。这说明生态旅游经济的发展有一定的社区基础，但在吸纳社区参与上存在不足。参与不足的原因固然有社区居民自身的因素，但生态旅游经济的发展也应给当地居民带来更多的社会福利和生态效益，实现经济收益的合理分配，健全利益分享机制，帮助社区居民摆脱贫困，改善社区基础设施建设状况，提高居民文化程度和综合素质。当社区总体福利水平提高后，会相应促进生态旅游经济的可持续发展，实现两者之间的良性循环。

综上所述，目前生态旅游经济社区参与的实际状况还未达到理想状态，在处理生态旅游经济和社区发展的关系时，要坚持可持续发展的原则，完善社区参与机制，保护和改善当地的生态环境，使社区能够获得合理的利益分配，帮助社区居民进行教育培训工作，提高社区居民的参与意识、参与能力和参与水平，使其有权并能够参与生态旅游经济的重大决策，有机会决定社区的发展规划。

6.3.2 健全生态旅游经济的社区参与机制

6.3.2.1 社区参与的决策咨询机制

生态旅游发展决策不仅是生态旅游提供者和政府部门的事情，它与社区居民的切身利益密切相关，所以，社区居民对于生态旅游经济的发展与管理必须拥有决策权，生态旅游决策的制定必须倾听社区的意见，与社区利益相协调。

生态旅游产品的开发经营者向社区咨询的内容包括：生态旅游经济的发展战略、生态旅游规划、生态旅游开发的环境影响、生态旅游产品的设计思路、生态旅游资源的开发利用程度等。决策咨询机制的建立，有利于将社区居民所关注的问题体现在生态旅游经济的发展战略和开发规划中，缓解生态危机和社会问题，实现与社区的和谐发展。

为保证咨询决策机制的实施，在社区和生态旅游开发经营者之间要建立良好高效的沟通渠道，成立当地各阶层参加的旅游区行业组织，形成旅游发展与规划重大事宜的通报制度、协商制度，做到任何旅游决策性方案都要经各方论证、研究，并对一些旅游区重大决策实行否决制度①。

6.3.2.2 社区参与的利益分配机制

（1）经济利益分配。社区居民通过直接从事各种旅游服务活动，如开设家庭旅馆可以直接参与利益分配，但是分享程度和范围有限。因此，还可通过提供就业机会让社区居民得以获取劳务收入，或者通过生态补偿机制，帮助当地发展公共事业，完善生活设施，使社区居民获得间接经济利益。另外，在当地居民自愿的基础上，可将土地、旅游资源、设施、资本、技术、民族文化禀赋等量化为股

① 佟敏、黄清：《社区参与生态旅游模式研究》，学习与探索，2004 年第 6 期。

本入股参与旅游开发，实现按股分红与按劳分红相结合。

（2）生态利益分配。生态旅游社区参与的示范作用，有助于改变当地传统的依赖耗费自然生态资源的生产和生活方式，缓解对生态环境和旅游资源保护的压力，使环境保护与社区发展走上良性循环轨道。

从生态旅游经济发展中获利会使社区进一步认识到生态保护的价值所在，主动承担旅游地环境质量的治理任务，投入资源实现保护生物多样性和生态旅游资源，增强生态意识和环境保护的自觉性。

生态改善后的社区对于生态旅游者将具有更大的吸引力，反过来又会提高生态旅游的经济效益。

6.3.2.3 社区参与的教育培训机制

（1）基础知识和技能培训。政府行政管理部门和生态旅游提供者为增强社区的生存能力和发展后劲可以对其进行基础知识和服务技能方面的培训，比如基本的礼貌礼节、本地旅游资源的介绍、环境保护常识、接待服务技巧、经营管理方法等，使社区居民提供的生态旅游接待和服务符合生态旅游规范，满足游客需求。

（2）可持续发展观念培训。社区居民的生态伦理和可持续发展意识对于生态旅游经济的发展十分重要，生态保护除了通过明显的经济利益的刺激被动进行之外，还需社区居民具有主动的生态环保意识。所以，政府部门、行业协会可以组织社区居民进行以生态意识和环保观念为主要内容的可持续发展观念培训，使受教育后的居民主动地、自觉地形成保护环境的观念，不仅自己成为生态的保护者，还能发挥他们在生态旅游活动中的引导和规范作用，帮助旅游者改变不良的旅游习惯和不文明的旅游行为。

6.3.2.4 非政府组织（NGO）与社区参与的合作机制

（1）提供环境教育培训。NGO 在推动社区参与、促进生态环境保护方面起着十分重要的作用，NGO 的帮助将使社区居民的生态意识和环境伦理得到进一步提高。例如，世界自然基金会（WWF）与保护区合作开展了一系列环境教育活动以帮助保护区减少人为活动的压力，提高保护区周边社区和旅游者的环境保护意识，并为社区培养一批环境教育者。2005 年 8 月 15—23 日，WWF 先后对宝顶沟、龙溪虹口、千佛山、九顶山等自然保护区周边社区近 70 名乡村中小学教师进行了环境教育的相关培训。除 WWF 环境教育团队外，成都大熊猫繁殖基地和“根与芽”项目也对此次培训提供了大力支持。培训以互动的方式为教师们介绍了国内外进行环境教育的案例，包括 WWF、熊猫繁殖基地和“根与芽”的环境教育案例。培训通过多种活动帮助学员们了解如何引导学生去亲近自然、感受自然和了解自然。

（2）提供社区产品市场营销培训。社区居民如何能得到可持续的经济利益、如何让市场的力量贡献于保护及如何帮助弱势群体分享市场利益，是社区可持续发展急需考虑和解决的问题。

2004 年 10 月至 12 月，WWF 首次与家乐福合作，推动岷山地区保护区周边社区的林副产品进入成都的消费市场。WWF 与家乐福合作组织培训，向参加人员全面讲解家乐福的产品上柜流程，包括合同签订、产品质量要求标准、货款支付程序、家乐福采购程序、接受商品的程序等，让社区产品的质量、包装等各方面达到家乐福卖场要求，赢得更好的市场份额，家乐福店也将大力促销社区生产的无污染产品。

6.4 以游客为主体的生态旅游经济关系管理

6.4.1 生态旅游者的实证调查分析

2008 年 9—11 月，笔者在广东、江苏等地发放了“生态旅游者消费调查问卷”，发出问卷 120 份，收回 102 份，有效率为 85%。调查统计结果如下。

6.4.1.1 本次调查的生态旅游者的人口统计特征

表 6-6　生态旅游者的人口统计特征

人员性别构成			人员年龄结构			从事的职业			受教育情况			收入情况			居住地分布		
性别	人数	比例/%	年龄	人数	比例/%	职业	人数	比例/%	教育程度	人数	比例/%	月收入	人数	比例/%	居住地	人数	比例/%
男性	42	41.18	15～24 岁	52	50.98	学生	48	47.06	初中及以下	0		800 元以下	2	1.96	武汉	40	39.22
女性	60	58.82	25～34 岁	40	39.22	政府机关/事业单位职工	22	21.57	高中	2	1.96	801～1 500 元	6	5.88	广州	22	21.57
			35～44 岁	6	5.88	企业职工/公司职员	32	31.37	大专及大学	68	66.67	1 501～2 500 元	12	11.76	南京	18	17.65
			45～54 岁	4	3.92	个体职业者	0	0	研究生	32	31.37	2 501～3 500 元	28	27.46	深圳	8	7.84
						农民	0	0				3 501～5 000 元	42	41.18	汕头	4	3.92
						待业下岗	0	0				5 000 元以上	12	11.76	其他	10	9.80

6.4.1.2 生态旅游者的消费观念调查结果

表 6-7　生态旅游者的消费观念调查

问题条目	分值统计情况					均值	排序
	5	4	3	2	1		
1．游客有责任保护景区生态环境	72	30	0	0	0	4.705 9	1
2．游客希望通过生态旅游学到更多知识	38	44	14	2	4	4.078 4	6
3. 游客在生态旅游景区的食宿应该尽可能节能减耗	44	46	6	6	0	4.254 9	3
4．在开始生态旅游之前，应该预先了解当地的风俗文化	34	48	18	2	0	4.117 6	5
5．社区居民应从生态旅游经济的发展中获益	40	46	10	6	0	4.176 5	4
6．生态旅游景区应尽量维持原有风貌，避免不和谐的现代设施建设和文化同化	54	44	2	2	0	4.470 6	2
7. 生态旅游景区的门票收入应该主要用于环境保护	44	38	4	16	0	4.078 4	6
8．生态旅游只是一个口号，和一般的旅游没有区别	14	50	22	16	0	2.392 2	10
9．生态旅游是一种小规模旅游，要适当控制景区容量	16	54	14	16	2	3.647 1	9
10．生态旅游对游客的素质具有较高要求	28	48	14	12	0	3.902	8

注：5 代表很赞成，4 代表赞成，3 代表不知道，2 代表反对，1 代表很反对。得分越高代表越赞成，反之代表越反对。

6.4.1.3 生态旅游者的消费意愿调查

（1）关于最感兴趣的生态旅游产品

表 6-8　生态旅游者最感兴趣的生态旅游产品类型

产品类型	人数	百分比/%	排序
度假疗养生态旅游产品如：森林浴，SPA（温泉、药浴）等	42	41.18	1
大众生态观光旅游产品如：森林、湿地、湖泊风光等	38	37.25	2
特种交通生态旅游产品如：徒步，骑马，自驾车旅行等	36	35.29	3
文化生态观光旅游产品如：张艺谋执导的《印象・刘三姐》等	12	11.76	4
摄影写生创作生态旅游产品	6	5.88	5
科考探险生态旅游产品	4	3.92	6

（2）关于生态旅游者的主要目的

表 6-9 生态旅游者的主要目的

旅游目的	人数	百分比/%	排序
欣赏自然风光	76	74.51	1
远离城市喧嚣，放松心情	70	68.63	2
体验少数民族风情	32	31.37	3
体验传统文化	26	25.49	4
认识自然、了解自然	24	23.53	5
了解历史文化	14	13.73	6

（3）生态旅游者认为中国最吸引人的生态旅游目的地

表 6-10 中国最吸引人的生态旅游目的地

生态旅游目的地	九寨沟	云南丽江或西双版纳	西藏	长白山天池	海南	黄山	张家界	桂林	四川卧龙自然保护区	神农架	武夷山	大连	青海	厦门
人数	74	64	56	28	28	26	26	22	16	16	10	8	6	4
排序	1	2	3	4	4	6	6	8	9	10	11	12	13	14

（4）生态旅游者选择生态旅游景区的主要因素

表 6-11 消费者选择生态旅游景区的主要因素

选择因素	分值统计情况					均值	排序
	5	4	3	2	1		
生态环境优良	74	26	2	0	0	4.705 9	1
自然风光优美	64	32	4	2	0	4.549 0	2
社区居民友好	32	62	8	0	0	4.235 3	6
服务接待设施齐全	30	60	12	0	0	4.176 5	8
商贩、购物点诚信	44	54	4	0	0	4.392 2	3
独特浓郁的文化氛围和风土人情	44	48	8	2	0	4.313 7	4
景区内游客数量适中	34	56	16	2	0	4.215 7	7
住宿餐饮产品和交通绿色化	28	56	16	2	0	4.078 4	9
有生态旅游认证标志	14	46	36	6	0	3.666 7	10
导游具备生态知识	38	58	4	2	0	4.294 1	5

注：5 代表很重要，4 代表重要，3 代表无所谓，2 代表不重要，1 代表很不重要。得分越高，代表重要性越高，反之越低。

（5）生态旅游者选择的住宿类型

表 6-12　生态旅游者的住宿选择

住宿类型	简朴卫生的家庭旅馆	生态型客栈	度假村	青年旅馆	民居	星级酒店
人数	42	28	26	18	8	0
比例/%	41.18	27.45	25.49	17.65	7.84	0
排序	1	2	3	4	5	6

（6）生态旅游者对于生态旅游产品价格的认识

表 6-13　生态旅游者对于生态旅游产品价格的认识

生态旅游产品价格的高出幅度	不合理	高 5%～10%合理	高 1%～5%合理	高 10%～20%合理	高 20%～30%合理	高 30%～50%合理
人数	36	28	22	10	4	2
比例/%	35.30	27.45	21.57	9.80	3.92	1.96
排序	1	2	3	4	5	6

（7）生态旅游者认为影响生态旅游活动满意度的主要因素

表 6-14　影响生态旅游者生态活动满意度的主要因素

主要因素	人数	排序	主要因素	人数	排序
生态旅游资源的品位高低	64	1	旅游基础设施的完备程度	40	5
生态旅游景区的拥挤程度	46	2	当地居民的态度	30	6
能否提供生态住宿和餐饮以及绿色交通	44	3	促销宣传的力度	12	7
导游的服务态度和生态知识	42	4	其他	8	8

（8）影响生态旅游者选择生态旅游形式的主要因素

表 6-15　影响生态旅游者选择生态旅游形式的主要因素

影响因素	收入	时间	旅游资源	旅游条件	工作	家庭	其他
人数	66	50	24	16	10	8	4
比例/%	64.70	49.02	23.53	15.69	9.80	7.84	3.92
排序	1	2	3	4	5	6	7

6.4.1.4 生态旅游者的消费行为调查

（1）生态旅游者的旅游方式

表 6-16 生态旅游者的旅游方式

旅游方式	自己与一两个好友共同行动	与家人一起	随团出游	独自一人
人数	48	32	18	4
比例/%	47.07	31.37	17.64	3.92
排序	1	2	3	4

（2）生态旅游者履行生态责任和义务的情况

表 6-17 生态旅游者履行生态责任和义务的情况

履行情况	基本上能	不刻意，有时会忽视	肯定能	基本不能
人数	54	10	38	0
比例/%	52.95	9.80	37.25	0
排序	1	2	3	4

（3）生态旅游者的具体旅游行为表现

表 6-18 生态旅游者的具体旅游行为表现

问题条目	分值统计情况					均值	排序
	5	4	3	2	1		
1. 不会喂食野生动物，以避免影响野生动物的觅食行为	52	12	14	16	8	3.921 6	5
2. 在旅游地看到野生动物如猴子时，不会大声惊呼以避免干扰其生活习性	62	6	14	10	10	3.980 4	7
3. 在旅游中发现环境遭到破坏时，会向当地旅游管理部门报告	58	16	12	4	12	3.921 6	5
4. 在旅游过程中发现他人有破坏环境的行为时，会理性地加以劝导	32	8	14	30	18	3.058 8	3
5. 在旅游过程中会和当地居民交流，以了解其生活方式	16	4	14	24	44	2.254 9	2
6. 将在生态旅游过程中产生的垃圾妥当处理	6	4	6	8	78	1.549 0	1
7. 乐意参加景区举办的生态旅游解说和相关活动，即使需要付费	48	8	14	20	12	3.588 2	4

注：5 代表没做过，4 代表可能没做过，3 代表没印象，2 代表可能做过，1 代表做过。得分越低，代表做过的可能性越大，得分越高，代表做过的可能性越小。

（4）生态旅游者的支付意愿。在为生态旅游支付更多的金钱问题上，46 位旅游者选择了不太愿意；12 位不愿意；8 位非常不愿意；34 位愿意，只有 2 位非常愿意。生态旅游的开发经营者有必要改进生态旅游产品的质量和提升服务内容，提供更多的消费者剩余，努力改善这一状况。

表 6-19　生态旅游者的支付意愿

支付意愿	非常不愿意	不愿意	不太愿意	愿意	非常愿意
人数	8	12	46	34	2
比例/%	7.84	11.76	45.10	33.33	1.97
排序	4	3	1	2	5

（5）生态旅游者的支出结构。

表 6-20　生态旅游者的支出结构

支出结构		交通	购物	住宿	门票	餐饮	娱乐活动
支出最多	人数	38	20	16	12	8	8
	排序	1	2	3	4	5	5
支出结构		购物	娱乐活动	门票	交通	餐饮	住宿
支出最少	人数	30	28	20	8	8	4
	排序	1	2	3	4	4	6

（6）生态旅游者对生态旅游的感知途径。

表 6-21　生态旅游者对生态旅游的感知途径

感知途径	网络	电视广播	报刊杂志	通过游客耳濡目染	其他	宣传册子	专门培训
频数	44	36	28	24	12	10	2
排序	1	2	3	4	5	6	7

6.4.2 生态旅游者消费调查结果的分析

6.4.2.1 生态旅游者人口特征分析

从人口结构来看，本次参与调查的生态旅游者具有以下特征：生态旅游者多数为女性；年龄大多在 15～34 岁；文化程度普遍较高；基本受过大专及大学程度或研究生程度的教育；职业以政府机关/事业单位职工和企业职工/公司职员居多；月收入水平往往较高，2 500～5 000 元的占大多数；本次调查的生态旅游者大多来自经济发达的东部地区和大中城市。值得注意的是，学生虽然还没有正式的职业和月收入，但是在生态旅游方面的消费潜力不容忽视。

本次调查的生态旅游者的人口特征说明，收入、职业和教育程度对于消费者的旅游选择有重要影响，生态旅游产品的目标市场可以重点关注以下几个市场：

（1）在校学生。这部分消费者虽然暂时没有职业收入，但是在家庭收入水平的支持下，有一定的购买力；同时，他们对于生态环境也很重视，正在广泛开展的可持续发展观念的教育对于他们的影响更大，使他们的生态环境意识更强，更有可能成为生态旅游者。

（2）中高收入者。这部分消费者有稳定的收入来源，有强烈的旅游愿望，紧张的工作节奏使他们不仅满足于传统大众旅游的走马观花，更希望借助于生态旅游之类的旅游形式愉悦身心，增广见闻；他们也具备一定的生态观念，对环境问题较关注，会自觉约束自己的旅游行为。

（3）文化层次高的人群。这部分消费者普遍接受过良好的文化教育，对于生态环境问题的理解和感受深刻，他们的教育背景和文化素质使他们的生态意识和环境责任得到较好的培养和训练，帮助他们在旅游过程中形成保护生态环境的良好旅游行为。

6.4.2.2 生态旅游者的消费观念分析

生态旅游者的消费观念体现了生态旅游者对于旅游活动与生态的关系、人与自然的关系以及人与人的关系的认识，表明了生态旅游者对于生态旅游经济在实现生态旅游经济保护生态环境、促进社会文明进步的、实现人与人之间的和谐关系等功能上的理解，说明生态旅游者的消费观念基本符合生态旅游的要求，在生态旅游的教育意义、文化传承、社区参与，以及对游客规模的限制和游客素质的要求上，都取得一致性的认识。

6.4.2.3 生态旅游者的消费意愿分析

生态旅游者的消费意愿包括对于生态旅游者的旅游偏好、旅游动机、旅游支出、景区评价、旅游满意度、限制因素等问题。从生态旅游者对于这些问题的回答中，可以了解到以下信息：

（1）旅游偏好。在对旅游产品的兴趣方面，调查者表现出了明显的旅游偏好，即更加关注旅游产品的度假疗养功能，不同于一般旅游者的观光游览活动；在生态旅游目的地的吸引力方面，来自西部的旅游地占据了绝对优势，显示出生态旅游者对于相对原始、未受干扰的生态旅游目的地的向往。这种类型的旅游目的地对于生态旅游者的吸引力是强大的，但其脆弱的自然生态系统及文化生态资源，对生态旅游者也提出了更高的要求，否则，游客的涌入会给这些生态旅游目的地带来深重的不利影响。

（2）旅游动机。大多数生态旅游者都将回归自然、放松身心、体验风情作为主要的旅游动机，能在以上这些方面为消费者提供满足的生态旅游产品将会持续受到生态旅游者的追捧，说明了生态旅游经济广阔的发展前景和强劲的市场潜力。随着这种情况的持续，对于景区规漠的限制和游客规模的管理和控制也应该引起生态旅游开发经营者的重视，防止由此引发的生态问题、社会问题和心理失衡。

（3）旅游支出。尽管生态旅游需求的增长趋势十分明显，但是并非所有的生态旅游者都能接受高于一般旅游产品的生态旅游产品定价，本次调查的结果也说明了这一点。在本次的调查者中，大部分人都还具有稳定的收入和良好的教育背景，尚且对此不能完全接受，更何况那些在经济状况和文化程度方面较为欠缺的消费者。生态旅游开发经营者应该加强对生态旅游产品的宣传和促销，使消费者更多地了解生态旅游产品的深层内涵，并积极推行清洁生产，利用循环经济，降低生态旅游产品的生产成本，使生态旅游产品的价格为更多的旅游者所接受。

（4）生态旅游景区和生态旅游活动满意度评价。生态旅游景区是生态旅游者开展生态旅游活动的主要场所，从对景区评价的因素得分情况来看，生态环境和自然风光使影响消费者选择生态旅游景区的最重要因素，体现了生态旅游者对于自然生态资源的强烈需求；除此之外，浓郁的文化氛围及良好的旅游社会环境也是生态旅游者选择生态旅游景区的重要因素，说明生态旅游景区的文化生态和社区环境也左右了生态旅游者的选择。生态旅游景区的容量控制、导游水平和交通食宿的绿色化，在“吃住行游购娱”等多方面反映和代表了景区的绿色形象，生态旅游者对景区的绿色形象也较为关注。大多数生态旅游者对生态旅游认证还不是十分了解，对此没有过多要求，但是随着这项工作的逐步开展和深入，今后，生态旅游认证将会在更大程度上影响消费者的选择。

影响生态旅游者生态活动满意度的因素表现了大致相同的特征，要满足生态旅游者的多层次需求，生态旅游提供者要从自然生态、文化生态、社会生态的角度，努力为消费者营造和谐的旅游环境和氛围。

（5）生态旅游选择的限制因素。收入构成了影响生态旅游者选择生态旅游产品的最主要限制因素，一方面是因为生态旅游产品的价格高于一般传统旅游产品，另一方面是因为以我国目前的经济发展阶段旅游尤其是生态旅游还不是人们的生活必需消费，其对于价格的敏感程度较高，随着人们生活水平的提高和经济收入的增加，收入对于生态旅游选择的约束性会有所降低。

总体看来，生态旅游产品的市场需求持续增加，生态旅游者的消费动机也很强烈，旅游偏好较为明显，说明生态旅游经济的发展前景是广阔的。

6.4.2.4 生态旅游者消费行为的分析

生态旅游者消费行为的调查包括生态旅游者的旅游方式、生态意识、实际旅游行为、消费结构和感知途径等。

（1）旅游方式选择。本次调查显示生态旅游者倾向于与家人和好友一起出游，占本次调查人数的 78.44%，这个结果与国际上怀特对于北美生态旅游者的调查结论是一致的，怀特的调查显示：生态旅游者喜欢两人结伴出游，一般生态旅游者两人结伴出游的比例为 59%，有经验的生态旅游者两人结伴出游的比例为 61%，而有经验的生态旅游者单独出游的比例最高。

（2）生态旅游的感知途径。大部分被调查者选择了网络作为了解生态旅游的主要渠道，其次是传统的电视广播和报刊杂志，从本次调查者的年龄分布来看，大部分为年轻人，从职业构成来看，学生占主要部分，这些群体也是生态旅游产品的主要目标市场，对于网络这种新兴媒体具有较高的接受和认可程度，从而成为他们了解和感知生态旅游的重要渠道。生态旅游提供者针对这一现象，应做好生态旅游产品的线上宣传和促销工作。

（3）生态意识和行为的强弱。接受调查的生态旅游者基本上都表示在生态旅游过程中能够履行生态责任和义务，比例高达 88.46%，体现了较强的生态意识和作为生态旅游者与一般旅游者的不同之处。这个结果与本次调查的人口特征也是吻合的，说明生态旅游者的收入较高、职业稳定、教育背景良好。

在对 7 个涉及他们实际旅游行为问题的回答中，这种较强的生态意识体现得并不充分，实际的旅游行为与他们观念上的生态意识存在差距，说明生态旅游者的消费行为还有待接受教育和引导，才能无论是在理论上还是在行动上成长为真正的严格意义上的生态旅游者。

（4）生态旅游支出结构。从调查者的支出结构来看，主要的花费指向交通，较少的花费为购物和娱乐。主要原因可能是生态旅游目的地大多远离闹市，地理位置偏僻，交通不便，由于大多数生态旅游目的地也是经济较为落后的贫困地区，所提供的娱乐活动和购物条件有限。要改善这一状况，必须加强对景区交通状况的改善和基础设施的建设，并鼓励当地社区居民的积极参与，开发更多的生态旅游娱乐产品和土特产品、纪念品等，使生态旅游者的生态体验更加全面。

6.4.3 本次调查结果与现有成果的比较

将本次对生态旅游者的调查结果与现有成果进行对比，主要是李东和（1999）做的《国际生态旅游市场分析》，情况如下：

6.4.3.1 生态旅游动机、目的和兴趣比较

表 6-22　国内外生态旅游者动机比较

加拿大生态旅游者动机类型	北美生态旅游者动机类型	排序	本次调查的生态旅游者的旅游目的	排序	本次调查的生态旅游者感兴趣的生态旅游产品	排序
热带雨林	享受风景/大自然	1	欣赏自然风光	1	度假疗养生态旅游产品如：森林浴，SPA（温泉、药浴）等	1
原生的未受干扰的大自然	新的经历/地方	2	远离城市喧嚣，放松心情	2	大众生态观光旅游产品如：森林、湿地、湖泊风光等	2
了解大自然	户外活动	3	体验少数民族风情	3	特种交通生态旅游产品如：徒步，骑马，自驾车旅行等	3
鸟类	野生生物观光	4	体验传统文化	4	文化生态观光旅游产品如：张艺谋执导的《印象·刘三姐》等	4
湖泊和河流	观看山岳风光	5	认识自然、了解自然	5	摄影写生创作生态旅游产品	5
绿树和野花	体验荒野的经历	6	了解历史文化	6	科考探险生态旅游产品	6
风景和野生生物摄影	没有拥挤	7				
哺乳动物	水上运动	8				
国家公园和省级公园	文化吸引物	9				
体育锻炼	学习/研究自然/文化	10				

根据本次调查的生态旅游者在生态旅游目的和感兴趣的生态旅游产品的选择，与北美和加拿大生态旅游者进行比较，可知对原生的未受干扰的大自然的向

往和回归是国内外生态旅游者共有的选择，在旅游产品的表现形式上，我国生态旅游者对于大众型生态旅游产品的需求较大，在生态旅游过程中的参与性和主动性体现得不足；由于我国悠久的历史文化，很多生态旅游者也注重自然生态与文化生态结合的旅游产品，并将对文化的欣赏与体会作为旅游的重要目的，这是两者之间的主要区别。

再将本次生态旅游者选择的感兴趣的生态旅游产品与《中国生态旅游产品谱》（薛熙明，2005）进行比较，结果如下：

表 6-23　生态旅游者产品选择在生态旅游产品谱上的反映

<table>
<tr><th>主类</th><th>亚类</th><th>产品</th><th>环境和社会责任感</th><th>本次调查结果（频数）</th></tr>
<tr><td rowspan="5">认知型</td><td>野生动植物观察</td><td>野外观鸟、观鲸、野生花卉观察、热带植物观察</td><td rowspan="5">强</td><td rowspan="5">10</td></tr>
<tr><td>户外天象观察</td><td>户外观星、观日、观云，天文奇象户外观察</td></tr>
<tr><td>科考旅游</td><td>山地科考、洞穴科考、河流科考、冰川科考</td></tr>
<tr><td>文化考察旅游</td><td>民族文化考察、藏传佛教文化考察、古丝绸之路考察</td></tr>
<tr><td>户外艺术创作</td><td>户外摄影、户外写生</td></tr>
<tr><td rowspan="3">体验型</td><td>探险旅游</td><td>生存训练营、丛林探险、洞穴探险、漂流探险</td><td rowspan="3">较强</td><td rowspan="3">36</td></tr>
<tr><td>户外运动</td><td>山地运动、高空滑翔伞、水上运动、潜水、滑雪</td></tr>
<tr><td>特种交通旅游</td><td>徒步、马帮、低空廊道、热气球、猪槽船、骆驼</td></tr>
<tr><td rowspan="2">观光型</td><td>自然生态观光</td><td>植物园观光、野生动物园观光、自然景区观光</td><td rowspan="2">较弱</td><td rowspan="2">50</td></tr>
<tr><td>文化生态观光</td><td>民俗歌舞观赏、文化遗产地观光</td></tr>
<tr><td rowspan="2">享乐型</td><td>休闲旅游</td><td>野外钓鱼、野外采集（蘑菇、野菜）</td><td rowspan="2">弱</td><td rowspan="2">42</td></tr>
<tr><td>度假疗养</td><td>森林浴、日光浴、温泉浴</td></tr>
</table>

中国的生态旅游者的产品选择以享乐型和观光型为主，生态旅游者的环境和社会责任感相对较弱，选择认知型和体验型生态旅游产品的消费者数量不多，说明目前中国的生态旅游者的消费行为还没有达到西方生态旅游者的成熟阶段，生态环境意识有待进一步提高。

6.4.3.2 出行方式比较

表 6-24　国内外生态旅游者出行方式比较

出行方式（北美）	一般生态旅游者/%	有经验生态旅游者/%	出行方式（我国）	本次调查的生态旅游者/%
两人（不同家庭）	23	25	随团出游	17.64
两人（同一家庭）	36	36	独自一人	3.92
带小孩的家庭	26	15	与家人一起	31.37
旅游团队	4	2	自己与一两个好友共同行动	47.07
4 人组团	6	7		
1 人单独旅游	7	13		

在出行方式上，我国的生态旅游者表现出与国外生态旅游者相同的行为特征，倾向于与家人和好友出游的占大多数，不过，有经验的生态旅游者中，个人出游的比例高出我国的生态旅游者和国外一般的生态旅游者，从这个角度说，我国生态旅游者更接近于一般的生态旅游者。

6.4.3.3 旅游支出比较

表 6-25　国内外生态旅游者旅游支出比较

支付费用（国外）	一般生态旅游者/%	有经验生态旅游者/%	生态旅游支出与一般旅游支出的比较（国内）	国内生态旅游者/%
≤500 美元	15	7	高 1%～5%	21.57
501～1 000 美元	25	22	高 5%～10%	27.45
1 001～1 500 美元	21	26	高 10%～20%	9.80
1 501～2 000 美元	16	21	高 20%～30%	3.92
＞2 000 美元	22	24	高 30%～50%	1.96
			不愿支付高出一般旅游产品的价格	35.30

本次调查并没有调查生态旅游者具体花费的费用多少，但是从旅游者的支付意愿中可以了解到类似的信息，生态旅游者愿意支付的比一般旅游支出越多，意味着其生态旅游支出越多。对比国外生态旅游者的支付费用，有经验的生态旅游者花费高出一般生态旅游者，从我国的情况来看，为数不少的旅游者不能接受生

态旅游产品的价格高出一般旅游产品，一般的旅游者接受高出1%～10%的幅度，愿意为生态旅游支付更多金钱的旅游者比例较少，这个特征不同于国外生态旅游者。究其原因，应该与我国国民经济发展水平、旅游者的可任意支配收入和消费观念有关。

6.4.4 政府行政管理部门对生态旅游者的规范和引导

政府行政管理部门对生态旅游者的管理，一是通过制定规范，二是通过教育培训。

针对当前生态旅游者泛化的现实，以及一般意义上的生态旅游者和大众旅游者区别不明显的现状，政府行政管理部门应该充分听取专家学者的意见，广泛借鉴国际上生态旅游者管理的经验，对生态旅游者的行为规范和标准作出严格的规定，并辅之以相应的处罚措施，将其在各生态旅游景区推广实施。这种规范虽然不具备法律上的强制性，但是却具有制度上的约束力，凡是到生态旅游景区的旅游者要严格遵守规定，否则其违规行为将会受到处罚，提高旅游者为不负责任的旅游行为所付出的代价和成本，促使旅游者被动提高其在旅游过程中的文明程度。

要使生态旅游者成长为严格意义上的生态旅游者，使其生态意识上升到自觉的状态，还不能仅仅依靠规章制度来进行被动的约束，更应该依靠教育培训手段使旅游者的生态意识和环保观念主动得到提高。对旅游者乃至社会公众的教育培训是一个需要投入的长期过程，教育培训的内容包括生态意识、环境保护的基础知识、可持续发展战略、科学发展观、和谐社会理论、循环经济、绿色消费等，这种培训可以在学校进行，也可以由旅游局出面专门对生态旅游者进行培训。目前武汉市旅游局规定，今后凡是出国旅游的游客在出国前都要接受必要的礼仪培训，这种形式值得借鉴。

6.4.5 生态旅游提供者对生态旅游者的规范和引导

6.4.5.1 为生态旅游者提供绿色体验

生态旅游景区和企业主要通过树立绿色形象、提供绿色服务、营造绿色氛围向生态旅游者提供绿色体验。

绿色形象是符合环保与生态观念的旅游形象，它的表现形式包括名称、徽标、标志、广告语、宣传口号、员工行为和社区居民的态度等，绿色形象代表了景区在生态和环境保护上承担的责任和义务，是提供给生态旅游者促使其作出购买生态旅游产品决策的消费信号。绿色形象表明企业和景区通过为旅游者提供符合生态和环保要求的产品和服务，在技术和经济许可的范围内，最大限度地降低资源消耗，减少废物的产生，实现资源高效利用和循环利用，营造让旅游者身心愉悦的绿色环境，使旅游者完成生态学习和体验。

生态旅游经营者和服务人员都要有高度的生态责任感，系统地掌握生态和环境科学知识，以及处理环境问题和事故的能力。生态旅游产品和服务在递送过程中，都是通过服务人员的言行和有形展示，以提高旅游者参与生态环境保护的自觉性，来普及生态旅游的行为规范，比如旅行社作为联系旅游者与旅游产品的纽带，由于生态旅游的特殊性，为生态旅游者提供服务的导游人员必须具备广博的专业知识和较强的实践能力，同时，旅游服务机构必须具备丰富的生态旅游经营组合经验，以及相关的硬件设施。员工服务行为的绿色化和生态化，表明了景区和企业的绿色管理理念和绿色企业文化的落实，而且还可引导生态旅游者学习必要的生态知识，避免旅游行为对环境的破坏和影响，在旅游活动和消费过程中受到教育，强化可持续发展的理念，对于生态旅游者树立科学发展观意义深远。

社区居民的友好和热情是消费者感受绿色旅游氛围的重要载体之一，从社会角度向生态旅游者传递了景区和社区和谐相处的信息，消费者从中可以感受到生态旅游经济所带来的效益不仅体现为经济收入的增加，还表现为综合福利水平的提高，生态、社会、经济的协调发展给生态旅游者提供了生动的现实教材，加深对建设和谐社会的理解。

在生态旅游活动中受到教育的生态旅游者会将自己的感受推而广之，不仅在旅游活动中而且在日常生活中深化绿色消费行为，并以实际行动影响和带动其力所能及的群体，促进自身与自然的和谐、与社会的和谐、与内心的和谐。

生态旅游提供者还可借助 NGO 的力量，例如，太白山国家级自然保护区管理局与世界自然基金会（WWF）秦岭保护与发展共进项目合作，在其保护站开展让生态游客参与的巡护示范项目，来合理引导和规范游客活动，并加强保护区南部的巡护工作。目前，为生态游客专门设计的巡护手册正式完成，该手册将成为生态游客进入保护区前进行培训的教材，让游客安全地直接体验野外巡护员的工作和生活经历，同时帮助保护区解决工作人员不足的问题。

6.4.5.2 提高生态旅游者参与程度

生态旅游产品设计应遵循的原则是：尽量保证生态环境不受破坏为原则；以满足旅游者求知、好奇的愿望，体现教育性为原则；以满足旅游者健康、益智为原则；以突出参与性、体验性，满足旅游者“自我实现”需求层次为原则；以强调小规模、多批次、专业性、小尺度为原则；以尽可能让旅游地居民受益为原则。

生态旅游景区的生命周期是有限的，要采取严格的限游开发模式，加强可持续管理，使旅游者对环境的负面影响减少在环境承载力范围之内。为达到延长环境衰退周期的目的，生态旅游景区可根据环境需要定期调整旅游线路，这样能使生态旅游资源得以“休养生息”；也可以定期推出不同特色的主题旅游活动，以不同特色的主题活动来调节旅游对环境的影响，以示环境能“自我恢复”。

景区和企业可以通过创造性地设计一些集知识性、娱乐性、趣味性和参与性于一体的活动项目，以激发旅游者对生态知识的兴趣和爱好，对其进行潜移默化的环境保护教育。例如，可以结合生态旅游景区的生态旅游项目，或者是饭店提供的生态餐饮和食宿，旅行社的生态旅游线路，来设计一些不同的参赛主题和比赛形式，如有奖问答或生态知识竞赛、生态线路设计比拼等，激发其思考与学习的兴趣，采取相应的奖励形式，强化生态旅游者的参与动机，给旅游者留下深刻的印象，并从中有所获益，体现生态旅游对于生态旅游者的教育意义。

参考文献

[1] 卞显红，张光生，王苏洁. 基于社区的生态旅游管理研究[J]. 生态经济，2005（10）.
[2] 陈秀琼，黄金火. 略论生态旅游开发中的社区参与问题[J]. 华侨大学学报（哲学社会科学版），2003（3）.
[3] 陈池波. 论生态经济的持续协调发展[J]. 长江大学学报（社会科学版），2004（1）.
[4] 程励. 生态旅游脆弱区利益相关者和谐发展研究[D]. 成都：电子科技大学，2006.
[5] 程占红，孔德安. 生态旅游概念的再认识[J]. 山西大学学报（哲学社会科学版），2005（1）.
[6] 程占红. 生态旅游的理论基石[J]. 忻州师范学院学报，2005（2）.
[7] 丁晓蕾. 生态旅游可持续发展思想探析[J]. 南京农业大学学报（社会科学版），2001（2）.
[8] 董红梅. 生态旅游管理的基本要素[J]. 资源开发与市场，2002（18）.
[9] 傅晓莉. 中国西部自然保护区社区经济发展研究[J]. 未来与发展，2005（5）.
[10] 付立荃. “生态危机”的忧与思[J]. 科技情报开发与经济，2002（1）.
[11] 冯海燕. 旅游景区环境管理初探[J]. 乐山师范学院学报，2005（10）.
[12] 菲利普·阿吉翁，彼得·霍依特. 内生增长理论[M]. 陶然等，译. 北京：北京大学出版社，2004.
[13] 高群. 生态-经济系统恢复与重建的基础理论研究[J]. 地理与地理信息科学，2004（5）.
[14] 顾蕾，姜春前. 生态旅游效益构成及特性分析[J]. 浙江林学院学报，2002（19）.
[15] 郭舒. 生态旅游概念泛化思考[J]. 旅游学刊，2002（1）.
[16] 何艺玲. 如何发展社区生态旅游？——泰国 Huay Hee 村社区生态旅游（CBET）的经验[J]. 旅游学刊，2002（6）.
[17] 侯伟丽. 可持续发展模式的兴起与经济学理论范式的转变[J]. 经济学家，2004（2）.
[18] 侯沛芸，李光中，王鑫. 生态旅游与世界遗产教育策略拟定策略之研究[J]. 旅游科学，2005（5）.
[19] 洪银兴. 可持续发展经济学[M]. 北京：商务印书馆，2000.
[20] 胡军，蔡学英.“经济人”与“生态人”的统一[J]. 湘潭大学学报（社会科学版），2002（5）.
[21] 黄志斌. 绿色和谐管理论[M]. 北京：中国社会科学出版社，2004.
[22] 黄向，保继刚，沃尔·杰弗里. 中国生态旅游机会图谱的构建[J]. 地理科学，2006（5）.
[23] 约翰·贝拉米·福斯特. 生态危机与资本主义[M]. 耿建新等，译. 上海：上海译文出版社，2006.

[24] 金波，王如渊，等. 生态旅游概念的发展及其在中国的应用[J]. 生态学杂志，2001（3）.
[25] 喇明清. 国际标准视野中的生态旅游[J]. 西南民族大学学报（人文社科版），2005（8）.
[26] 赖启福. 试析生态旅游中的非生态现象[J]. 林业经济问题，2000（4）.
[27] 李丰生. 旅游资源经济价值的理论探讨[J]. 经济地理，2005（4）.
[28] 李雄华，何平. 可持续旅游资源与环境保护制度体系的设计[J]. 中南林学院学报，2004（6）.
[29] 李源. 从劳动价值、虚拟价值到自然力价值——关于资源、环境和生态价值含义的理论探讨[J]. 天津社会科学，2002（4）.
[30] 李燕琴. 基于概念、原则与产品的生态旅游内涵研究[J]. 科技导报，2004（11）.
[31] 李淑艳，高岚，等. 对生态旅游的本质探讨[J]. 北京林业大学学报（社会科学版），2005（3）.
[32] 林智理. 生态旅游系统的多维临界[J]. 台州学院学报，2002（2）.
[33] 刘思华. 关于马克思生态经济思想的两个基本理论问题[J]. 学术论坛，2006（5）.
[34] 刘思华. 绿色经济论[M]. 北京：中国财政经济出版社，2001.
[35] 刘思华. 可持续发展经济学[M]. 武汉：湖北人民出版社，1997.
[36] 刘延，张大红. 吉林省向海自然保护区生态旅游社区参与调查[J]. 林业调查规划，2006（2）.
[37] 梁慧，张立明. 国外生态旅游实践对发展我国生态旅游的启示[J]. 北京第二外国语学院学报，2004（1）.
[38] 卢小丽. 生态旅游社区居民影响感知与参与行为研究[D]. 大连：大连理工大学，2006.
[39] 卢云亭，王建军. 生态旅游学[M]. 北京：旅游教育出版社，2004.
[40] 龙飞，王传胜. 生态经济学基础理论、研究方法和学科发展趋势探讨[J]. 中国软科学，2003（3）.
[41] 麻虹晓，甘联君. 关于生态旅游的责任性理论之思考[J]. 江西科技师范学院学报，2005（5）.
[42] 马朝红，吴志琼，等. 建立四川生态旅游统计体系研究[J]. 四川林业科技，2006（4）.
[43] 马文银. 论生态旅游导游的素质培养[J]. 邵阳学院学报（社会科学版），2004（1）.
[44] 明庆忠，李宏，武友德. 生态旅游的环境影响评价初步研究[J]. 云南师范大学学报，2001（1）.
[45] 欧恒春. 生态旅游中的社区参与问题[J]. 商业时代，2004（36）.
[46] 潘夏宁. 塑造绿色旅游企业形象[J]. 广西商业高等专科学校学报，2005（1）.
[47] 潘海颖. 浅谈生态旅游构成要素的双向性[J]. 商业时代，2006（29）.
[48] 任啸. 社区参与的理论与模式探讨——以九寨沟自然保护区为例[J]. 财经科学，2006（6）.
[49] 司金銮. 生态旅游消费若干问题研究[J]. 南京化工大学学报（哲学社会科学版），2001（3）.
[50] 宋瑞. 生态旅游：多目标多主体的共生[D]. 北京：中国社会科学院，2003.
[51] 宋瑞. 我国生态旅游发展：利益相关者视角分析[J]. 杭州师范学院学报（社会科学版），2004（5）.
[52] 孙春华，何佳梅. 旅行社经营过程生态化问题研究[J]. 北京第二外国语学院学报，2002（1）.

[53] 孙琦. 关于生态旅游内涵的思考[J]. 林业经济问题，2005（3）.
[54] 孙根年，张春宏. 关于深层生态旅游的思考[J]. 陕西师范大学继续教育学报，2005（3）.
[55] 沈长智. 生态旅游系统及其开发[J]. 北京第二外国语学院学报，2001（1）.
[56] 田一丁. 生态旅游在实践中出现严重偏差的原因和对策探析[J]. 福建师范大学学报（哲学社会科学版），2004（6）.
[57] 汤姆·惕藤伯格. 环境经济学与政策[M]. 朱启贵，译. 上海：上海财经大学出版社，2003.
[58] 唐飞，陶伟. 建立旅游可持续发展的复合系统[J]. 东北财经大学学报，2001（2）.
[59] 唐建荣. 生态经济学[M]. 北京：化学工业出版社，2005.
[60] 佟敏. 基于社区参与的我国生态旅游研究[D]. 哈尔滨：东北林业大学，2005.
[61] 佟敏，王文彬，等. 浅析生态旅游中社区参与机制的构建[J]. 林业经济，2006（12）.
[62] 王桂明. 资源约束下的内生经济增长与可持续发展[J]. 当代经理人，2006（21）.
[63] 王智红. 可持续发展霍斯特经济模式的构建[J]. 郑州航空工业管理学院学报（社会科学版），2006（5）.
[64] 王玉芳. 国有林区经济生态社会系统协同发展机理研究[D]. 哈尔滨：东北林业大学，2006.
[65] 王子坤. 生态危机的资本主义制度根源[J]. 中共福建省委党校学报，2004（3）.
[66] 王敬武. 论生态旅游的内涵及规律[J]. 北京工商大学学报（社会科学版），2005（2）.
[67] 王谊，苟小东，等. 关于生态旅游概念泛化问题的思考[J]. 西北林学院学报，2001（16）.
[68] 吴新民，潘根兴. 自然资源价值的形成与评价方法浅议[J]. 经济地理，2003（3）.
[69] 吴晓春. 生态旅游——旅行社发展的新思路[J]. 北京第二外国语学院学报，2003（5）.
[70] 吴晖琴，姚洪兴. 资源约束下的一类内生经济增长模型[J]. 佳木斯大学学报（自然科学版），2007（1）.
[71] 许峰，李臣刚. 经济学视角下的政府旅游管理职能研究[J]. 旅游科学，2005（3）.
[72] 许婕. 生态危机的社会制度原因与我国的稳态经济模式[D]. 哈尔滨：东北林业大学，2005.
[73] 肖军. 生态经济的增长形态研究[J]. 生态经济，2001（12）.
[74] 向玉乔，胡平杰. 理性主义、人本主义和生态经济主义：论可持续发展观的价值基础[J]. 求索，2002（3）.
[75] 严立冬. 论生态经济系统灾变及其合理调控[J]. 生态经济，1996（4）.
[76] 杨开忠，许峰，等. 生态旅游概念、内涵、原则与演进[J]. 人文地理，2001（4）.
[77] 杨虎涛. 两种不同的生态观——马克思生态经济思想与演化经济学稳态经济理论比较[J]. 武汉大学学报（哲学社会科学版），2006（6）.
[78] 杨帆. 从生态经济学的角度解读中国的经济增长率[J]. 改革与理论，2002（9）.
[79] 杨桂华. 论生态旅游的双向责任模式[J]. 旅游学刊，2004（4）.
[80] 杨桂华. 生态旅游可持续发展四维目标模式探析[J]. 人文地理，2005（5）.

[81] 查爱萍. 景点绿色管理的理论分析及其实现模式探讨[J]. 思想战线，2003（4）.

[82] 赵春学. 自然旅游环境价值探析[J]. 经济体制改革，2002（1）.

[83] 赵新民. 生态旅游的基础性研究[J]. 旅游学刊，2002（3）.

[84] 赵媛，仲伟周. 国内可持续旅游发展理论综述[J]. 学海，2000（3）.

[85] 张建萍. 生态旅游与当地居民利益——肯尼亚生态旅游成功经验分析[J]. 旅游学刊，2003（1）.

[86] 张朋，王波. 国外社区参与旅游发展对我国的启示——以英国南彭布鲁克为例[J]. 福建地理，2003（4）.

[87] 张海霞，赵振斌. 基于行为与态度的生态旅游市场构成研究[J]. 旅游学刊，2005（5）.

[88] 张承津. 生态旅游市场需求消费流行及商业考验[J]. 商业经济，2004（12）.

[89] 张广瑞. 生态旅游的理论与实践[J]. 旅游学刊，1999（1）.

[90] 朱沁夫，江延求. 论可持续发展前提下的自然资源价值问题[J]. 当代经济研究，2002（8）.

[91] 邹锐. 生态经济系统发展演化与控制的理论研究[J]. 生态经济，1994（6）.

[92] Alister Mathieson，Geoffrey Wall，Tourism：Economic，Physical and Social Impacts，Prentice Hall，1992.

[93] Anne-Mette Hjalager，Innovation patterns in sustainable tourism：An analytical typology，*Tourism Management，Volume 19，Issue 5，May 2004.*

[94] Australia Commonwealth Department of Tourism，1994.*National Ecotourism Strategy*，Australian Government Publishing Service.

[95] Beck，P.，1994.'Managing Antarctic tourism：a front-burner issue'，*Annals of Tourism Research.*

[96] Boo，E.，1990.*Ecotourism：The Potentials and Pitfalls*，World Wildlife Fund，Washington D.C.

[97] Buckley，R.，1994.'A Framework for Ecotourism'，*Annals of Tourism Research*，21（3）：661-669.

[98] Butler，R.，1993.'Tourism - an evolutionary perspective'，in Nelson，J.，Butler，R.，and Wall，G.，（eds.）Tourism and Sustainable Development：Monitoring，Planning and Managing，Department of Geography，University of Waterloo，Ontario.

[99] Ceballos-Lascurain，H.，1996.Tourism，ecotourism，and protected areas.IUCN Protected Areas Programme，IUCN Gland.

[100] David Barkin：Ecotourism：A Tool for Sustainable Development，1996.

[101] Elper-Wood，M.，1998.'Ecotourism at a Crossroads：Charting the Way Forward'，*Final Report of Conference of same name held in Nairobi，Kenya，October 1997.*The Ecotourism Society，USA.

[102] Erlet Cater，Gwen Lowman，Ecotourism：A Sustainable Option，Wiley; 1 edition （November 8，1994）.

[103] George McIntyre，Sustainable Tourism Development：Guide for Local Planners，Unipub; 1st ed. edition （January 1993）.

[104] Nelson, J., Butler, R., and Wall, G,（eds.） 1993.*Tourism and Sustainable Development: Monitoring, Planning and Managing, Department of Geography*, University of Waterloo, Ontario.

[105] Rob Harris , Neil Leiper , 1995, Sustainable Tourism: An Australian Prespective, Butterworth-Heinemann （December 27, 1995）.

[106] Swanson, M., 1992.*Ecotourism: Embracing the New Environmental Paradigm*, Paper presented to the International Union for Conservation of Nature and Natural Resources （IUCN） IV World Congress on National Parks and Protected Areas, Caracas, Venezuela, Feb. 10-21.

[107] Tensie Whelan, Nature Tourism: Managing For The Environment, Island Press; 1 edition（September 1, 1991）.

[108] Wight, P., 1993. 'Sustainable ecotourism: balancing economic, environmental and social goals within an ethical framework', *Journal of Tourism Studies*.

[109] Woodley, S., 1993. 'Tourism and sustainable development in parks and protected areas', in Nelson, J., Butler, R., and Wall, G,（eds.）*Tourism and Sustainable Development: Monitoring, Planning and Managing*, Department of Geography, University of Waterloo, Ontario.

[110] Ziffer, K.A., 1989.*Ecotourism: The Uneasy Alliance*, Conservation International/Ernst & Young.

网站部分

[111] www.ecotourismcesd.org.

[112] www.uniesco.org.

[113] www.eedu.org.cn.

[114] www.wwfchina.org.

[115] www.etgogo.com.

后　记

本书在写作的过程中得到了著名生态经济学家刘思华教授的悉心指导和大力帮助，刘老师曾在其《生态经济关系》一文中提到：生态经济系统内部的各种发展形式及其内在联系体现了生态经济关系，在某种意义上，生态经济学就是生态经济关系的高度概括和科学反映，它的基本概念和范畴是客观的生态经济关系的理论概括。但是，在我国生态经济学的研究中还没有人论述生态经济关系这个基本理论问题，在一定程度上影响了生态经济学形成自身科学的严密的理论体系。因此，生态经济关系虽然是生态经济学的基本命题之一，但是涉及其的研究却较为有限。在我选择生态旅游经济这个研究对象时，起初曾经着眼于绿色管理和生态危机，在刘老师的建议下最后选择了生态旅游经济关系这个切入点，对生态旅游经济的“非持续”表现和“非生态式”发展进行现状分析和本质解析，并力图在生态经济学和可持续发展经济学的理论平台上使生态旅游经济关系达到协调状态，重构生态旅游经济关系和谐发展的发展模式，缓解和消除生态危机，实现生态旅游经济关系的协调和生态旅游经济的可持续发展。刘老师的指导为我今后的学术研究奠定了基础，他的学术风范与崇高师德，我将永远铭记在心。

本书的完稿也得益于导师组严立冬教授的启迪、点拨和指正，对严老师的教诲深表谢意！还有工商管理学院旅游管理系刘德光主任及众位同事，以及和我一起成长的各位同窗，谢谢他们带给我的启发与灵感，给予我的诸多支持与关怀！感谢中国环境科学出版社的陈金华老师为本书的出版所做的大量工作！感谢我的家人在生活上对我无微不至的照顾与爱护，使我能够专心于自己的工作和研究。感谢所有曾经在本书写作过程中给我帮助的人！

此外，本书在写作中，参考了许多既有的研究成果，如有未予以标明之处实乃无意疏漏，谨向他们一并表示深深的谢意和歉意。

本书谨以个人在学习和研究过程中的微小体会为发端，希望能够对生态旅游经济的发展有所启示，但是这些努力还是远远不够的，由于本人水平有限，加之时间和资料的限制，书中难免有疏漏和错误之处，敬请读者指正！今后本人也将在此领域继续探索，在学习研究中继续努力，不断完善。

唐　静

2010 年 11 月